W0195695

Hans-Werner Peiniger

Das Rätsel: Unbekannte Flugobjekte

MOEWIG

© VPM Verlagsunion Pabel Moewig KG, Rastatt
Alle Rechte vorbehalten
Printed in Germany 1998
ISBN 3-8118-1393-5

Inhaltsverzeichnis

Vorwort

Im Zeitalter der modernen Raketentechnik betrachten wir den bemannten Raumflug, die Landung auf dem Mond und die Erforschung der Planeten bereits als eine Selbstverständlichkeit. Da ist es kaum erstaunlich, daß der Begriff »UFO« gleich als »außerirdisches Raumschiff« oder »fliegende Untertasse« gedeutet wird. Die Tagespresse bringt die Beobachtungen gerne als Sensationsbericht, und daher glauben viele, daß es sich bei allen UFO-Beobachtungen um Spinnerei, Phantasie oder Schwindel handelt. Die Gründe liegen weniger bei den Zeugen und ihren Berichten als vielmehr in der heutigen Berichterstattung der Medien, die sich bevorzugt für bizarre Behauptungen wie »Sex mit Außerirdischen« (*praline,* 43/96:31) oder »Live im TV – Mitte April kommen die Außerirdischen« (*Dresdner Morgenpost,* 26. 3. 97) interessieren. Hierbei handelt es sich jedoch vielfach um Phantasten, Spinner und Sektierer, die die seriöse UFO-Forschung mit ihren Geschichten unterwandern. Von der trockenen Arbeit der UFO-Forscher will man kaum etwas wissen, und so wird über ernsthafte Forschungsbestrebungen nur wenig berichtet.

Als ich 1972 als Jugendlicher begann, mich für UFOs zu interessieren, gab es in Deutschland nur eine größere Organisation, die sich mit UFOs beschäftigte. Wollte man sich eingehender mit der UFO-Thematik auseinandersetzen, stieß man zwangsläufig auf sie. Fleißig verschlang ich ihre Publikationen, die meine Ansicht bestärkten, daß das Weltall bevölkert ist und unsere »Brüder und Schwestern aus dem All« mit Raumschiffen die Erde besuchen. Oft saß ich mit einer Taschenlampe am Fenster meines Jugendzimmers, blinkte Lichtsignale in den nächtlichen Himmel und wartete vergeblich auf Antwort. Manchmal beobachtete ich über den Himmel ziehende Lichtpunkte, die ich pflichtbewußt dieser Organisation als UFOs meldete. Ich war dann stolz, wenn die eigenen Sichtungsberichte später in ihrer Zeitschrift veröffentlicht wurden. Nun wollte ich mein Dasein als einsamer UFO-Fan vor Ort nicht alleine fristen und gründete 1972 den »UFO-Jugendclub

9

Lüdenscheid«. Ich suchte und fand einige Gleichgesinnte, und wir beschränkten uns zunächst nur auf das Literaturstudium und ausschweifende Diskussionen. Auf Dauer war das nicht besonders ergiebig; wir wollten uns mit den oberflächlichen Veröffentlichungen, die ja nie den ganzen Sachverhalt einer UFO-Sichtung wiedergeben können, nicht zufriedengeben. Daher versuchten wir, Informationen aus erster Hand zu erhalten. Dies war nur möglich, indem man die Quelle dieser UFO-Berichte ausfindig machte und mit den Augenzeugen sprach. Parallel dazu befaßten wir uns mit den Dingen, die natürlicherweise am Himmel zu sehen sind. Wenn man so will, war das der Beginn der seriösen UFO-Forschung in Deutschland.

Im Laufe der Jahre wurde unter wesentlicher Mitwirkung meines Kollegen Gerald Mosbleck aus dem »UFO-Jugendclub Lüdenscheid« die »Gemeinschaft zur Erforschung unbekannter Phänomene (GEP) e.V.« und seit 1984 die »Gesellschaft zur Erforschung des UFO-Phänomens (GEP) e.V.«, deren Vorsitz ich immer noch führe. Währenddessen hatte sich mit unserer inhaltlichen Arbeit und meiner Einstellung zum UFO-Phänomen einiges getan. Wir spezialisierten uns auf die Untersuchung von UFO-Beobachtungen, versuchten uns möglichst umfassende Kenntnisse über natürliche Erscheinungen und herkömmliche Fluggeräte anzueignen und Hintergrundinformationen aufzudecken. Es zeigte sich, daß sich immer mehr Beobachtungen und spektakuläre Fälle erklären ließen, bekannte UFO-Fotos als Schwindel herausstellten und behauptete Kontakte zu Außerirdischen von unglaubwürdigen Personen geschildert wurden. Diese ernüchternden Erkenntnisse machten mich dann schließlich von einem UFO-Gläubigen zu einem kritischen UFO-Forscher.

Im öffentlichen Bewußtsein existiert das UFO-Phänomen seit 1947, als durch einige Reporter der volkstümliche Begriff »fliegende Untertassen« (»flying saucers«) geprägt wurde. Während eines Geschäftsfluges am 24. Juni sah der junge Privatpilot Kenneth Arnold über dem etwa 4000 Meter hohen Berg Mount Rainier (USA) neun sichelförmige Flugkörper im Formationsflug. Nach der Landung erklärte er einigen Reportern das Flugverhalten der Objekte. Sie hätten sich wie Untertassen verhalten, die man über eine Wasseroberfläche schlittern läßt. Die Reporter machten daraus kurzerhand »fliegende Untertassen«. Seitdem vergeht praktisch kein Tag, an dem nicht irgendwo auf der Welt eine »fliegende Untertasse« oder ein UFO gesehen wird.

Für die durchaus glaubwürdigen Zeugen, die ihre Beobachtung nicht deuten können und nach einer Erklärung oder auch Bestätigung suchen, stellt sich dann meistens die Frage: »Wem melde ich meine Beobachtung?« Der örtlichen Presse, der Polizei, der nächstgelegenen Sternwarte, einem nahegelegenen Flughafen, der nächsten Kaserne oder gar dem Verteidigungsministerium? Keine dieser genannten Institutionen fühlt sich für solche Fälle zuständig und führt daher keine eingehenden Untersuchungen durch. Entweder gehört es nicht in deren Bereich, oder es fehlt an den notwendigen finanziellen Mitteln, oder man hat ganz einfach keine Zeit, um neben der offiziellen Arbeit auch noch hinter UFOs herzujagen. So gibt es in Deutschland für UFO-Beobachtungen bislang keine behördliche oder militärische Untersuchungsstelle, so daß private Organisationen gefordert sind, diese zeitaufwendige Arbeit durchzuführen. Die in Lüdenscheid ansässige »Gesellschaft zur Erforschung des UFO-Phänomens (GEP) e.V.«, im folgenden GEP genannt, ist die älteste und größte Forschungsgemeinschaft, die sich mit einer seriösen Verfahrensweise der UFO-Meldungen betroffener Bürger annimmt. Zudem ist seit 1988 der GEP von den zuständigen Behörden die Gemeinnützigkeit (Förderung der Volksbildung) zuerkannt und von einem Professor der Universität von Kalifornien in Berkley, USA, die wissenschaftliche Arbeitsmethodik bestätigt worden. Informierte Kreise bestätigen, daß sie trotz der zur Verfügung stehenden relativ bescheidenen Mittel professionell arbeitet. Im Rahmen ihrer Tätigkeit erhält die GEP ein bis zwei UFO-Meldungen pro Woche. Die Mitarbeiter untersuchen diese Beobachtungen auf wissenschaftlicher Basis in gemeinsamer privater Forschungsarbeit. Dabei wenden sie Methoden der Wissenschaft, des investigativen Journalismus und der Kriminalistik an. Primäres Ziel dieser interdisziplinären Arbeit ist, durch Analyse der Zeugenaussagen und Einbeziehung verschiedener weiterer, sogenannter Sekundärinformationen für die gemeldeten Beobachtungen glaubwürdige Erklärungen zu finden. Man geht also zunächst bewußt reduktionistisch vor, das heißt, man versucht, zuerst eine alltägliche Erklärung zu finden, bevor man etwas Unerklärliches annimmt. Grundlage dieser Ermittlungen sind natürlich die Zeugenaussagen selbst. Über einen dafür speziell entwickelten Fragebogen, telefonische Befragungen und gegebenenfalls auch Untersuchungen vor Ort erhalten die Mitarbeiter das benötigte Grunddatenmaterial. Falls erforderlich, werden parallel dazu Wetterämter, Flugsicherungsstellen, Behörden, die örtliche Polizei, die regionale Presse und andere Stellen kontaktiert, um sekundäre Informationen einzuholen. Situationsbedingt, wenn etwa jemand behauptet, in seinem Garten hätte ein UFO Spuren hinterlassen, kann am Ort des Geschehens eine Felduntersuchung einschließlich einer Spurensicherung durchgeführt werden. Das gesamte Material wird zusammengefaßt, analysiert, diskutiert und schließlich bewertet. In den meisten Fällen finden die GEP-Mitarbeiter für die gemeldeten UFOs einfache Erklärungen. Wie Sie später noch sehen werden, gelingt das jedoch nicht immer. Etwa dann, wenn nicht genügend Daten vorliegen oder benötigte Sekundärinformationen fehlen, oder wenn die beobachtete Erscheinung so viele anomale Merkmale aufweist, daß eine herkömmliche Erklärung beim gegenwärtigen Erkenntnisstand ausgeschlossen werden kann. Trotz der jahrelangen

| **Das Ereignis am Himmel** |
| Œ |
| **Die Wahrnehmung** **Das Erlebnis** |
| Œ |
| **Der Bericht** |
| Œ |
| **Untersuchung des Ermittlers** **Glaubwürdigkeit, Verifizierbarkeit** |

Arbeit und nach Hunderten bearbeiteten UFO-Beobachtungen fand sich leider bisher kein einziger Fall, der ausnahmslos einen außerirdischen Ursprung als Erklärung zuließ. Dennoch ist die Beschäftigung mit dem UFO-Thema, verbunden mit dem eigentümlichen Reiz des Neuen und dem geheimnisvollen Dunkel der noch nicht geklärten Fälle, nach wie vor faszinierend und spannend. Und wer weiß, schon der nächste Fall kann der Fall der Fälle sein und uns UFO-Forscher vor ein echtes Rätsel stellen.

Die Diskussion zum UFO-Thema findet nicht nur in schlechten TV-Talk-Shows statt, sondern überwiegend in der Sachliteratur, auf Arbeitstagungen und in Fachzeitschriften. Viele der in diesem Buch enthaltenen Beiträge sind dem Organ der GEP, dem *Journal für UFO-Forschung,* entnommen. Hier stellt die GEP ihre Ermittlungsergebnisse vor, publizieren führende deutsche UFO-Forscher ihre Arbeiten und vermitteln kritische Hintergrundinformationen, die man in der populären Literatur vergeblich sucht. Es ist mir bewußt, daß die in diesem Buch enthaltenen Beiträge nicht sämtliche Aspekte des UFO-Phänomens widerspiegeln können. Es sind auch keine wissenschaftlichen Fachaufsätze. Schließlich sollen mit ihnen in verständlicher Weise möglichst große Bevölkerungsschichten, die durch populäre und oberflächliche Informationsquellen ein entstelltes Bild vom UFO-Phänomen erhalten, angesprochen werden. Ich habe mit der Zusammenstellung der Beiträge versucht, ein möglichst zusammenhängendes Bild, einen grundlegenden Einblick in die deutsche UFO-Forschung und einen Überblick über die wichtigsten von der GEP bearbeiteten UFO-Fälle zu geben. Ich hoffe, daß diese Anthologie den Horizont des Lesers bei der Betrachtung des UFO-Phänomens erweitert und er erkennt, daß für eine sinnvolle Erforschung des UFO-Phänomens eine viel kritischere Betrachtung als bisher erforderlich ist. Und wenn ihm diese Erkenntnis nach dem Lesen des Buches kommt, dann hat es sicherlich schon seinen Zweck erfüllt.

Das Erstellen des Manuskripts ist nicht ohne Mithilfe anderer Personen zustande gekommen. Deshalb möchte ich mich nicht nur bei den Autoren für ihre interessanten Beiträge bedanken, sondern auch bei meinem langjährigen Mitstreiter und geschäftsführenden Vorsitzenden der GEP, Gerald Mosbleck, für Anregungen, Korrekturen und für die Durchsicht des Manuskripts, bei meinem geschätzten Kollegen Rudolf Henke für nützliche inhaltliche Tips und nicht zuletzt bei Ulrich Magin, dem Lektor der Verlagsunion Pabel Moewig, der mir während der Manuskripterstellung mit Rat und Tat behilflich war.

Hans-Werner Peiniger, März 1998

Grundsätzliches zur UFO-Forschung

Einleitung

Wer sich noch nicht eingehender mit dem Thema beschäftigt hat, setzt den Begriff UFO mit »außerirdischen Raumschiffen« gleich. Auch die Medien tragen dazu bei, daß sich an dieser Vorstellung nichts ändern wird. Darum versucht schon seit Jahren die seriöse UFO-Forschung, insbesondere die GEP, diesem Makel entgegenzuwirken, indem sie betont sachlich und unter Verwendung der ursprünglichen Definition arbeitet.

Die Grundlage des UFO-Phänomens besteht fast ausschließlich aus den berichteten Wahrnehmungen von UFOs. Alle anderen Aspekte wie Kontakte, Entführungen usw. sind mehr oder weniger Sekundärphänomene, die erst später aus dem Basismaterial der UFO-Beobachtungen entstanden sind. Manchmal gingen sogar behaupteten Kontakten und Entführungen relativ normale UFO-Sichtungen voraus. Daher ist es zunächst einmal wichtig, das Grunddatenmaterial, also die eigentlich banalen UFO-Berichte, eingehend zu studieren und deren Glaubwürdigkeit und Verifizierbarkeit zu bewerten (also die Möglichkeit, ihre Richtigkeit zu überprüfen).

Die drei wichtigsten Elemente einer berichteten UFO-Sichtung sind das ursprüngliche *Ereignis,* die *Wahrnehmung* oder das *Erlebnis* des Beobachters und dann schließlich der *Bericht* über dieses Erlebnis. In einfachen Worten: Was dem UFO-Forscher vorliegt, ist ein Ereignis »aus dritter Hand«. Das eigentliche Ereignis könnte beispielsweise eine rotorange leuchtende runde Kugel am nächtlichen Himmel sein, die während ihres gleichmäßigen Fluges plötzlich ihre Richtung ändert. Dieses Ereignis wird vom Beobachter wahrgenommen. Jetzt kommen viele Faktoren ins Spiel, die das Geschehen verfälschen können. So bewirken möglicherweise bekannte Wahrnehmungsfehler, von denen wir in diesem Buch noch lesen werden, ein etwas anderes Bild des Ereignisses. Die Zeugen versuchen oft, die von ihnen beobachtete unbekannte Erscheinung mit bekannten Objekten zu vergleichen. Dann kommt es schon mal zu Beschreibungen wie »Der rotorange leuchtende Ball hatte die Größe eines großen Flugzeuges, war etwa 1,5 Kilometer entfernt und flog mit mindestens 1000 Stundenkilometer am Himmel entlang«. Aufgrund der Wahrnehmungsfehler, denen wir Menschen alle unterliegen können, sind für den Zeugen subjektive Eindrücke zu scheinbar objektiven Daten geworden. Letztendlich wird der Beobachter dem UFO-Forscher sein Erlebnis berichten. Analog zu dem Spiel »Stille Post« kann der Bericht aufgrund von Erinnerungslücken, Interpretationen bestimmter Eindrücke oder Hinzuziehung anderer, unabhängiger Erlebnisse von dem ursprünglichen Ereignis erheblich abweichen. Die Aufgabe des UFO-Ermittlers ist es, alle Faktoren zu berücksichtigen und zu versuchen, die Beschreibungen des Beobachters auf das tatsächliche Ereignis zu reduzieren, um danach den Fall sachgerecht bewerten zu können und für das Ereignis eine vernünftige Erklärung zu finden.

In den folgenden Beiträgen dieses Kapitels werden Sie damit vertraut gemacht, wie der Begriff UFO eigentlich definiert wird und wie man, um einen internationalen Vergleich der Fälle zu ermöglichen, bestimmte Merkmale klassifiziert. Darüber hinaus erhalten Sie einen Einblick in die Methoden der seriösen UFO-Forscher. Es hat sich gezeigt, daß nicht ausschließlich Methoden der etablierten Wissenschaft zur Klärung des UFO-Phänomens beitragen. Bei den Untersuchungen des Grunddatenmaterials führen ohne Zweifel der investigative Journalismus und kriminalistische Methoden am ehesten zum gewünschten Erfolg.

Welche Arten von UFOs gibt es?

Hans-Werner Peiniger

Bevor man sich überhaupt mit dem UFO-Phänomen beschäftigt, oder auch nur darüber spricht, sollte man sich über die Definition des Begriffs UFO im klaren sein. Ansonsten kann man möglicherweise aneinander vorbeireden, weil z.B. Gesprächspartner fälschlicherweise davon ausgehen, daß man ein UFO als ein außerirdisches Raumschiff betrachtet. Leider ist der Begriff UFO in der Öffentlichkeit zu einem Negativ-Symbol geworden. Dies mag, wie eingangs erwähnt, wohl daran liegen, daß die Sensationspresse aus harmlosen Beobachtungen beispielsweise die Meldung einer »Raumschifflandung« fabriziert und somit die Fälle, die betroffenen Zeugen und auch die, die sich mit diesem Thema ernsthaft beschäftigen, zum Gespött der Öffentlichkeit macht. Eine nicht unerhebliche Schuld trifft natürlich auch die Phantasten, Spinner und Sektierer, die die seriöse UFO-Forschung mit ihren spektakulären Geschichten unterwandern. Solche Sensationen sind recht unterhaltsam und werden gerne in den Medien zitiert. Für aufklärende Berichte interessieren sich nur die wenigsten. Beiträge über die recht trockene Arbeit der UFO-Forscher erscheinen kaum, und damit wird dann der Öffentlichkeit vorenthalten, daß es überhaupt seriöse Forschungsbestrebungen gibt. Was bleibt, ist der Glaube an »fliegende Untertassen« und außerirdische Besucher. Daß dem generell nicht so ist, soll auch anhand der folgenden Begriffsdefinition verdeutlicht werden.

Um auf den ersten Blick UFO-Beobachtungen einordnen zu können, wurden verschiedene Klassifikationssysteme entwickelt. Die GEP verwendet die international verbreitetste Untergliederung nach dem inzwischen verstorbenen Astronomen und UFO-Forscher Prof. Dr. J. Allen Hynek und nach dem UFO-Ermittler Allan Hendry, beide vom Center for UFO Studies, USA. Die Klassifikationskürzel werden Ihnen in diesem Buch immer wieder begegnen.

Definition des Begriffs UFO

Der aus der amerikanischen Luftfahrtterminologie stammende Begriff UFO (unidentified flying object = unidentifiziertes Flugobjekt) findet in der UFO-Forschung zweierlei Anwendung. Einmal zum Zeitpunkt der Sichtung (UFO i.w.S. = im weiteren Sinn) und dann nach erfolgter Untersuchung (UFO i.e.S. = im engeren Sinn). Flugobjekte, für die es eine natürliche Erklärung gibt, bezeichnet man als IFOs (identified flying objects = identifizierte Flugobjekte).

UFOs i.w.S.

Dies sind grundsätzlich alle gemeldeten Phänomene, die sich die Zeugen während ihrer Beobachtung nicht erklären können. Sie werden allgemein als UFOs im Sinne von »fliegenden Untertassen« bezeichnet. Hierunter fallen auch alle möglichen von den Zeugen fehlinterpretierten natürlichen Erscheinungen wie beispielsweise Modell-Heißluftballons, Wetterballons, Flugzeug- und Hubschrauberlichter, Lichter von Großscheinwerfern, Effekte von Lasergeräten, Meteore, ferner Sinnestäuschungen, psychologische Fälle und Schwindel.

UFOs i.e.S.

Die bearbeiteten Beobachtungen, bei denen sich trotz ausreichender Daten und gründlicher Untersuchung keine konventionelle Erklärung finden läßt, etwa weil augenscheinlich Naturgesetze verletzt werden, gelten als UFOs im engeren Sinn. Die Fälle werden dokumentiert, in geeigneten Fachzeitschriften veröffentlicht und die gesammelten Daten per EDV aufbereitet und gespeichert. Fälle mit UFOs i.e.S. eignen sich in der Regel für weitere intensive Untersuchungen.

J. Allen Hynek hat sich übrigens um eine präzise Definition des Phänomens bemüht:

> »Ein UFO (i.e.S.) ist die mitgeteilte Wahrnehmung eines Objekts oder Lichts am Himmel oder auf dem Boden, dessen Erscheinung, Bahn und allgemeines dynamisches und leuchtendes Verhalten keine logische, konventionelle Erklärung nahelegt und das rätselhaft nicht nur für die ursprünglich Beteiligten ist, sondern nach genauer Prüfung aller vorhandenen Indizien durch Personen, die technisch in der Lage sind, eine Identifizierung nach dem gesunden Menschenverstand vorzunehmen, falls eine solche möglich ist, unidentifizierbar bleibt.«

Klassifikationen

Damit die von der GEP gesammelten Daten mit denen anderer Länder verglichen werden können, verwendet sie die von J. Allen Hynek entwickelten Klassen. Die Einteilung erfolgt nach Beurteilung des ersten, groben Materials und *vor der eigentlichen Untersuchung*. Sie gibt also nur Aufschluß über die gemeldeten Beobachtungstatsachen und läßt alle späteren Erklärungen zu. Die Klassen nach Hynek sind:

NL = Nocturnal Light (nächtliche Lichter)

Die am häufigsten gesichteten UFO-Phänomene sind leuchtende Objekte, die aus großer Entfernung bei Nacht beobachtet werden. Sie sind auch gleichzeitig die am leichtesten zu erklärenden UFOs. Meistens handelt es sich um helle Lichter, die den Zeugen aufgrund fehlender Kenntnisse des optischen Erscheinungsbildes und dynamischen Flugverhaltens herkömmlicher Flugkörper rätselhaft erscheinen. Erfahrene UFO-Forscher erkennen oft auf Anhieb die zutreffenden Ursachen wie z.B. Satelliten, Ballons, Flugzeuge, Lichter von Großscheinwerfern (Lichteffektgeräte) usw.

DD = Daylight Disc (Tageslichtscheiben)

Die bei Tag aus großer Entfernung (größer als etwa 150 Meter) beobachteten UFO-Phänomene (leuchtend oder dunkel) werden überwiegend als oval, zigarren- oder scheibenförmig beschrieben. Meistens sind es nur helle Lichtpunkte, die über den Himmel ziehen. Verursacher sind hier oft Solarzeppeline (ein Spielzeug), Wetter- und andere Forschungsballons, kleine Folienballons usw. Im Vergleich zu den NL-Berichten ist der Anteil der DD-Fälle an der Gesamtmenge der gemeldeten Beobachtungen gering.

RV = Radar / Visual (Radar / Visuell)

Hierbei handelt es sich um Radarbeobachtungen von UFOs, die durch Sichtwahrnehmungen bestätigt werden konnten, oder umgekehrt. UFOs, die nur durch Radar gemeldet wurden, werden von der GEP nur am Rande in das UFO-Phänomen einbezogen, weil zahlreiche natürliche Erscheinungen und Effekte wie seltene meteorologische Bedingungen, Vogelschwärme aber auch technische Defekte Radarechos verursachen können. RV-Fälle sind relativ selten. Der GEP ist bisher kein derartiger Fall gemeldet worden.

CE 1 = Close Encounter of the First Kind
(Nahe Begegnung der ersten Art)

In diese Kategorie fallen alle Nahbeobachtungen von Objekten, es kommt aber zu keinen Wechselwirkungen mit der Umgebung. Unter »Nahbeobachtungen« verstehen wir alle Beobachtungen bis zu einer Entfernung von etwa 150 Metern. Im Einzelfall kann diese Entfernungsgrenze natürlich variieren. Auf jeden Fall sollte der Beobachter wesentliche Einzelheiten des Objekts unterscheiden können.

CE 2 = Close Encounter of the Second Kind
(Nahe Begegnung der zweiten Art)

Hier kommt es zu Wechselwirkungen mit der Umgebung. Dabei können physische wie auch psychische Wirkungen festgestellt werden, so beispielsweise Lähmungen, Übelkeit, Brandwunden, Augenrötungen, Depressionen usw. Weitere Wirkungen sind Landespuren, Brandschäden an der Vegetation, ungewöhnliches Verhalten von Tieren, elektromagnetische Effekte wie beispielsweise der Ausfall elektrischer Geräte (PKW-Motor, Radio). CE 2-Beobachtungen sind prinzipiell die aussagekräftigsten Fälle, da man viele der festgestellten Wirkungen »labormäßig« untersuchen kann. So können physische Wirkungen durch Ärzte untersucht oder Bodenproben, die unter Umständen während einer in derartigen Fällen erforderlichen Felduntersuchung entnommen worden sind, von Instituten analysiert werden.

CE 3 = Close Encounter of the Third Kind
(Nahe Begegnung der dritten Art)

Die ungewöhnlichsten Berichte sind Beobachtungen über scheinbare »Insassen« in oder in der Nähe von UFOs. Meistens berichten die Zeugen auch von einer erfolgten Landung des UFOs. Hier muß man aber unterscheiden zwischen den Fällen, in denen die scheinbaren Insassen aus gewisser Entfernung beobachtet wurden und den sogenannten Kontaktler-Berichten, die der CE 4-Gruppe zuzuordnen sind.

Von amerikanischen UFO-Forschern wurde die Hyneksche Klassifikation um eine weitere ergänzt:

CE 4 = Close Encounter of the Fourth Kind
(Nahe Begegnung der vierten Art)

Unter CE 4-Fällen verstehen wir Ereignisse, bei denen es zu einem direkten Kontakt mit den scheinbaren Insassen eines UFOs gekommen sein soll. Hierunter fallen insbesondere die sogenannten Entführungsfälle, bei denen die Betroffenen behaupten, sie seien durch außerirdische Intelligenzen entführt worden, die in ihren Raumschiffen beispielsweise medizinische Untersuchungen vorgenommen hätten. Bei der Bewertung dieser Fälle berücksichtigen die UFO-Forscher psychologische, soziologische und kulturelle Aspekte. Viele Behauptungen sind allzu phantastisch. So werden die sogenannten »klassischen Kontakte«, in denen von direkten Begegnungen (Gespräche mit Außerirdischen, Mitflug im Raumschiff usw.) berichtet wird, ebenso wie mediale Kontakte (Channeling) von seriösen UFO-Forschern aufgrund der geringen Glaubwürdigkeit der meist nur einzelnen Kontaktpersonen aus einer weiteren Betrachtung des UFO-Phänomens ausgeschlossen.

Gruppierungen innerhalb der UFO i.e.S.-Fälle

UFO-Forscher haben oft Schwierigkeiten mit der endgültigen Bewertung von UFO-Beobachtungen, bei denen das beobachtete Objekt nicht identifiziert werden konnte. Es stellte sich die Frage, ob man Fälle, die keinen besonders hohen

»Strangenessgrad« (Grad der Fremdartigkeit) aufweisen, als UFO i.e.S. klassifizieren sollte. Beispielsweise fällt der Hauptanteil an UFO-Beobachtungen auf »Nächtliche Lichter« (NL-Fälle). Die GEP-Mitarbeiter haben nicht selten Fälle bearbeitet, in denen kleinere Lichter beobachtet wurden, die man aufgrund ihrer Erscheinungsweise und ihres Flugverhaltens nicht eindeutig identifizieren konnte. Andererseits wiesen diese Fälle aber auch keine besonderen »Strangeness-Merkmale« auf. Eigentlich hätten diese Fälle dann als UFO i.e.S. eingestuft werden müssen. Ist aber eine solche Klassifizierung gerechtfertigt? Sind nicht in solchen Fällen wegen der ungeheuer vielfältigen Fehldeutungsmöglichkeiten und Wahrnehmungsfehler herkömmliche Ursachen sehr wahrscheinlich?

Um hier feinere Unterscheidungen vornehmen zu können, wurden von A. Hendry, damals Felduntersucher des Center for UFO-Studies, USA, weitere Bewertungsstufen eingeführt, die auch von der GEP angewendet werden.

Während die Klassifikationen nach Hynek *vor* der Untersuchung oder Fallbearbeitung das Phänomen beschreiben, sind Hendrys Einteilungen bereits eine Bewertung des jeweiligen Falles *nach* der erfolgten Untersuchung. Damit ist es nun möglich, die Wertigkeit eines Falls hervorzuheben. Unserer Ansicht nach sollten nur Fälle, die als »good UFO« oder »best UFO« klassifiziert worden sind, in die internationale Diskussion eingebracht werden.

Near IFO

... ist ein beobachtetes Objekt (UFO i.e.S.), das einer herkömmlichen Erscheinung ähnlich ist, trotzdem nicht eindeutig identifiziert werden konnte und weniger als zwei anomale Merkmale aufweist.

Problematic UFO

... ist ein nicht eindeutig identifiziertes Objekt (UFO i.e.S.) mit wesentlichen anomalen Merkmalen, die jedoch auch unter extremen Bedingungen bei herkömmlichen Erscheinungen auftreten können. Eine mögliche Identifizierung läßt sich somit nicht eindeutig ausschließen.

Good UFO

... ist ein Objekt, das so viele anomale Merkmale aufweist, daß eine herkömmliche Erklärung sehr wahrscheinlich ausgeschlossen werden kann.

Best UFO

... ist ein Objekt, das so viele anomale Merkmale aufweist, daß eine herkömmliche Erklärung eindeutig ausgeschlossen werden kann.

Statistische Verteilung

Aufgrund der rund 400 (von etwa 600) bisher von der GEP per EDV gespeicherten Fälle ergibt sich folgende Verteilung nach J. Allen Hyneks Klassifikation:

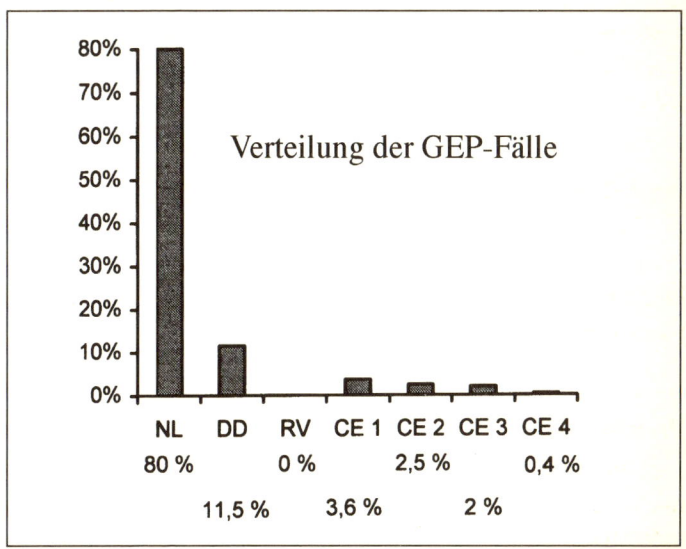

Nach der Klassifikation von Allan Hendry haben die GEP-Fälle folgende Verteilung:

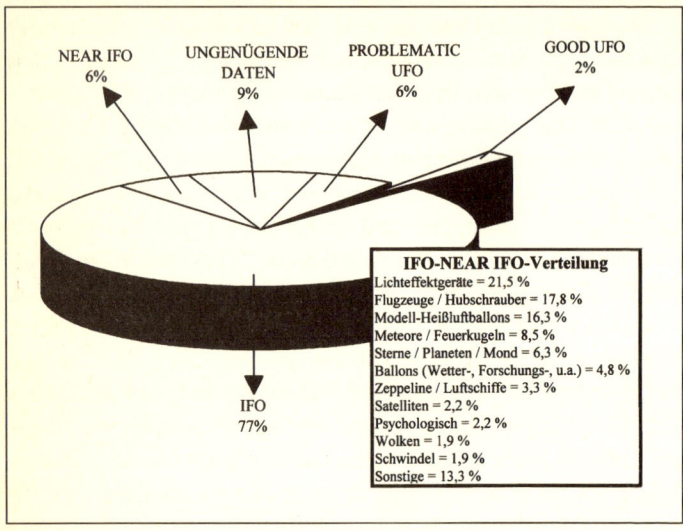

NEAR IFO 6%
UNGENÜGENDE DATEN 9%
PROBLEMATIC UFO 6%
GOOD UFO 2%
IFO 77%

IFO-NEAR IFO-Verteilung
Lichteffektgeräte = 21,5 %
Flugzeuge / Hubschrauber = 17,8 %
Modell-Heißluftballons = 16,3 %
Meteore / Feuerkugeln = 8,5 %
Sterne / Planeten / Mond = 6,3 %
Ballons (Wetter-, Forschungs-, u.a.) = 4,8 %
Zeppeline / Luftschiffe = 3,3 %
Satelliten = 2,2 %
Psychologisch = 2,2 %
Wolken = 1,9 %
Schwindel = 1,9 %
Sonstige = 13,3 %

Als »ungenügende Daten« bezeichnet man Fälle, in denen wesentliche Daten fehlen, die möglicherweise zu einer Identifizierung führen könnten. Entscheidende Ermittlungen sind oft nicht möglich, wenn die Zeugen beispielsweise keine Zeitangaben zur Beobachtung machen können, die Beobachtung bereits zu lange zurückliegt oder sich die Zeugen überhaupt unkooperativ zeigen.

Zeugenaussagen aus juristischer Sicht

Jochen Ickinger

Einleitung

Seit nunmehr 50 Jahren wird sowohl von offizieller als auch privater Seite eine mehr oder weniger ernsthafte Untersuchung des UFO-Phänomens betrieben. Von offizieller Seite, hier insbesondere Untersuchungen amerikanischer Dienststellen, wird das UFO-Phänomen als weitgehend geklärt angesehen und ihm keine herausragende Bedeutung mehr zugemessen. Von privater Seite wird eine Untersuchung des UFO-Phänomens nahezu ausschließlich von Privatpersonen betrieben, die sich in ihrer Freizeit aus eigenem Interesse damit beschäftigen, da sich wissenschaftliche oder private Institutionen von dieser Thematik meist distanzieren oder eine ablehnende Haltung einnehmen.

Die private UFO-Szene besteht aus einer unüberschaubaren Anzahl privater Gruppen und Grüppchen sowie Einzelpersonen, wobei hier völlig unterschiedliche Standpunkte vertreten werden. Eine einheitliche Richtung ist nicht erkennbar. Das Spektrum reicht von den Skeptikern, die das UFO-Phänomen als weitgehend natürlich erklärbar ansehen, über Untersucher, die zwar von einem ungeklärten Phänomen ausgehen, sich aber nicht endgültig auf eine Theorie festlegen und mehrere Theorien aufstellen, über Untersucher, die von einem außerirdischen Phänomen ausgehen, bis hin zu religiös angehauchten Anhängern des UFO-Phänomens. Innerhalb dieses sicherlich groben Rasters gibt es eine Vielzahl von Ausprägungen in die eine oder andere Richtung.

Die Untersucher kommen dabei aus den verschiedensten gesellschaftlichen Schichten und haben auch die unterschiedlichste Vorbildung. Da es keine Ausbildung zum UFO-Forscher, UFO-Untersucher, UFO-Ermittler oder Ufologen gibt, wie sich die hier tätigen Personen zum Teil selber bezeichnen, kann praktisch jeder als UFO-Untersucher tätig werden. Entsprechend unterschiedlich sind die Voraussetzungen, die die Untersucher mitbringen. Unterschiedlich sind somit auch die Ansichten über die Vorgehensweise bei den einzelnen Untersuchungen. Die folgenden Ansätze sollen beispielhaft angeführt werden: der journalistische Ansatz, der natur- oder geisteswissenschaftliche Ansatz, der physikalische oder technische Ansatz, der parawissenschaftliche bzw. esoterische Ansatz sowie schließlich der kriminalistische Ansatz. Läßt man den parawissenschaftlichen bzw. esoterischen Ansatz außer acht, dann kann nicht ohne weiteres festgestellt werden, welches der »richtige« oder der »falsche« Ansatz ist, zumal das UFO-

25

Phänomen völlig unterschiedlich in Erscheinung tritt. Jeder Ansatz bietet aber auch verschiedene Möglichkeiten, an das Phänomen heranzugehen. So wäre auch eine Kombination verschiedener Ansätze denkbar. Die meisten UFO-Forschungsgruppen geben vor, nach wissenschaftlichen Grundsätzen zu arbeiten. Kaum Beachtung hingegen findet der kriminalistische Ansatz, wobei dieser Blickwinkel ebenfalls gute Möglichkeiten bietet, Untersuchungen durchzuführen oder Beweise zu bewerten. Natürlich soll die UFO-Szene oder das UFO-Phänomen nicht mit dem Kriminellenmilieu gleichgesetzt werden, aber die kriminalistische Vorgehensweise im Rahmen strafrechtlicher Ermittlungen zeigt Parallelen zur Untersuchung einer UFO-Sichtung auf. So muß ein Ermittler, der ein Verbrechen oder Vergehen untersucht, eine unbekannte Situation analysieren, Theorien aufstellen, Beweise sammeln und bewerten und schließlich auch Befragungen durchführen. Der Autor möchte aus eigener beruflicher und privater Kenntnis und Erfahrung heraus Parallelen aufzeigen und sie aus kriminalistischer bzw. juristischer Sicht beleuchten.

Beweisführung

Die Seriosität einer Gruppe zeigt sich nicht so sehr an der Theorie, die sie aufstellt, sondern eher an der Art der Beweisführung und der Bewertung von Beweisen, die sie zur Unterstützung ihrer Theorie einsetzt. Sieht man sich diese Dinge einmal genauer an, so wird deutlich, daß hier leider nicht immer mit der erforderlichen Sorgfalt gearbeitet wird. Oftmals wird alles, was die eigene Theorie unterstützt, schlicht als Beweis oder Tatsache dargestellt. Eine kritische Auseinandersetzung findet entweder gar nicht oder nur als Alibifunktion statt. Auch eine notwendige Differenzierung oder Gewichtung der Beweise ist kaum zu erkennen.

Gegenstand von Beweisen ist laut Kriminalistik immer eine Tatsache, die als ein konkretes, nach Zeit und Raum bestimmtes, der Vergangenheit oder Gegenwart angehörendes Geschehnis oder Zustand der Außenwelt und des menschlichen Seelenlebens definiert wird.[1] Von Interesse ist dabei, wie man dieser

Beweistatsachen gewahr wird, da ja weder der Ermittlungsbeamte noch der UFO-Untersucher diese Tatsachen selber wahrnimmt. Bei dem UFO-Phänomen können diese Tatsachen z.B. durch Film- oder Fotoaufnahmen dokumentiert werden. Auch die Aussage eines Zeugen, daß er ein unbekanntes Objekt beobachtet hat, ist demnach eine Tatsachenbehauptung. Eine Tatsache kann auch als jeder äußere oder innere Vorgang definiert werden, der der Nachprüfung durch Dritte offensteht.[2] Gerade an dieser Nachprüfbarkeit mangelt es jedoch bei den in der UFO-Szene oft vorgelegten Tatsachen. Sofern eine Nachprüfbarkeit also nicht möglich ist, dürfte der behauptete Vorgang gar nicht als Tatsache und somit auch nicht als Beweis im eigentlichen Sinne bezeichnet werden.

Gegenstand von Beweisen können auch Erfahrungssätze sein, worunter man Schlüsse versteht, die man aus einer persönlichen oder fachlichen Erfahrung oder auch aus Meinungsumfragen oder einer Reihe gleichartiger Tatsachen zieht.[3] Die Anwendung von Erfahrungssätzen ist allerdings immer problematisch, vor allem in der UFO-Szene, wo jeder Untersucher andere »Erfahrungen« geltend macht. Sofern diese Erfahrungssätze nicht nachprüfbar oder belegbar und rein persönlichen Ursprungs sind, sollte darauf möglichst verzichtet werden.

In einem Verfahren werden, je nach Gerichtsbarkeit, verschiedene Beweisarten unterschieden. Im folgenden sollen die für die UFO-Untersuchung wichtigen Beweisarten kurz dargestellt werden. Dies wären der Zeugenbeweis, Augenscheinsbeweis, Urkundenbeweis sowie der Anscheins- und Indizienbeweis. Der *Zeugenbeweis* stellt die Hauptsäule der Beweisführung vieler UFO-Untersucher dar, da es an anderen Beweisen oftmals mangelt und nur eine Zeugenaussage vorliegt. Beim Zeugenbeweis berichtet ein Dritter über seine Sinneswahrnehmung und gibt Tatsachenbehauptungen wieder. Der Mensch nimmt jedoch alle gegenständlichen Dinge mit den Sinnen auf, verarbeitet sie mit dem Verstand und gibt sie als »Urteil« wieder. Ob dieses Urteil nun mehr oder weniger gefärbt wiedergegeben wird oder mehr oder weniger ein »Werturteil« ist, hängt von mehreren Dingen ab. Gerade bei vermeintlichen UFO-Sichtungen werden überwiegend Werturteile

27

abgegeben, was man als UFO-Untersucher immer berücksichtigen sollte. Tatsachen sollten immer auch durch Dritte nachprüfbar sein. Bei »Werturteilen« wäre dies der Fall, wenn die Mehrzahl der »anständig und verständig Denkenden« denselben Vorgang gleichermaßen würdigen würde. Leider ist dies aber auf den Bereich der UFO-Untersuchungen nicht ohne weiteres zu übertragen, da gerade hier viele Vorgänge völlig verschieden beurteilt werden. Allerdings könnte postuliert werden, daß eine Mehrzahl von Menschen solchen »Werturteilen« bei UFO-Beobachtungen kritisch gegenübersteht und somit solche Werturteile nicht positiv zu überprüfen wären. Im Zusammenhang von Werturteilen wird auch darauf abgestellt, ob eine objektive Klärung möglich ist oder ob eine subjektive Wertung ganz im Vordergrund steht.[4] Speziell bei den vorliegenden Zeugenaussagen dürfte eine solche objektive Klärung jedoch oftmals sehr schwierig sein, zumal es praktisch keine unbelasteten UFO-Zeugen gibt, da jeder schon mal etwas über UFOs oder »fliegende Untertassen« gehört, gelesen oder auch gesehen hat. Somit hat auch jeder Mensch eine Meinung oder Einstellung dazu, die selbstverständlich auch in eine mögliche Zeugenaussage, bewußt oder unbewußt, mit hinein fließt. Somit muß man Zeugenaussagen eigentlich immer als »Werturteile« betrachten und entsprechend würdigen.

Beim *Augenscheinsbeweis* verschafft sich in unserem Fall der Untersucher selbst einen Eindruck von Beweistatsachen, also z.B. durch eine Inaugenscheinnahme des Sichtungsortes oder von Film- oder Fotodokumenten. Allerdings ist anzumerken, daß in einem Verfahren an Foto- und Filmbeweise sehr strenge Anforderungen gestellt werden. Eine Beweisführung vor Gericht allein durch Foto- oder Filmaufnahmen ist äußerst schwierig. Sofern der behauptete Vorgang nicht eindeutig erkennbar ist und Zweifel bleiben, ist ein solcher Beweis nicht ausreichend. Sieht man sich die Fülle der vorliegenden Fotos und Filme an, auf denen, vor allem bei Nachtaufnahmen, nur Lichterschei-nungen und praktisch keine Einzelheiten erkennbar sind, dann wären diese als Augenscheinsbeweis völlig unbrauchbar. Beim *Urkundenbeweis* wird der Beweis durch eine vorgelegte Urkunde geführt. Im weiteren Sinne könnten darunter die immer wieder vorgelegten Dokumente vorgeblicher offizieller Stellen verstanden werden, in denen von der Untersuchung von UFO-Vorfällen die Rede ist. Vielfach soll es sich ja um bislang geheimgehaltenes Material von Geheimdiensten etc. handeln, in dem die Existenz von Außerirdischen bezeugt sein soll.

Beim *Anscheinsbeweis* (eine Form des Indizienbeweises) muß nicht, wie bei den zuvor genannten Beweisarten, der volle Beweis erbracht werden, sondern hier kann man sich auf typische Geschehensabläufe berufen, bei denen man von einer feststehenden Ursache auf ein bestimmtes Ereignis oder umgekehrt schließen kann.[9, 10] Bei UFO-Untersuchungen tritt meistens der Fall ein, daß man von einem feststehenden Ereignis anhand des Geschehensablaufs auf die Ursache schließen kann. Insbesondere die Kritiker und Skeptiker machen davon Gebrauch, indem sie aufgrund der bislang gemachten Erfahrungen und Experimente bestimmte Sichtungen auf bestimmte Ursachen zurückführen. Beispiele sind hier der beliebte Party-Gag-Heißluftballon, Flugzeuge oder der Planet Venus. Der Anscheinsbeweis ist also gerade für Kritiker und Skeptiker eine wichtige Stütze der Beweisführung. Die Gegenseite allerdings bestreitet dies und verweist meist auf Zeugenaussagen oder Augenscheinsbeweise.

Der *Indizienbeweis* schließlich besteht auch aus Tatsachen, die den zu beweisenden Vorgang zwar nur mittelbar beweisen, jedoch ist im Gegensatz zum Anscheinsbeweis hier erforderlich, daß das Indiz voll, also mit an Sicherheit grenzender Wahrscheinlichkeit bewiesen wird.[15] Gerade die Anhänger exotischer UFO-Theorien führen meist Indizienbeweise an, ohne jedoch die genauen Anforderungen von Indizien zu berücksichtigen. Von einer Beweisbarkeit kann hier meist nicht gesprochen werden.

Bei all diesen Beweisarten besteht aber kein absoluter Beweisanspruch. Aus diesem Grund gibt es hier den Grundsatz der freien Beweiswürdigung vor Gericht. Alle vorgelegten Beweise können und müssen frei gewürdigt und eingeschätzt werden, da von einer Mangelhaftigkeit fast jeder Beweiserhebung ausgegangen wird. Hierbei soll man sich an die logischen und naturwissenschaftlichen Gesetze sowie an die Regeln der

Lebenserfahrung halten. Die Würdigung der vorgelegten Beweise kann also durchaus unterschiedlich ausfallen und muß nicht immer denselben Stellenwert haben. Im Gegensatz zu der vieler UFO-Anhänger, die ihre Beweise meist als unumstößlich betrachten, ist die von Kritikern immer wieder durchgeführte kritische Betrachtung der UFO-Beweise die der Beweiswürdigung entsprechende richtige Vorgehensweise.

In diesem Zusammenhang gibt es auch immer wieder Mißverständnisse über die Anwendung der sogenannten *Beweislast.* Immer wieder erlebt man UFO-Anhänger, die umstrittene Beweise für ihre exotischen Theorien vorlegen und dazu äußern, daß ja auch das Gegenteil nicht bewiesen sei. Dies ist natürlich völlig unsinnig, weil niemand das Gegenteil beweisen muß, da sich die Beweislast immer mit der Behauptungslast deckt, also immer denjenigen trifft, der eine UFO-Sichtung behauptet bzw. eine Theorie aufstellt. Kann ein vollständiger Beweis nicht erbracht werden bzw. steht nicht fest, ob die behauptete Tatsache wahr oder unwahr ist, wird zuungunsten dessen entschieden, der die Beweislast trägt.[14] Es gibt zwar im Recht eine Beweislastumkehr, allerdings sind die wenigen Fälle gesetzlich genau geregelt. Ansonsten ist eine Beweislastumkehr, wie sie UFO-Anhänger gerne anzuwenden versuchen, unzulässig. Der aus dem Strafverfahren bekannte Regelsatz »in dubio pro reo«, also im Zweifel für den Angeklagten, steht damit im engen Zusammenhang. Allerdings wird dieser Regelsatz absichtlich oder unabsichtlich in der UFO-Szene gerne falsch verwendet. So wird dieser Satz des öfteren bei Diskussionen um angebliche UFO-Beweise, wenn die Frage eines Betrugs oder einer Täuschung nicht exakt geklärt ist, von UFO-Anhängern angeführt, um den vermeintlichen »Angeklagten«, hier den UFO-Zeugen, zu entlasten. Die UFO-Anhänger geben ihm dann recht und lassen die vermeintlichen Beweise als solche stehen, da ja z.B. ein Betrug nicht nachgewiesen wurde.[18] Allerdings entspricht dies einer Beweislastumkehr, die unzulässig ist. Es ist regelmäßig der UFO-Zeuge bzw. -Untersucher, der die öffentliche bzw. herrschende Meinung mit einer Behauptung konfrontiert und somit ganz eindeutig die Beweislast trägt, unabhängig davon, ob das Gegenteil nun bewiesen werden kann oder nicht. Der Regelsatz in dubio pro reo wäre somit genau umgekehrt anzuwenden. Kann der UFO-Zeuge oder -Untersucher seine Behauptung nicht eindeutig beweisen und es bleiben Zweifel, wird zu seinen Ungunsten und beispielsweise für die herrschende wissenschaftliche Meinung (daß es derzeit keine Beweise für Besuche Außerirdischer auf unserem Planeten gibt) entschieden.[12]

Der Zeugenbeweis

Weil objektiv nachprüfbare Belege, wie z.B. Fotos und Filmaufnahmen, fehlen, stellt die Hauptsäule der Beweisführung vieler UFO-Anhänger die jeweilige Zeugenaussage dar. Aus diesem Grund soll dieses Beweismittel hier gesondert behandelt werden. Während die kritischen Untersucher die Zeugenaussagen als subjektiv anzweifeln, ziehen sich die UFO-Anhänger gerne auf die Person des eigentlichen Zeugen zurück, indem sie sich auf dessen Ehrlichkeit, Seriosität, berufliche Stellung usw. beziehen. Dabei bezweifeln das die kritischen Untersucher bei den wenigsten Zeugen. Dies zeigt das psychologische Unverständnis der meisten UFO-Anhänger, die Zeugenaussagen leider allzuoft als quasi objektive Wiedergabe des Geschehenen betrachten, ungeachtet der allgemein gültigen Erkenntnis, daß die menschliche Sinneswahrnehmung alles andere als ein objektives Meßinstrument ist.

Der Wahrnehmungsprozeß stellt einen Selektions- und Interpretationsprozeß dar. Besonders ausgeprägt ist dies bei der Beobachtung »unbekannter Erscheinungen« (aus der Sicht des Beobachters). Hier versucht das Gehirn automatisch aufgrund vorhandener Kenntnisse, Erfahrungen und Einstellungen das Wahrgenommene in ein bekanntes Schema einzuordnen. Da »UFOs« und »fliegende Untertassen« durch die Berichterstattung in den Medien seit Jahren in unserer Gesellschaft allgemein bekannt sind, können fremdartige Erscheinungen von einem Beobachter, je nach persönlicher Einstellung zu diesem Thema, durchaus als »UFOs« (sprich: fliegende Untertassen) gedeutet werden. Insofern kann auch keineswegs von »unbelasteten« Zeugen gesprochen werden, denn den Zeugen, der noch nie in seinem Leben etwas von UFOs oder fliegenden Untertassen gehört oder gelesen hat, gibt es in unserer Gesellschaft nicht. Im Gegenteil, wer war noch nie mit Freunden gegen Abend unterwegs, sah ein Licht am Himmel und sagte spontan: »Schaut mal, ein UFO«, ohne daß er als »UFO-Gläubiger« zu bezeichnen wäre. Meist sind solche Äußerungen nicht ernst gemeint, aber sie zeigen, daß die Assoziation »UFO« bei einer Beobachtung von etwas Unbekanntem durchaus nicht ungewöhnlich ist, also jeder von uns vorbelastet ist. Lediglich diese Vorbelastung kann unterschiedlich ausgeprägt sein. Hat der Beobachter dann noch eine entsprechende Voreinstellung zu diesem Thema, kann er für sich auch davon überzeugt sein, ein UFO i.e.S., also ein tatsächlich unbekanntes Objekt gesehen zu haben.

Dies bedeutet, daß auch eine unmittelbar nach einer Beobachtung durchgeführte Befragung eines Zeugen nur eine subjektive Interpretation des Beobachters wiedergibt. Je später nun eine Befragung erfolgt, desto subjektiver und individuell eingefärbter wird die Beobachtung nacherzählt, da der Verarbeitungsprozeß im Gehirn weiter andauert. Leider scheinen diese grundlegenden psychologischen Erkenntnisse nicht bis zu den UFO-Anhängern durchgedrungen zu sein. Auch bei manchen vorgeblich wissenschaftlich arbeitenden Untersuchern wird die Zeugenaussage nur allzugern als objektive Wiedergabe des Geschehenen und somit als unumstößliches Beweismittel verwendet.

Die Einwände der kritischen UFO-Untersucher werden auch von der Kriminalistik bestätigt. In der juristischen Fachliteratur bzw. Gesetzeskommentaren wird der Zeugenbeweis denn auch ausführlich behandelt. So wird der Zeugenbeweis als ein ungewisser, schlechter Beweis bezeichnet, der nur grundsätzlich richtig sei, da es ohnehin kaum eine objektive Wahrheit, allenfalls eine subjektive Wahrhaftigkeit gebe.[5] Es werden aber auch die einzelnen Fehlerquellen genau beschrieben. Als allgemeine Fehlerquellen, die in der Natur des Menschen liegen, werden die Unzuverlässigkeit des Gedächtnisses (die Erinnerungsstärke nimmt außerordentlich schnell ab) und die Mangelhaftigkeit der Wahrnehmung bezeichnet. Je nach Standpunkt der Zeugen kann sich bei mehreren Zeugen für jeden einzelnen ein ganz anderes Bild ergeben. Aber auch bei einer unterstellten guten Wahrnehmungsfähigkeit ist noch nicht gesagt, daß der Zeuge das, was er wahrgenommen hat, auch gut und richtig wiedergeben kann. Auch der Eid oder die sogenannte eidesstattliche Erklärung helfen in solchen Fällen oft nicht. Im übrigen wird auch der Begriff der eidesstattlichen Erklärung in der UFO-Szene falsch verwendet. Oft wird eine von einem Zeugen abgegebene schriftliche Aussage, die mit »eidesstattliche Erklärung« überschrieben ist, auch als solche dargestellt, obwohl sie nur vor einem Gericht abgegeben werden kann.[13] Eine lediglich privat verfaßte Aussage oder Erklärung, die als eidesstattliche Erklärung bezeichnet wird, hat keine Bedeutung und zieht auch keine Konsequenzen nach sich, falls sich die Aussage als falsch erweisen sollte. Eine weitere allgemeine Fehlerquelle ist die Beeinflußbarkeit durch eigene und fremde Gedanken über den Vorgang, besonders bei Schätzungen, die als solche schon wegen der geringen Möglichkeiten der Nachprüfung eine große Fehlerquelle sind.[6] Insbesondere diese allgemeinen Fehlerquellen zusammen mit der bereits festgestellten Vorbelastung bei UFO-Zeugen bekräftigen die Auffassung, daß Zeugenaussagen über fremdartige Erscheinungen praktisch immer als »Werturteile« bezeichnet und entsprechend gewürdigt werden müssen, was die Beweisbarkeit angeht (s. Punkt 2 Beweisführung).

Als Hauptfehlerquelle wird die Individualität des Zeugen angeführt. Als Fehlerquellen werden hier unter anderem die Bildung, Erziehung, Begabung, Urteilskraft und sein Gesundheitszustand angesehen. Eine große Fehlerquelle bei Männern wie Frauen ist die Hysterie. Sie ist sehr oft kaum erkennbar. Hat aber der UFO-Untersucher von alldem keine Vorstellung, so fehlt ihm jeder Maßstab zur Würdigung der Aussage. Er muß sich darüber im klaren sein, daß die Aussage auch des begabtesten und gewissenhaftesten Zeugen vielen solchen Fehlerquellen ausgesetzt ist. Die Überschätzung des Zeugenbeweises oder gar der beschworenen Aussage ist verhängnisvoll. Interessanterweise wurde durch Artikel 134ff des *Code Civil* der Zeugenbeweis bei einem Streitwert über einen bestimmten Betrag hinaus (ursprünglich 150 frs) sogar vollkommen ausgeschlossen.[7]

Diese Einschätzung von Zeugenaussagen bestätigt bisherige Erkenntnisse kritischer Untersucher, vor allem in bezug auf die Problempunkte Gedächtnis und Schätzungen. Hierbei sei auf die in diesem Buch vorgestellte Untersuchung der GEP über die Zuverlässigkeit von Größenschätzungen hingewiesen.[16] Die Einordnung von Zeugen seitens der UFO-Anhänger in »gute« Beobachter, wie z.B. Piloten, und »schlechte« wird hierdurch ad absurdum geführt. Die wahrnehmungspsychologischen Erkenntnisse, die von UFO-Anhängern oft ignoriert werden, finden in der Kriminalistik bzw. vor Gericht ihren Niederschlag, warum also nicht auch im Rahmen von UFO-Untersuchungen? Was spricht dagegen, diese Erkenntnisse bei Zeugenaussagen über vermeintlich fremdartige Himmelserscheinungen anzuwenden? Vermutlich würde bei einer konsequenten Anwendung dieser Erkenntnisse die Hauptsäule der Argumentation der UFO-Anhänger, nämlich der Zeugenbeweis, wie ein Kartenhaus zusammenfallen.

Die Zeugenbefragung

Neben dem also meist unsicheren Zeugenbeweis wird jedoch ein weiterer wichtiger Punkt oftmals vernachlässigt, nämlich die Befragung der Zeugen selber. Wie eingangs erwähnt, gibt es keine Ausbildung zum UFO-Untersucher. Jeder, der sich dazu berufen fühlt, kann durch die Gegend ziehen, sich als UFO-Untersucher bezeichnen und auch Zeugen befragen. Schon hier werden viele Fehler begangen, die nicht wiedergutzumachen sind und die die ganze Zeugenaussage in Frage stellen. Allerdings betrifft diese Kritik nicht nur UFO-Anhänger, sondern auch die kritischen UFO-Untersucher, die bei einer Befragung von Zeugen ebenfalls Fehler machen können.

Ermittlungsbeamte, die Befragungen (hier: Vernehmungen) durchführen müssen, werden entsprechend geschult, um Fehlerquellen erkennen und umgehen zu können. Entsprechend umfassend ist die Literatur, die sich mit dem Thema der Vernehmung beschäftigt. An dieser Stelle soll und kann natürlich nicht auf alle Einzelheiten eingegangen werden. Im folgenden sollen lediglich die wichtigsten Punkte herausgestellt werden, die auch für eine Zeugenbefragung bei UFO-Sichtungen von Interesse sind. Dabei wird hier der Begriff »Befragung« anstatt des in der Kriminalistik verwendeten Begriffs »Vernehmung« gebraucht.

Die Befragung hat zum Ziel, einen bestimmten Sachverhalt zu erforschen und möglichst umfassende Informationen zu erhalten, um die geschilderte Beobachtung einordnen zu können. Die Zeugenbefragung wird in der Kriminalistik als eine schwierige, nur begrenzt erlernbare Kunst bezeichnet. Die Befragung erfordert Geduld und Einfühlungsvermögen. Der UFO-Untersucher muß von dem Zeugen möglichst alle Informationen bekommen und die Sprache (im Sinne von: was will er mir damit sagen) des Zeugen verstehen. Der Befragende muß sich vor allem über die Fehlerquellen (s. Zeugenbeweis) klar sein.[8] Die Befragung muß richtig und sachgemäß durchgeführt werden und erfordert auch Fingerspitzengefühl, da man es bei den Zeugen mit Menschen unterschiedlichen Alters, Temperaments, unterschiedlicher Bildung und Wesensart zu tun hat und man sich ihnen bei einer Befragung anpassen muß. Auch der UFO-Untersucher muß den Zeugen mit Respekt, Freundlichkeit, Geduld, Sachlichkeit und Objektivität begegnen. Insbesondere an Sachlichkeit und Objektivität mangelt es UFO-Untersuchern oftmals.

Der Befragende hat sich jeglichen Werturteils über den Zeugen oder die geschilderte Sichtung zu enthalten. Natürlich muß sich der Untersucher gedanklich mit der Sichtung beschäftigen, aber er sollte sich gegenüber dem Zeugen mit seinem Urteil, zumindest während der Befragung, zurückhalten und Neutralität wahren. Private Ansichten sollte man für sich behalten. Eine der wichtigsten Anforderungen an den Befragenden ist, daß er unvoreingenommen, sachlich und frei von Gefühlen an die Untersuchung herangeht. Mangelnde Objektivität führt oftmals dazu, daß sich der Untersucher zu früh festlegt und dann auch in der Befragung auf seine vorgefaßte Meinung hin den Zeugen, bewußt oder unbewußt, beeinflußt. Wie leicht schließlich Zeugen zu beeinflussen sind, ist hinlänglich bekannt. Hat sich der Untersucher zu früh festgelegt, dann ist er nur noch schwer von seiner Meinung abzubringen und sieht alles in diesem Licht. Umstände, die auf eine andere Möglichkeit hindeuten, sieht er nicht mehr oder wertet sie nicht mehr richtig. Die Folge sind meist einseitig verlaufende Befragungen, bei denen Gegenargumente nicht beachtet werden. Springt auch der Zeuge auf diesen Zug auf, dann ist das Ergebnis bereits vorweggenommen. Werden von Außenstehenden berechtigte Kritikpunkte eingebracht, dann werden diese meist ignoriert oder abgewiesen. Insbesondere bei Zeugen ist das »true-believer-syndrom« bekannt. Das heißt, daß man Zeugen, sind sie von einer meist exotischen Erklärung für das Gesehene voll überzeugt, nicht mehr davon abbringen kann. Je stärker auch die Gegenargumentation, desto mehr verkriecht man sich hinter seinem Weltbild und blockt alles andere ab. Oftmals wird dies von dem Untersucher sogar noch forciert, wenn er derselben Ansicht ist. Nicht selten wird von Zeugen auch Gehörtes völlig unbewußt mit Selbsterlebtem vermengt und zum Gegenstand der eigenen Aussage gemacht, die damit an Zuverlässigkeit und Wahrheitsgehalt verliert.

Ebenso gefährlich ist es, wenn der Untersucher den Fall zu »seinem Fall« macht und deshalb einen ungesunden Ehrgeiz entwickelt und diesen Fall womöglich noch unter allen Umständen zu dem UFO-Fall schlechthin machen will. Von einer sachlichen und objektiven Untersuchung kann dann nicht mehr die Rede sein.

Neben diesen verhaltensbedingten Punkten gibt es auch noch taktische Punkte, die zu berücksichtigen sind. So sollte der Zeuge z.B. möglichst am Ort der Sichtung befragt werden, wobei er zuerst die Sichtung mit seinen Worten wiedergeben sollte, ohne daß er dabei unterbrochen wird. Erst danach kann man gezielte Fragen stellen. Den Zeugen sollte man nicht in Gegenwart von Freunden oder seiner Familie befragen, und mehrere Zeugen sind unbedingt getrennt voneinander zu befragen. Bei einzelnen Befragungen ergibt sich oftmals ein ganz anderes Bild, und untereinander abgesprochene Aussagen lassen sich leichter erkennen. Befragungen sollten möglichst nur einmal umfassend vorgenommen werden, und zwar möglichst frühzeitig nach der Sichtung, damit das Geschehene noch in frischer Erinnerung ist. Werden sie wiederholt, so ist vielfach die Erinnerung an die frühere Befragung, insbesondere an bestimmte Formulierungen, stärker als die Erinnerung an den eigentlichen Vorgang. Dies äußert sich dadurch, daß Zeugen bei einmal gemachten Aussagen bleiben und nur äußerst selten später eine andere Meinung über den Vorgang vertreten. Im Interesse einer genauen Wiedergabe einer Befragung sollte das Wortprotokoll bevorzugt werden, in dem die Aussage des Zeugen wortwörtlich wiedergegeben wird. Somit wird eine Verfälschung der Aussage durch die eigene Wiedergabe vermieden. Darüber hinaus ist es empfehlenswert, sich bereits vor einer Befragung über die örtlichen Verhältnisse und Besonderheiten zu informieren.

Der Untersucher kann sich niemals sicher sein, daß ihm ein Sachverhalt richtig geschildert worden ist. Auch der Wille zur Wahrheit ist noch lange keine Garantie für eine fehlerfreie Aussage, wenn der Zeuge nicht imstande war, den Vorgang richtig zu erfassen, ihn in Erinnerung zu behalten und zu gegebener Zeit einwandfrei wiederzugeben. So besteht denn auch das Hauptproblem bei der Befragung darin, daß sich in die Aussage ungewollt und unbemerkt Fehler einschleichen können, die auf einen Wahrnehmungsirrtum, unzureichende Erinnerung oder auf eine mangelhafte Wiedergabe der Beobachtung zurückzuführen sind. Für die Genauigkeit der Aussage sind insbesondere drei Faktoren maßgebend: die Beobachtungsgabe, das Gedächtnis und die sprachliche Gewandtheit und Ausdrucksweise. Je mehr Mängel diese aufweisen, desto unzuverlässiger wird die Aussage sein.

Stark vertreten im Rahmen von Zeugenbefragungen in der UFO-Szene ist ja die Anwendung der Hypnose. Auch das Strafrecht gibt hierzu eine klare Aussage. So wird hier Hypnose als die Einwirkung auf einen anderen, durch die unter Ausschaltung des bewußten Willens eine Einengung des Bewußtseins auf die von dem Hypnotiseur gewünschte Vorstellungsrichtung erreicht wird, verstanden.[11] Aus diesem Grund ist die Anwendung der Hypnose als Mittel der Gewalt bei Zeugenvernehmungen verboten. Dies sollten sich auch die UFO-Untersucher zu Herzen nehmen.

Soweit kurz umrissen wichtige Eckpunkte, die bei Befragungen unbedingt zu berücksichtigen sind. Leider werden diese von vielen Untersuchern nicht beherzigt. Diese Kritik trifft nicht nur die eher unkritischen UFO-Anhänger, sondern auch die eher kritischen, seriösen Untersucher.

Schlußfolgerungen

Soweit also Überlegungen aus dem kriminalistischen Ansatz heraus. Es wird deutlich, daß man auch damit ganz gut an Untersuchungen herangehen und diese beurteilen kann. Auch für die alltägliche Arbeit eines UFO-Untersuchers ergeben sich durch diese Sichtweise interessante Aspekte. Warum sollte sich nicht auch die UFO-Forschung dieser Erkenntnisse bedienen und diese anwenden? Ich halte die Einbeziehung dieser Erkenntnisse, insbesondere im Hinblick auf die Zeugenaussagen, für unabdingbar. Leider findet sich in den Falldarstellungen vieler, auch vorgeblich wissenschaftlich arbeitender UFO-Untersucher kaum eine Diskussion oder Würdigung dieser Erkenntnisse. Lediglich von der GEP wurde bislang die Anwendung kriminalistischer Methoden in der UFO-Forschung vorgeschlagen.[17] Angesichts der Unsicherheiten bei Zeugenaussagen kann man auch die provokante Frage aufwerfen, ob man Beobachtungen, die nur auf Zeugenaussagen basieren, also die Mehrzahl, nicht von vorneherein ausklammern muß, da eine objektive Beurteilung derartiger Berichte kaum möglich ist. Würde man sich danach richten, gäbe es praktisch keine UFO-Forschung mehr. Übrig blieben für eine Untersuchung lediglich Sichtungen mit nachgewiesenen oder gemessenen Wechselwirkungen, Radarsichtungen, Spuren, Trümmer etc. Von dieser Art Sichtungen ist leider wenig zu halten, wie Untersuchungen beispielsweise der GEP zeigen. Die in letzter Zeit zunehmenden Berichte über Entführungen seitens der kleinen Grauen möchte ich hier ausklammern, da diese Berichte nach Meinung vieler kritischer UFO-Untersucher nicht Gegenstand des eigentlichen UFO-Phänomens sind, sondern eher Psychologen und Soziologen beschäftigen sollten. Für diese Berichte gilt das oben Gesagte jedoch in besonderem Maße.

Mit Sherlock Holmes auf UFO-Jagd

Hans-Werner Peiniger

Viele Methoden der Kriminalistik können bei der Untersuchung und Aufklärung einer UFO-Wahrnehmung angewendet werden, die objektiven und subjektiven Umstände einer Wahrnehmung zu erforschen. Die objektiven Umstände sind z.B. Datum, Uhrzeit, Ort und Verlauf einer Wahrnehmung, die subjektiven Umstände beziehen sich auf die Zeugen selbst, wie beispielsweise die psychische Verfassung, das soziale Umfeld, mögliche Vorbelastungen und ähnliches.

Ein wesentliches Element der ufologischen Kriminalistik ist die anzuwendende Strategie, die das richtige operative, taktische und technische Vorgehen bei der Untersuchung eines UFO-Phänomens umfaßt. Die taktischen Gesichtspunkte beinhalten die Planmäßigkeit des Vorgehens, Schnelligkeit des Vorgehens, Analyse der UFO-Wahrnehmung, Spurensicherung, Auswertung und die Befragungen der Zeugen.

Im Rahmen der Arbeit der UFO-Forscher müssen Augenzeugen von UFO-Phänomenen ermittelt und befragt werden. Dabei nutzt man die Erkenntnisse der kriminalistischen Befragung und der sogenannten forensischen Psychologie. Grundlage der Untersuchungen sind die Aussagen über eine Wahrnehmung eines UFOs sowie Erkenntnisse von Personen in Zusammenhang mit den UFO-Wahrnehmungen. Letztere könnten z.B. weitere Augenzeugen oder auch Personen sein, die eine UFO-Beobachtung verursacht haben (z.B. Starter von Modell-Heißluftballonen). Zeugen sind Personen, die Auskünfte über Tatsachen machen können, die im Zusammenhang mit der Beobachtung eines UFO-Phänomens stehen. Dabei äußern sie sich zu einer persönlichen Wahrnehmung über einen in der Vergangenheit liegenden Vorgang. Da die Zeugen nicht verpflichtet sind, gegenüber dem UFO-Forscher auszusagen, kommt es hier auf das Geschick des jeweiligen Befragers an, der sie von der Notwendigkeit einer wahrheitsgemäßen Aussage überzeugen muß. Bei der Befragung von Zeugen ist festzuhalten, ob sie ihre Wahrnehmungen bereits mit anderen

Personen diskutiert haben oder ob sie fremde Wahrnehmungen als ihre eigenen ausgeben. Es ist also darauf zu achten, ob die Augenzeugen ihre eigenen Wahrnehmungen oder nur Gehörtes wiedergeben. Nach Möglichkeit sollten deshalb Zeugen spektakulärer UFO-Phänomene immer getrennt voneinander befragt werden, damit sie sich nicht abstimmen und dadurch ihre Wahrnehmungen verfälschen können.

Bei behaupteten UFO-Landungen mit Spuren sollten mit kriminaltechnischen Methoden vor Ort Spurensicherungen durchgeführt werden. Sie dienen dazu, physikalische Belege zu untersuchen und auszuwerten, und tragen damit zur Feststellung des objektiven Sachverhaltes bei. Die zu sichernden und zu untersuchenden materiellen Spuren können mechanischer (z.B. Eindruckspuren), chemischer (z.B. Engelshaar), physikalischer (z.B. Radioaktivität), biologischer (z.B. Veränderungen der Vegetation) oder medizinischer Art (z.B. Verletzungen, Narben) sein. Durch die Spurensicherung werden die in einer Spur enthaltenen Eigenschaften und Merkmale zum Zwecke einer weiteren Untersuchung gesichert. Die Spuren will man damit, so wie man sie vorgefunden hat, also im Originalzustand, einer späteren Untersuchung zugänglich machen. Zur Spurensicherung zählen die fotografische Dokumentation, Bodenprobenentnahmen, bei Eindruckspuren das Herstellen von Abgüssen usw. Durch die Spurensicherung und die spätere Auswertung könnten bestimmte Abläufe oder auch gegenständliche Teile (z.B. Landeeinrichtungen von vermeintlichen UFOs) rekonstruiert werden.

Die Spurensicherung ist im Rahmen einer Felduntersuchung durchzuführen. Felduntersuchungen sind die Gesamtheit der Maßnahmen am Ort des Geschehens. Dabei sollen Anhaltspunkte über Zeit, Ort, Hergang und Auswirkungen einer Wahrnehmung eines UFO-Phänomens gewonnen werden. Ziel ist es, das Geschehen möglichst detailliert zu rekonstruieren.

Bei von den Zeugen behaupteten Landespuren ist zuerst der Ort des Geschehens unter Berücksichtigung der örtlichen Verhältnisse abzusperren, damit keine Spuren verfälscht oder vernichtet werden können (z.B. durch Schaulustige). Es sollten alle Maßnahmen ergriffen werden, um eine Veränderung der vorgefundenen Spuren zu verhindern. Dabei ist auch darauf zu achten, daß der UFO-Forscher selbst nicht die Spuren beschädigt. Vom Ort des Geschehens sollte eine Skizze angefertigt werden, in der alle vorgefundenen Spuren einzuzeichnen sind. Zudem sind die Spuren und der Ort des Geschehens fotografisch zu sichern.

Bei der Untersuchung vor Ort und der Suche nach weiteren Spuren sollte systematisch vorgegangen werden. Bei der Suche auf kleineren Flächen ist die spiralförmige zentripetale Methode anzuwenden. Das heißt, daß der Ermittler spiralförmig von einem Außenpunkt nach innen die Fläche absucht. Bei größeren Flächen (z.B. Wiesen und Wälder) sollte das Gelände vorher in bestimmte Abschnitte aufgeteilt und normal abgesucht werden.

Nach der Felduntersuchung ist ein Bericht anzufertigen, in dem alle Ereignisse und Feststellungen dokumentiert werden. Insbesondere wer, was, wann und wo beobachtet hat, Reaktionen der Zeugen, Beschreibung des Ortes im weiteren Sinne (Beschreibung des Ortes, des Geländes, der Umgebung), des Ortes im engeren Sinne (Fundort von Spuren), Beschreibung und Lage der Spuren und was aufgrund der Felduntersuchung noch zu veranlassen ist (z.B. eine Pressemitteilung).

Mit meinen kurzen Ausführungen wollte ich die Bedeutung kriminalistischer Methoden in der UFO-Forschung verdeutlichen. Sie dienen dazu, detailgenaues Material bei spektakulären Fällen zu dokumentieren, damit es auch für spätere Untersuchungen verwertet werden kann.

Angewandte UFO-Forschung

Einleitung

In der UFO-Forschung müssen wir uns hauptsächlich mit den Beobachtungen der Augenzeugen auseinandersetzen. Da die Zeugen die einzige Quelle sind, die uns etwas über unseren Forschungsgegenstand sagen können, müssen wir ihnen eine besondere Aufmerksamkeit entgegenbringen. Die Aufgabe des UFO-Forschers besteht unter anderem darin, den subjektiven Bericht des Zeugen auf den ursprünglichen, objektiven Sachverhalt zu reduzieren. Das geht jedoch nur, wenn wir in verstärktem Maße bei der Beurteilung einer UFO-Beobachtung verschiedene Elemente der Wahrnehmungspsychologie berücksichtigen. Die Wahrnehmungspsychologie ist ein Teilgebiet der allgemeinen Psychologie und beschäftigt sich, wie der Name schon sagt, mit bestimmten Aspekten der Wahrnehmung. Mit Hilfe seiner Sinnesorgane werden dem Menschen Sachverhalte der Wirklichkeit bewußt. Er erfaßt einen Ausschnitt seiner Umwelt und verändert ihn unbewußt durch zentrale und soziale Faktoren (Gedächtnis, Erfahrungen, Motivation, Gefühl, Einstellung usw.); es kommt beispielsweise zu optischen Täuschungen, die zu einer gestaltbedingten Abwandlung der objektiven Wirklichkeit führen. Die mit den Sinnen aufgenommenen Informationen werden im zentralen Nervensystem verarbeitet, gegebenenfalls leicht verändert und vom Menschen als gegenwärtig vorhandene Wirklichkeit empfunden. Es kann hier zu geometrisch-optischen Täuschungen und zu raumzeitlichen Bewegungstäuschungen kommen. Ein kleines Beispiel soll das verdeutlichen (siehe Abb. 1).

Die Frage ist nun, wie diese Erkenntnisse bei der Beurteilung von UFO-Beobachtungen zu berücksichtigen sind. Leider gibt es in der psychologischen Literatur keine speziellen Veröffentlichungen zur UFO-Forschung. Man kennt jedoch einige Untersuchungen zu Wahrnehmungsfehlern, die durchaus auch die UFO-Forschung betreffen. Ein Wahrnehmungsfehler, dem wir vielleicht alle schon mal erlegen sind, ist die sogenannte

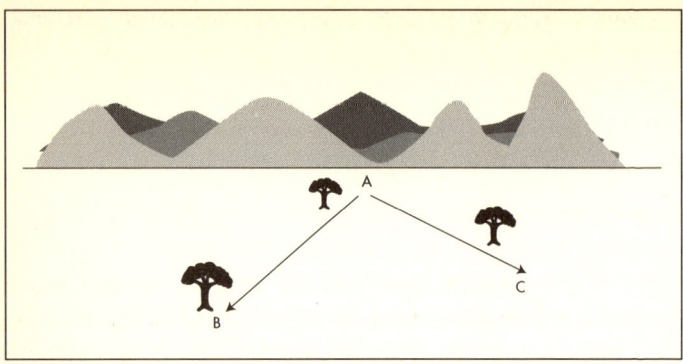

Abb. 1 Welche Entfernung ist größer: A–B oder A–C? Sie sehen, A–B ist größer. Aber messen Sie bitte mal nach!

»Mondtäuschung«. Wenn wir den Vollmond in Horizontnähe, mit der umliegenden Geländesilhouette, betrachten, erscheint er uns wesentlich größer als wenn er hoch am Himmel steht. Wenn Sie jedoch von beiden Ansichten ein Foto machen würden, könnten Sie feststellen, daß der Durchmesser der Mondscheibe in beiden Aufnahmen gleich groß ist. Es muß sich demnach um ein (wahrnehmungs-)psychologisches Phänomen handeln.

Für den Sichtungsermittler ist es nun wichtig zu wissen, wie es sich beispielsweise mit den Größen- und Geschwindigkeitsschätzungen des Zeugen verhält. Wie sicher sind seine Angaben, daß das Objekt so und so groß oder schnell war? Es ist äußerst schwierig, diese subjektiven Schätzungen auf objektive Werte zu reduzieren. Eine weitere Frage, die zu berücksichtigen wäre, ist die, wie viele Informationen zwischen dem Ereignis am Himmel, über die Wahrnehmung bis zum Bericht an den Ermittler, verlorengehen.

Bisher gab es nur wenige Möglichkeiten, die obengenannten Aspekte zu berücksichtigen. Deswegen wurden einige Experimente initiiert, deren Ergebnisse zwar keine absoluten Meßhilfen darstellen, anhand derer sich jedoch die UFO-Forscher künftig orientieren können. Wie Sie anhand der folgenden Beiträge feststellen werden, muß bei der Beurteilung von UFO-Beobachtungen wahrnehmungspsychologischen Aspekten eine wesentlich größere Beachtung als bisher geschenkt werden.

Es war so groß wie der Vollmond ...

Hans-Werner Peiniger

Bei den Untersuchungen von UFO-Beobachtungen treten Probleme auf, wenn die Zeugen bei einfachen Nachtsichtungen die scheinbare Größe des UFOs schätzen sollen. Manche geben gleich die wahre Größe in Metern an, um die Fremdartigkeit der Erscheinung hervorzuheben. Der Untersucher hört Aussagen wie »Das war so groß wie der Vollmond«, »so groß wie ein Fußballfeld« oder »Es hatte eine Länge von 50 Metern«. Doch wie will man die wahre Größe einer nächtlichen Erscheinung schätzen, ohne deren Identität zu kennen oder einen Vergleichsmaßstab zur Verfügung zu haben? Es kann sich um ein kleines Objekt sehr nahe oder um ein verhältnismäßig großes Objekt sehr weit entfernt gehandelt haben. In beiden Fällen kann das Objekt dem Beobachter gleich groß erscheinen. Nur mit Vergleichsobjekten, wenn etwa die beobachtete Erscheinung vor einem Wald flog, sich also deutlich erkennbare Bäume hinter dem Objekt befanden, kann man auch die ungefähre Größe abgeschätzen. Bei normalen Nachtsichtungen haben die Untersucher in der Regel keine Möglichkeit, die wahre Größe zu ermitteln, und müssen sich trotzdem ein Bild von der Dimension der Erscheinung machen. Hier hilft es sehr, den optischen Eindruck der Zeugen möglichst genau zu erfassen. Zu diesem Zweck sollten die Untersucher von UFO-Beobachtungen nach der *scheinbaren* Größe des beobachteten Objektes fragen. Die GEP hat in ihren Fragebogen eine entsprechende Frage und eine dazugehörige Kontrollfrage, auf die ich später noch zu sprechen komme, aufgenommen. Mit dem Ergebnis erhofft man eine ungefähre Vorstellung von dem Beobachteten zu erhalten. Doch wie verläßlich sind die Angaben der Zeugen zur scheinbaren Größe des von ihnen beobachteten UFOs?

In wenigen Fällen, wenn beispielsweise die Höhe der Wolkendecke und der Beobachtungswinkel bekannt sind und das Objekt sich erkennbar in oder unter dieser Wolkendecke befand, kann man mit dem erfragten Wert der scheinbaren Größe auf die tatsächliche Größe bzw. auf den kleinsten und größten wahrscheinlichen Durchmesser des Objekts schließen. So konnte ich bei der Beobachtung in Jüchen (siehe S. 257) anhand der scheinbaren Größe, der mir bekannten Wolkenhöhe und dem Beobachtungswinkel durch die Trigonometrie (aus den griechischen Wörtern *trigonon,* Dreieck und *metrein,* messen) als kleinstwahrscheinlichen Durchmesser des Objektes 11 Meter und 23 Meter als größtwahrscheinlichen Durchmesser errechnen.

Oft stellte ich fest, daß der von den Zeugen angegebene scheinbare Durchmesser viel zu groß geschätzt wurde. Manche Zeugen gaben bei ihrer Schätzung ohne Meßhilfsmittel Größen an, bei denen das beobachtete Objekt das Gesichtsfeld des Zeugen vollständig verdeckt hätte. Auch bei der Anwendung des »57-Zentimeter-Tests« (ein Vergleichsobjekt wie z.B. ein Knopf sollte in 57 Zentimeter Entfernung vom Auge das erinnerte UFO am Himmel verdecken) oder Schätzung unter Zuhilfenahme eines Vergleichsobjekts bei ausgestrecktem Arm sind mir schon Werte begegnet, die um ein Vielfaches höher lagen, als sie nach meinem Eindruck eigentlich hätten sein dürfen.

Es war für mich eigentlich schon immer klar, daß man die von den Zeugen erhaltenen Schätzwerte erheblich reduzieren muß. Auch ausländische UFO-Forscher haben auf diesen Umstand bereits hingewiesen.

Doch um welchen Betrag oder Prozentsatz sollte man die Schätzwerte reduzieren? Ich wollte dies mit einer statistischen Erfassung der scheinbaren Größe von Vollmond und Sonne einmal genauer ermitteln. Vollmond und Sonne sind relativ bekannte und oft gesehene Himmelskörper. Ihren Durchmesser müßten die Zeugen nach meiner Erwartung zumindest annähernd genau schätzen können.

Für die Befragung erstellte ich einen entsprechenden Fragebogen. Unter Mitwirkung der Gruppe CENAP in Mannheim wurden Verwandte, Freunde, Bekannte, Nachbarn und Besucher von Vorträgen nach dem scheinbaren Durchmesser von Vollmond und Sonne befragt. Die Personen sollten sich also Vollmond und Sonne aus der Erinnerung am Himmel vorstellen und unter Zuhilfenahme eines Zentimetermaßes bei ausgestrecktem Arm den Durchmesser schätzen. Ferner wurden in das Blatt das Geschlecht der befragten Person und die jeweilige Altersgruppe eingetragen.

Insgesamt wurden bis zur Auswertung 238 Personen befragt, 146 Männer und 92 Frauen. Die Verteilung auf die einzelnen Altersgruppen habe ich in Abb. 1 dargestellt.

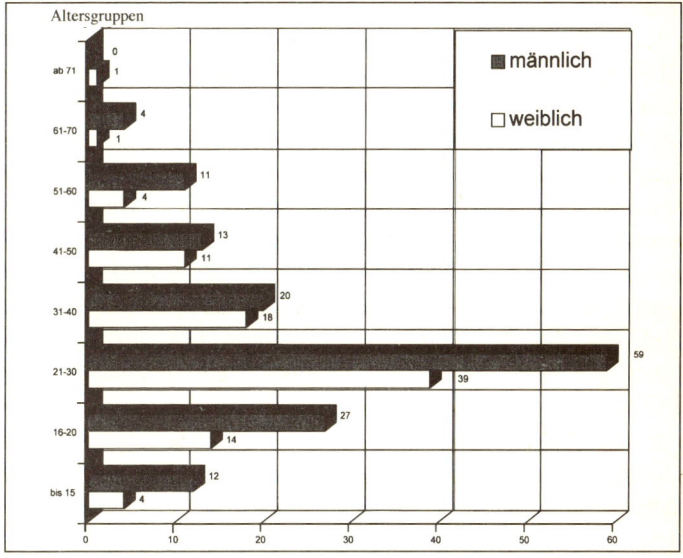

Abb. 1

Wie man sieht, konnten in den einzelnen Altersgruppen nicht genügend Personen befragt werden, um genaue statistische Auswertungen vornehmen zu können. Wirklich repräsentative Aussagen sind also nicht zu erwarten. Auch ist bekannt, daß sich beispielsweise der Vollmond in verschiedenen Größen am Himmel zeigt. Oft erscheint er am Horizont sehr viel größer als bei seiner höchsten Stellung am Himmel. Diesen bekannten Wahrnehmungseffekt (tatsächlich ändert sich seine scheinbare Größe nur unmerklich) kann man angesichts der ohnehin zu erwartenden Meß- und Schätzungsgenauigkeiten vernachlässigen. So sind auch den folgenden Auswertungen keine statistisch genauen Aussagen, sondern nur Tendenzen zu entnehmen.

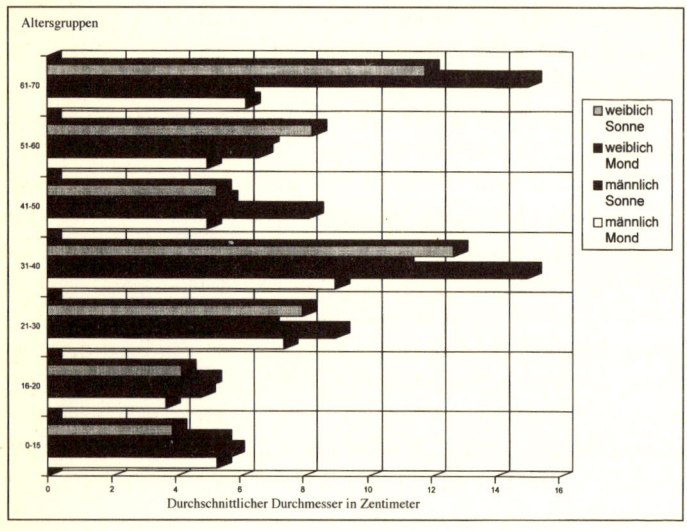

Abb. 2

In Abbildung 2 sehen wir das Verhältnis zwischen den Altersgruppen und den Angaben des durchschnittlichen Durchmessers. Man sieht, daß die Werte der Altersgruppen bis 20 Jahre noch relativ nahe beieinander liegen, dann aber bis zum vierzigsten Lebensjahr stark ansteigen. Dabei erkennen wir auch, daß die männlichen Personen den Durchmesser der Sonne sehr überschätzten, während sie bei der Durchmesserangabe vom Mond am niedrigsten lagen. Das könnte nun daran liegen, daß den männlichen Personen die stark leuchtende Sonne größer erscheint. Auch bei den Frauen ist dafür eine gewisse Tendenz erkennbar. Wenn dieser Hinweis durch eine größere, repräsentativere Umfrage bestätigt werden würde, könnte man vielleicht

48

daraus schließen, daß die Altersgruppe 20–40 Jahre allgemein stark leuchtende Körper im scheinbaren Durchmesser größer schätzt als gleich große schwach leuchtende Körper. Vom Lebensjahr 41–60 liegen wieder beide Geschlechter nahe beieinander. Der von den männlichen Personen geschätzte scheinbare Sonnendurchmesser weicht davon etwas nach oben ab. Mit zunehmendem Alter liegen die Schätzungen der männlichen Personen wesentlich besser als die der Frauen. Die 61- bis 70jährigen erreichen fast die relativ niedrigen Schätzwerte der bis 15jährigen.

Wie man ferner sieht, beginnen die Schätzwerte erst bei einem scheinbaren Durchmesser von 4 cm. Der tatsächliche scheinbare Durchmesser von Vollmond und Sonne liegt jedoch bei etwa 0,5 cm. Man kann schon an diesem Diagramm erkennen, wie hoch über dem normalen Wert durchschnittlich geschätzt wird.

Bei der Untersuchung der von den Geschlechtern bevorzugten oder am häufigsten angegebenen durchschnittlichen Durchmesser zeigte sich, daß die männlichen Personen vorwiegend bei der Mondschätzung die Größen 1,6 bis 2 Zentimeter angaben. Die Sonne wurde etwas größer geschätzt, und zwar zwischen 2,6 und 3 Zentimeter. Bei den weiblichen Personen sieht es ähnlich aus. Bis zu einem Durchmesser von 3 Zentimeter wurden noch Zwischengrößen angegeben, danach nur noch volle Werte.

Im Gesamtvergleich (Abb. 3) sehen wir, daß von den 238 Personen nur 8 einen Wert bis 0,5 Zentimeter nannten. 37 Personen schätzten einen Wert zwischen 0,6 und 1 Zentimeter. Das heißt, daß nur 20 % aller befragten Personen einen Wert unter 1 Zentimeter nannten. Fast 32 % gaben einen Wert zwischen 2,6 und 3 Zentimeter an. 91 Personen oder 38 % lagen mit ihren Schätzwerten bei über 8 Zentimeter. Ich habe Werte erhalten, die über 1 Meter lagen. Meist hat es sich dabei um Personen gehandelt, die einfach nicht begriffen haben, was ich eigentlich von ihnen wollte. Manche legten das Zentimetermaß beiseite mit der Bemerkung: »So was brauche ich dafür nicht«, während sie mit beiden Armen den scheinbaren Durchmesser zu schätzen versuchten. Dementsprechend fielen dann auch die Schätzungen aus.

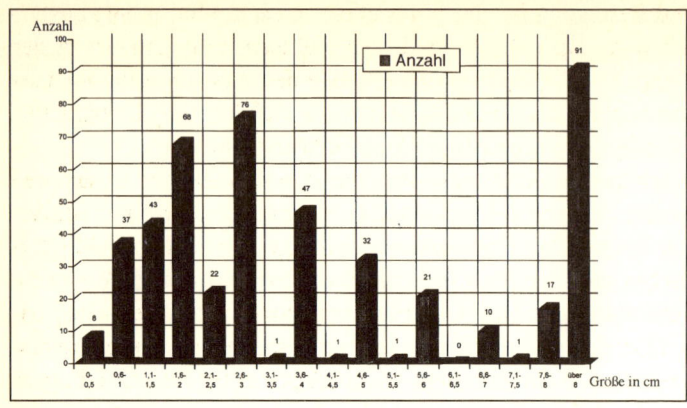

Abb. 3

Von den 238 befragten Personen haben übrigens 32 einen gleich großen Wert, auch wenn dieser oft überhöht war, für den Durchmesser von Mond und Sonne angegeben. Der Mond erhielt im Durchschnitt einen Durchmesser von 7,05 Zentimeter, der der Sonne lag mit 7,98 Zentimeter etwas höher. Zusammengefaßt ergibt dies einen durchschnittlichen Wert von 7,5 Zentimeter. Das ist der 15fache Wert von den tatsächlichen 0,5 cm. Größenangaben von UFO-Zeugen sind also nicht als zuverlässig zu betrachten.

Welche Schlußfolgerungen lassen sich daraus ziehen? Zuerst einmal hat die Umfrage ergeben, daß hellere Objekte unter Umständen größer geschätzt werden als dunklere Körper. Diese Folgerung kennt man auch in der Wahrnehmungspsychologie unter dem Begriff *Irradiationserscheinungen.* Sie bestehen darin, daß hell auf dunklem Grund gegenüber dunkel auf hellem Grund regelmäßig überschätzt wird. Ferner habe ich festgestellt, daß die scheinbaren Durchmesser der relativ bekannten und oft gesehenen Himmelskörper Mond und Sonne im Durchschnitt um das 15fache überschätzt werden. Ich frage mich deshalb, wie hoch dann erst die Schätzung ausfällt, wenn es sich um ein unbekanntes, nur kurzzeitig gesehenes Objekt gehandelt hat. Eigentlich müßten wir hierbei noch höhere Werte erwarten. Dazu kommt, daß, je größer der Zeitraum zwischen Sichtung

50

und Befragung ist, desto unsicherer auch die Schätzung ausfallen wird. Ausnahmen sind hier vielleicht Fälle, in denen der Zeuge bewußt die scheinbare Größe des beobachteten Objektes mit vorhandenen Landschafts- oder Gebäudeteilen verglichen hat oder aber auch bei direkten Nahbeobachtungen.

Ich meine nicht, daß man die von den Zeugen erhaltenen Schätzwert generell um einen bestimmten Prozentsatz reduzieren sollte. Das Ergebnis der Umfrage müßte uns Felduntersucher aber lehren, die Schätzwerte mit kritischen Augen zu betrachten. Die GEP hat eine Kontrollfrage nach der scheinbaren Größe des Vollmondes in ihren Fragebogen aufgenommen und kann so den erhaltenen Wert angemessen berücksichtigen. Bei einer Untersuchung vor Ort kann man direkt bestimmte Geländemerkmale schätzen lassen. Erst mit diesen Angaben und der Kenntnis, daß allgemein größer geschätzt wird, sollten die Angaben des Zeugen bewertet werden.

Wie ein Heißluftballon zum UFO wird
Hans-Werner Peiniger

Immer wieder stehen wir vor der Frage, ob das von dem Zeugen *beschriebene* optische Erscheinungsbild eines Objektes am Himmel auch dem *tatsächlichen* Verursacher entspricht. Können Wahrnehmungsfehler, durch Populärliteratur und Fernsehen vorgeprägte Vorstellungen von UFOs und eine thematische Vorbelastung die Wahrnehmung möglicherweise so stark verfälschen, daß eine exakte Rekonstruktion des beobachteten Körpers und des gesamten Ereignisses kaum möglich ist?

Ich wollte es genauer wissen und initiierte ein kleines Experiment. Da es keiner eingehenden repräsentativen Erhebung entsprach, wußten wir, daß die damit gewonnenen Ergebnisse mit gewissen Unsicherheiten behaftet waren. Aber es würden sich sicherlich tendenzielle Resultate zeigen, die zukünftig bei der Bewertung von UFO-Sichtungen berücksichtigt werden könnten.

Zusammen mit Mitarbeitern des Mannheimer CENAP und dem Meteorologen Dr. Keul aus Salzburg startete die GEP unter meiner Federführung ein Forschungsprojekt, das uns ein genaueres Bild von der Wahrnehmung eines UFO-Zeugen liefern sollte. Ich betreute die organisatorische Arbeit und stellte entsprechendes Untersuchungsmaterial zusammen. Es mußte sichergestellt sein, daß alle beteiligten Gruppen und Personen unter gleichen Voraussetzungen arbeiten konnten. Dr. Keul übernahm die Auswertung, die ich nun zusammenfassend vorstellen möchte.

Das Experiment

Bei verschiedenen Anlässen wurde vor mehreren Personengruppen das Farbdia eines fliegenden Modell-Heißluftballons (Abb. 1) 10 Sekunden lang projiziert. Darüber hinaus zeigten wir vielen Einzelpersonen ebenfalls 10 Sekunden lang einen entsprechenden Papierabzug desselben Fotos in DIN-A-4-Größe. Anschließend wurden die Personen gebeten, einen kleinen Fragebogen auszufüllen und das gesehene Objekt zu zeichnen. Insgesamt erhielten wir so 128 Testbögen, von denen etwa 100 aus größeren Experimenten zu je etwa 25 Personen stammten.

Ziel des Experiments

Frühere englische, amerikanische und österreichische Untersuchungen hatten ergeben, daß die Zeugen zu objektiven Sachverhalten höchst unterschiedliche Aussagen machen können. So empfanden manche eine Zeitdauer von 10 Sekunden als 5 und wieder andere als 20 Sekunden. Da das subjektive Empfinden stark zu variieren schien, sollten die damaligen Untersuchungsergebnisse überprüft und an einer größeren Gruppe verbessert werden.

Die folgende von Dr. Keul erstellte Auswertung basiert auf vier Diaexperimenten mit zusammen 97 Datenbögen. Werner Walter vom CENAP in Mannheim leitete einen Versuch in Laupheim mit 28 Personen, Walter L. Kelch ein Experiment in Koblenz mit 23 Personen, Edgar Wunder projizierte ein Dia

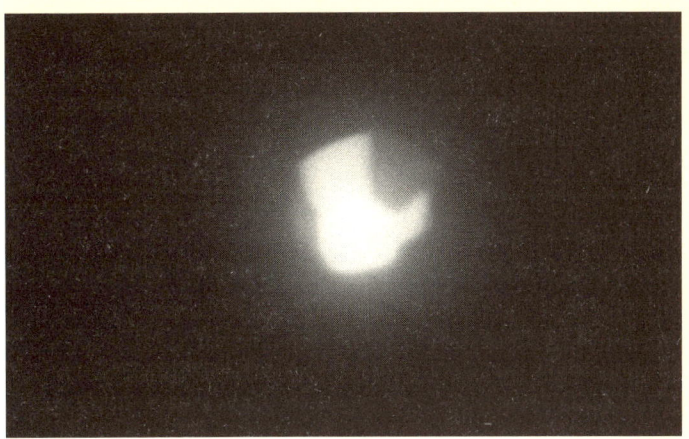

Abb. 1
Foto des Modell-Heißluftballons   *Foto: H.-W. Peiniger*

nach einem kritischen Referat vor 24 Anwesenden, und ich (Peiniger) führte anläßlich einer Tagung ein Experiment mit 22 Personen durch. Die Walter-Gruppe setzte sich aus 24 Männern und nur 4 Frauen im Alter von 10 bis 52 Jahren (Mittelwert 20,2) zusammen. 13 waren Schüler, vier Studenten, drei hatten wissenschaftlich-technische, zwei kaufmännische Berufe. Die Kelch-Gruppe bestand aus 22 Männern und einer Frau im Alter von 20 bis 29 Jahren (Mittelwert 22,7). Verschiedenste Berufe wurden angegeben. Der Peiniger-Versuch fand vor 18 Männern und nur zwei Frauen (bei einem Fragebogen fehlten die Angaben) im Alter von 23 bis 66 Jahren (Mittelwert 35,9) statt. Auch hier wurden die verschiedensten Berufe angegeben. Die Wunder-Gruppe schließlich bestand aus 14 Männern und neun Frauen (eine fehlende Angabe). Das Alter lag zwischen 11 und 19 Jahren, d.h. es waren alles Schüler.

Zeitschätzung

Das Dia wurde den Versuchspersonen zehn Sekunden lang gezeigt. Die Projektionszeit wurde von den Personen wie in Abb. 2 geschätzt.

Gruppe	Geschätzte Zeit	Mittelwert
Walter	4 bis 20	9,8
Kelch	4 bis 30	12,0
Peiniger	1,5 bis 30	9,2
Wunder	2 bis 30	7,5 *

* fehlender Überraschungseffekt

ZEITSCHÄTZUNG

Abb. 2

In allen vier Gruppen zeigt sich ein ähnlicher Effekt. Die Zeitdauer wurde von einigen Probanden erheblich unterschätzt und von anderen wiederum weit überschätzt. Wir haben hier eine weite Bandbreite. Es läßt sich jedoch ein relativ guter Mittelwert errechnen. Daraus ließe sich möglicherweise folgern, daß wir bei Einzelzeugen mit erheblichen Fehlschätzungen rechnen müssen, während wir bei einer Gruppe von Zeugen durchaus den Mittelwert als realistisch ansehen können.

Qualität der Beschreibung

Von den anwesenden Personen wurde eine kurze verbale Beschreibung des Dias gefordert. Da Dr. Keul sich nicht in uferlosen qualitativen Analysen verlieren wollte, wertete er die Qualität der Beschreibungen nach einer simplen »Rating-Skala« aus. Die Übereinstimmung zwischen dem realen Bild und dem geschilderten Bild gliedert sich wie folgt: sehr gute Übereinstimmung = 1, gute Übereinstimmung = 2, neutral (d.h. »Wischiwaschi«-Angaben) = 3, mäßige Übereinstimmung mit Fehlern = 4 und eindeutig falsche Übereinstimmung = 5. Die Abbildung 3a zeigt die Resultate für die einzelnen Gruppen und die Abbildung 3b die aller Personen.

Gruppe	1	2	3	4	5	Mittelwert
Walter	0 x	10 x	17 x	0 x	0 x	2,6
Kelch	0 x	8 x	14 x	1 x	0 x	2,7
Peiniger	2 x	6 x	5 x	5 x	3 x	3,0
Wunder	0 x	2 x	17 x	20 x	0 x	3,0
QUALITÄT DER VERBALEN BESCHREIBUNG						

Abb. 3a

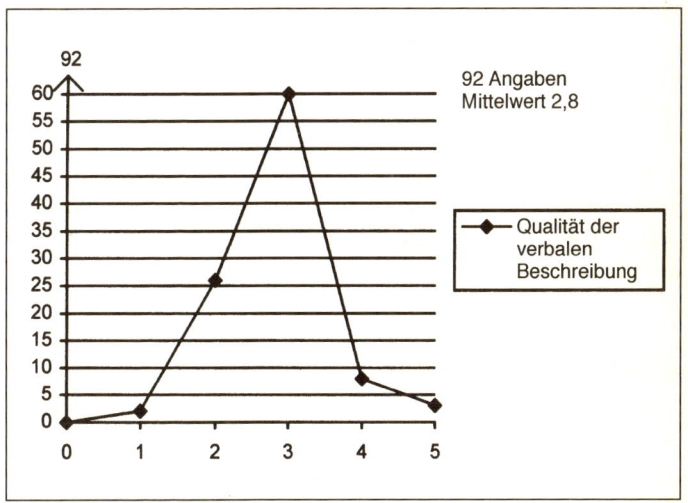

Abb. 3b

Keul schreibt hierzu: »Diese grobe (und natürlich subjektive, da nicht von vielen Ratern [= Bewertern] getroffene!) Einschätzung der verbalen Beschreibungen des Objekts zeigt, daß sehr gute Beschreibungen ebenso rar sind wie völlig falsche. Die meisten liegen bei gut bis Wischiwaschi.«

Qualität der Objektskizzen

Neben einer verbalen Beschreibung des Objekts sollten die Personen auch eine Skizze davon anfertigen. Die Walter- und Peiniger-Gruppen lieferten Schwarzweiß-Skizzen, die Kelch- und Wunder-Leute Farbskizzen. Auch hier wurde nach dem gleichen einfachen Prinzip die Übereinstimmung der Skizzen mit dem realen Objekt bewertet, das heißt: sehr gut, bestens, detailgetreu = 1, gut = 2, »Wischiwaschi« = 3, mäßig, ohne Details = 4, völlig falsch = 5. Hier ergaben sich unter Ausschluß der Farbwiedergabe, die ja in zwei der vier Gruppen fehlte, Werte, die in Abbildung 4a zu sehen sind. Die Abbildung 4b zeigt wieder die Werte aller Personen.

Gruppe	1	2	3	4	5	Mittelwert
Walter	0 x	8x	9 x	7 x	4 x	3,3
Kelch	2 x	9 x	8 x	4 x	0 x	2,6
Peiniger	1 x	5 x	9 x	5 x	1 x	3,0
Wunder	0 x	9 x	8 x	4 x	0 x	2,6
QUALITÄT DER OBJEKTSKIZZEN						

Abb. 4a

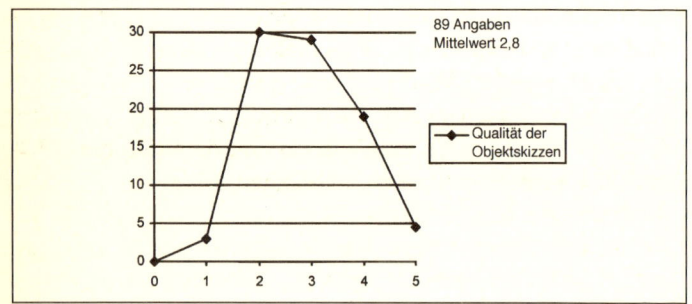

Abb. 4b

Bei der Beurteilung der Qualität wurde der Umriß des Objektes ebenso berücksichtigt wie die Objektdetails. Dr. Keul kam zu dem Schluß, daß sich im Vergleich zu den Verbalbeschreibungen kein wesentlicher Unterschied zeigt. Es gab nur wenige »Spitzenleistungen« und auch wenige »Totalversager«. Die meisten Skizzen lagen zwischen »gut« und »nichtssagend«.

Wenn man die Prozentsätze der »guten« bis »sehr guten« Verbalbeschreibungen und Skizzen ausrechnet, kommt man auf folgende Gruppenwerte:

Gruppe	Text	= Prozent	Bild	= Prozent
Walter	10	37 %	8	29 %
Kelch	8	35 %	11	48 %
Peiniger	8	38 %	6	29 %
Wunder *	2	10 %	2	10 %
* Hier ohne Überraschung und alle Schüler				

Abb. 5

Wie man sieht, sind nur ein Drittel bis maximal die Hälfte der verbalen Beschreibungen und Skizzen »genau« (sehr gute bis gute Wiedergabe). Nun muß man sich natürlich fragen, wie diese Erkenntnis bei der Bewertung von Beobachtungen berücksichtigt werden kann. Ohne reale Vergleichswerte wissen wir ja nicht, welche Schilderung man gerade vor sich liegen hat oder welcher Personengruppe der jeweilige Zeuge angehört. Wir haben hier demnach ein Problem, mit dem sich die UFO-Forschung noch eingehender beschäftigen sollte.

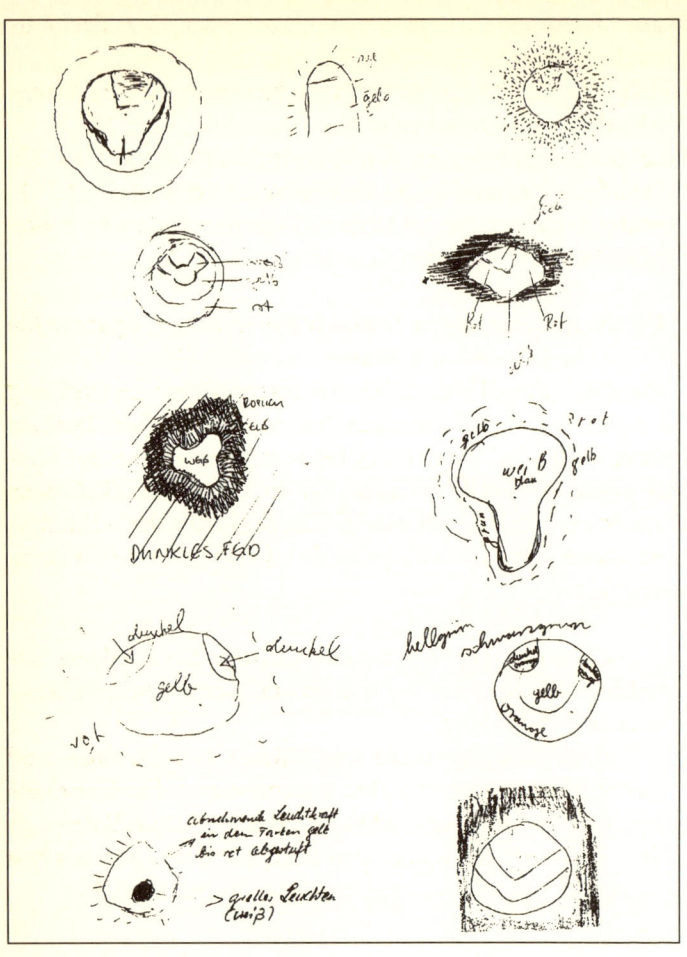

Abb. 6 Skizzen der Testpersonen

Erklärungen

Abschließend wurden die Personen gebeten, eine Erklärung für das gesehene Objekt anzugeben. Es handelte sich übrigens um einen sich im Flug befindlichen Party-Modell-Heißluft-ballon.

Walter-Gruppe: 16 x herkömmlich-technisch, 3 x Trickfoto, 3 x keine Ahnung.

Kelch-Gruppe: 9 x herkömmlich-technisch, 5 x keine Ahnung, 4 x UFO, 2 x Naturerscheinung

Peiniger-Gruppe: 8 x herkömmlich-technisch, davon 1 x Heißluftballon, 4 x keine Ahnung, 5 x Naturerscheinung, 3 x UFO

Wunder-Gruppe: 18 x herkömmlich-technisch, davon 1 x Ballon, 2 x Naturerscheinung.

Quantitativ überwogen demnach die »richtigen Spuren« hin auf eine »herkömmliche Lösung«.

Die durch die GEP und CENAP durchgeführte Überprüfung der Güte von Zeugenaussagen hat in wesentlichen Punkten frühere englische, amerikanische und österreichische Untersuchungen bestätigt. Dr. Keul hat in seiner abschließenden Betrachtung die wesentlichen Erkenntnisse für den kritischen Untersucher von UFO-Phänomenen folgendermaßen zusammengefaßt:

»Gruppen von Leuten, die eine ›aufregende‹ Zeitdauer hinterher schätzen sollen, streuen enorm. Nur der Mittelwert ist überhaupt brauchbar.

Verbale Beschreibungen und Skizzen von Objekten sind mehrheitlich ›mäßig‹ (gut bis Wischiwaschi). Ein Drittel bis maximal die Hälfte ist ›zu brauchen‹, aber welche Daten sind das? Hier liegt die ›Güte‹ also auch nur in der statistischen Auswertung größerer Gruppen, nicht im ›Einzelstück‹.«

Die UFO-Beweise

Einleitung

In der allgemeinen UFO-Literatur wird immer wieder davon gesprochen, daß man genug Beweise vorgelegt habe, um die außerirdische Herkunft der UFOs nachzuweisen. So soll es mehrere abgestürzte außerirdische Raumschiffe geben, eingefrorene außerirdische Leichen, geheime amtliche Dokumente, die sich auf geborgene Untertassen und Leichen beziehen, und vieles mehr. Doch wenn es sich tatsächlich um harte Beweise handelt, muß man sich doch fragen, warum sie in der Öffentlichkeit keine Anerkennung finden. Oder haben Sie schon einmal in einer Nachrichtensendung im Fernsehen gehört, daß die Existenz außerirdischer Besucher einwandfrei belegt sei?

Ein ufologischer Beweis muß Tatsachen enthalten, die die Öffentlichkeit, insbesondere die wissenschaftliche Gemeinschaft, davon überzeugen, daß bestimmte Behauptungen der UFO-Befürworter wahr oder unwahr sind oder daß sich ein beschriebenes Geschehen zweifelsfrei so und nicht anders zugetragen hat.

Wenn überhaupt, haben wir es in der Ufologie nur mit indirekten oder mittelbaren Beweisen zu tun. Dies sind bestimmte Indizien, die vielleicht auf eine Tatsache schließen lassen wie etwa Landespuren von UFOs, Beobachtungsberichte, UFO-Fotos und ähnliches. Direkte oder unmittelbare Beweise, wie etwa eindeutige Fragmente eines abgestürzten außerirdischen Raumschiffs oder eine außerirdische Leiche, sind die UFO-Befürworter, die derartige Behauptungen veröffentlichen, bisher schuldig geblieben. Statt dessen präsentieren sie nur Gerüchte, paranoide Behauptungen, Geschichten aus x-ter Hand, unscharfe Fotos und Filme und anderes zweifelhaftes Material.

Immer wieder stellen sich ehemals harte Indizien als Irrtümer, Fehlinterpretationen oder Fälschungen heraus. Meistens deshalb, weil unkritische Ufologen bei der Untersuchung eines Falles scheuklappenartig kritische Gesichtspunkte, die die Glaubwürdigkeit der Zeugen betreffen oder die ein UFO-Ereignis zu Fall bringen könnten, entweder nicht sehen, bewußt unterschlagen oder die Daten ihren Vorstellungen entsprechend »glätten«. Daher ist es die Aufgabe des kritischen UFO-Forschers, mit sachlichen Mitteln das Für und Wider eines Falles zu untersuchen, zu werten und mit anderen Kollegen zu diskutieren. Meist geschieht dies in kritischen Insidermagazinen wie beispielsweise in dem *Journal für UFO-Forschung* der GEP. Doch wer informiert sich schon mittels der nur in geringer Auflage erscheinenden kritischen Insiderpublikationen? In der Regel trifft der Interessent bei seiner Suche nach Informationen zwangsläufig auf die Publikationen populärer Autoren, die das UFO-Phänomen meist recht einseitig darstellen. Oft auch aus Unkenntnis der gesamten Sachlage, weil die Autoren ihrerseits nur die Informationen aus ihnen genehmen populären Veröffentlichungen beziehen. Kein Wunder also, daß die Öffentlichkeit eine unsachgemäße Vorstellung von der Beweislage in der Ufologie hat.

Die nun folgenden Beiträge behandeln zum einen grundsätzliche Probleme der ufologischen Beweise, und zum anderen stellen sie einige »vermeintliche Beweise« vor, die seit einigen Jahren diskutiert werden.

Können wir von »Beweisen« sprechen?

Werner Walter

Nach Schätzungen des italienischen UFO-Forschers Maurizio Verga soll es etwa 3000 UFO-Ereignisse geben, bei denen man Spuren wie z.B. Bodeneindrücke oder verbrannte Vegetation gefunden hat. Ist jedoch damit der Beweis für die Realität des UFO-Phänomens erbracht? Auf der einen Seite ist die Qualität der Originalberichte oftmals fragwürdig, und auf der anderen Seite sind zwar die Spuren unzweifelhaft real, aber ihre Herkunft und Natur unsicher. Spuren in Verbindung mit UFO-Sichtungen gibt es außerdem nur in 60 % der gemeldeten Fälle. Bei mehr als einem Drittel aller Spurenfälle wird kein UFO gesehen. Zu diesen Fällen gehören auch die Kornkreise. Abschreckendes Beispiel ist der Fall aus dem französischen

Montauroux vom Oktober 1972, als verschiedene UFO-Magazine einige verbogene Bäume und eine eingestürzte Steinmauer auf UFO-Aktivitäten zurückführten. Wie sich jedoch herausstellte, war nur ein kräftiger Tornado dafür verantwortlich gewesen. Und am 8. Juli 1974 fand man nach einer UFO-Sichtung im italienischen Barbiano di Cotignola bei Ravenna eine halbkreisförmige Zone gelblichen und beschädigten Grases vor. Später gestand ein Bauer, die Spur mit einem Rasenmäher produziert zu haben.

Fußabdrücke und Fragmente

Gewöhnlich sehen die gefundenen Abdrücke wie Fuß- oder Schuhabdrücke aus, die jedoch eine ungewöhnliche Größe aufweisen. Ihre Anzahl und ihre Anordnung am Boden ist oft verwirrend. So fand man nach der Entführung von Fortunato Zanfretta am 27. Dezember 1978 nahe Genua einige große »Fußabdrücke« nach zwei schweren Regentagen. Einer war 53 cm lang, 20 cm breit und 5 cm tief. Tatsächlich waren es aber nur Regenpfützen. Gelegentlich hört man von Fragmenten und anderen ungewöhnlichen Substanzen an vermeintlichen UFO-Landeorten. Etwa 20 Fälle sind in den letzten 40 Jahren bekannt geworden. Die meisten wurden nie eingehend untersucht und gründen sich nur auf Gerüchte. Und jene Reste, die man untersuchen konnte, erbrachten keinerlei interessante Informationen. Ihre Bestandteile waren schließlich völlig normal, auch wenn gelegentlich die Resultate nach den Wünschen der Ufologen interpretiert wurden. Das beste Beispiel ist der berühmte Ubatuba-Fall aus Brasilien im Jahre 1957. Nach der ersten Analyse erklärte jemand, daß die aufgefundenen Metallstücke fast reines Magnesium aufwiesen, also unmöglich von der Erde stammen könnten. Weitere Analysen ergaben unterschiedliche Ergebnisse, aber es scheint nun so zu sein, daß die »außergewöhnlich fremden Fragmente« nichts weiter als Teile von Geschossen waren, die von der brasilianischen Artillerie benutzt wurden.

Alle bislang gemeldeten Spurenberichte gehen also auf natürliche oder identifizierbare Gegenstände menschlicher oder

natürlicher Herkunft zurück. Die meisten Untersuchungs-
berichte können nicht als Basis für wissenschaftliche Daten gel-
ten. Untersucher unterliegen oftmals genug ihrer eigenen
Subjektivität und emotionalen Verwicklung in die Affäre.
Zurück bleibt ein kleiner Rest von Fällen, aber auch hier kön-
nen wir niemals völlig sicher sein, alle konventionellen
Erklärungen ausschließen zu können, da es uns an speziellen
Informationen über besonders seltene Ereignisse fehlt.

Und was ist mit den Fotos?

Ein gutes Beispiel für die Arbeit mit Computer-Analysen ist
der Film, den der Profi Lee Hansen im April 1966 über Catalina
Island, Kalifornien, aufgenommen hatte. Fast zwanzig Jahre
lang widerstand er allen Erklärungen: Er zeigt die Erscheinung
eines diskusförmigen Objektes von silberner Farbe, das schat-
tenwerfend über die Berge dahinzieht. Dies war keiner der übli-
chen »Fliegende-Untertassen-Trick-Filme« mit wirr umherse-
gelnden und wild umherhüpfenden kleinen Modell-Unter-
tassen. Der Film wirkt durchaus authentisch. Man glaubt
tatsächlich, daß da ein reales Objekt in einiger Entfernung
durch die Gegend zieht. Er ist einer von wenigen und hat auch
mich lange Zeit fasziniert. Hansen ging davon aus, daß sich das
Objekt mit etwa 150 Knoten bewegte und etwa 20 Meter
Durchmesser hatte. Tatsächlich, ein wirklich gutes UFO.
Schließlich gelangte der Film zu einem Top-Experten für die
Computerauswertung von Fotografien: Dr. Robert Nathan vom
Jet Propulsion Laboratory in Pasadena, das für die NASA
Weltraumfotos bearbeitet. Ein Einzelbild aus dem Film wurde
gescannt, vergrößert und auf einen TV-Monitor gelegt. Dieses
Bild zeigte einen verwaschenen Diskus mit allen Details bis hin
zur Körnung. Das nachfolgende Bild wurde ebenfalls so digita-
lisiert und über das Bild zuvor gelegt. Diese Prozedur machte
man auch mit dem dritten und vierten Bild. Mit jedem weiteren
Vorgang wurde das Bild klarer und schärfer, es waren mehr
Details zu sehen. Mit dem Fortgang dieser Arbeit entpuppte
sich das UFO als ein kleines Leichtflugzeug, an dem man nach
Vergrößerungen sogar das Cockpit und den Piloten gerade noch

auflösen konnte. Die heute nicht mehr existierende amerikanische UFO-Forschungsorganisation GSW (Ground Saucer Watch), die sich speziell mit der digitalen Bildverarbeitung von UFO-Fotos beschäftigte, hatte diese Lösung mit ihrem Computer nicht erreichen können und war daran gescheitert. Die immer wieder gern genannten GSW-Analysen haben also deutlich ihre Grenzen.

Wenn es ein Cover-Up (Verschleierungstaktik und Geheimhaltung der Behörden und Militärs) wirklich gibt, dann wird nicht das verschleiert, was man weiß, sondern das, was man nicht weiß. Informieren kann sich jeder – nur, wer kennt schon die richtigen Quellen, um wirklich an Informationen von Wert zu gelangen? Davon hängt nämlich schließlich die UFO-Beweisführung ab.

Computer stehen oft für Datenbanken, aus denen man schöne Ansammlungen von bunten Fällen zaubern kann, um den UFO-Beweis zu erbringen. Unter der Schirmherrschaft von CUFOS (Center for UFO Studies, heute: J. Allen Hynek Center for UFO Studies) gibt es das Projekt UFOCAT des David Saunders, über das man gerne in akademischen UFO-Kreisen schwadroniert. Saunders hat rund 100 000 Sichtungen unidentifizierter Flugobjekte in seiner EDV gespeichert. Allan Hendry, UFO-Ermittler bei CUFOS, hatte aber in seinem bemerkenswerten Werk *The UFO Handbook* klargemacht, wieviel UFOCAT eigentlich wert ist: »UFOCAT ist keine Auflistung von UFO-Sichtungen, sondern nur eine Auflistung von Quellen zu Informationen über UFO-Sichtungen und entstand aus Zeitungsausschnitten, Magazinbeiträgen und einigen Fallakten, die Untersucher bereitstellten. UFOCAT sollte niemals als statistische Studie dienen, und UFOCAT kann nicht zwischen IFOs und UFOs unterscheiden.« Soweit also die technologischen Wunderwerke und falschen Hoffnungen, die man an sie stellt.

Dennoch: UFOs sind unzweifelhaft ein Teil unserer Gesellschaft geworden; Millionen Menschen sind irgendwie direkt mit ihnen konfrontiert worden – entweder haben sie die UFOs am Himmel oder im Fernsehen gesehen oder irgendwo etwas über sie gelesen. Das kann man feststellen, ohne die Frage geklärt zu haben, ob die UFOs überhaupt real im Sinne einer exotischen und externen Erscheinung sind. Niemand ist vom Mythos der UFOs unberührt geblieben, Film und Fernsehen als Massenmedium haben hauptsächlich dazu beigetragen. Und die Medien beeinflussen den UFO-Mythos. Die Augen und Ohren einer Gesellschaft sind ihre Medien. Alles, was wir wissen oder zu wissen glauben, erfahren wir zu jedem Thema über die Präsentation von Fernsehen, Radio und Zeitungen. Und welches Wissen haben wir daraus gewonnen? UFOs sind außerirdische Raumschiffe, und Ufologen glauben genau daran. Jene Ufologen, die sich dagegen auflehnen, nennt man in UFO-Kreisen Skeptiker. Doch wir Skeptiker lehnen nicht rundweg die UFO-Frage ab, sondern erforschen die verschiedenen Ebenen des Sachgegenstandes und der Beweisführung mit skeptischer Miene und halboffener Gesinnung, dafür ohne übertriebene Hysterie.

Selbst die Kontaktlergruppen und der um sie entstandene Kult ist eine legitime Studie wert. Dieser Aspekt ist unleugbar Teil des UFO-Geschehens, auch wenn den Menschen in diesen Kultgruppen Kenntnisse der seriösen UFO-Forschung fehlen. Das Grundproblem liegt in der Beweisführung, da ausgerechnet die Kontaktler erklären, die besten Beweise für UFOs in Händen zu halten. Kontaktler sind oft charismatische Figuren, die nicht nur wunderbare UFOs landen sehen, sondern auch auf wunderschöne Außerirdische treffen und mit ihnen direkt kommunizieren, um die »ultimative Wahrheit« zu erfahren: eine Wahrheit, die keinerlei physikalischen Beweis mit sich bringt, dafür aber hohe moralische Ansprüche und eine weltanschauliche Orientierung. Den Raumbrüdern geht es nur um das Wohlergehen ihrer irdischen Vettern, und sie warnen uns vor uns selbst. Kontaktler sind Kanäle zu einer besonderen Weisheit, irdischer Reinheit und mitunter Selbstaufgabe. Das alleine kann doch aber wohl nicht als Beweis gelten.

Die legitimen Nachfolger der Kontaktler könnten die »Entführten« sein. Ab den späten siebziger Jahren begann Budd Hopkins, mehr als einhundert Entführungsfälle ausfindig zu machen, von denen er sechs in seinem Buch *Missing Time* vorstellte. Später erschien sein zweites Buch *Intruders,* und daraufhin reagierten wieder etwa einhundert Menschen, die angaben, von Außerirdischen entführt worden zu sein. Gleiches erlebte Whitley Strieber nach einem Aufruf in seinem Buch *Communion.* Beweise werden scheinbar von den Lesern dieser Bücher überhaupt nicht gefordert, sie wollen nur von dem Thema spannend unterhalten werden.

Bereits 1950 gab es 86 themenbezogene Spielfilme, während der sechziger Jahre kamen 73 SF-Filme mit Raumfluginhalt heraus. Das öffentliche Interesse zeigt sich an der Popularität von *Star Treck, Close Encounters of the Third Kind* (hier in Deutschland unter dem Titel: *Unheimliche Begegnung der dritten Art*) und *ET.* Häufig spielt die sogenannte Regierungs-Geheimhaltung eine Rolle. Kaum etwas hat mehr Verwirrung gestiftet als die Einstellung der US-Regierung zu UFOs. Die amerikanische Luftwaffe (US Air Force) zeigte mit dem Projekt Blaubuch (»Blue Book«) ein eher schwaches Interesse an UFOs und beendete ihr Engagement nach der berühmten Studie von Dr. Edward U. Condon (der sogenannte *Condon-Report*). Der *Condon-Report* schlußfolgerte, UFOs verdienten keine wissenschaftliche Aufmerksamkeit. Eine Bewertung durch die nationale Akademie der Wissenschaften zeigte schließlich:

a) das UFO-Thema ist nicht geheim,

b) UFOs stellen keine Bedrohung der nationalen Sicherheit dar,

c) künftige Sichtungen sollten wie normale Überwachungs-operationen gehandhabt werden,

d) dafür braucht es keine neue Behörde,

e) die UFO-Studie verspricht keine neuen wissenschaftlichen Erkenntnisse,

f) einige Fälle sind nicht leicht zu erklären,

g) spezielle Forschungsanstrengungen sind deswegen nicht notwendig.

Die Herausforderung durch die UFOs

Diese Feststellungen der nationalen Akademie der Wissenschaften sind heute gültig. Hinsichtlich UFOs schien also nichts sonderlich bewiesen worden zu sein, ohne daß man dafür eine geheime Verschwörung herbeizaubern muß. Das wirkliche

67

Rätsel liegt darin, daß aufgrund eines alltäglichen Geschehens persönliche und private Phantasien der Betrachter freigesetzt werden. Und gleichsam liegt hier auch eine Lösung: Niemand kann uns seine eigenen Phantasien beweisen. Ist aber hier die Lösung für Fälle zu suchen, bei denen es nur schwierig ist, eine Klärung herbeizuführen? Sind persönliche Zeugenphantasien dafür verantwortlich, daß wir so viele Fälle in der Akte »unzureichende Informationen« abgelegt haben, weil wir zu keinen vernünftigen und überzeugenden Folgerungen kamen? Welchen Beweis sollen wir auch suchen, wenn die UFO-Frage sich zwischen Fakt und Phantasie festmacht? Ein Beispiel sind die UFO-Beobachtungen von Broadhaven in Wales im Jahre 1977. Damals wurden dramatische Ereignisse und gespenstische Geschehnisse gemeldet: Ein gelandetes UFO stand mitten am Tage stundenlang ruhig auf einem Feld und wurde von Schulkindern beobachtet; eine Rinderherde wurde wegteleportiert; eine UFO-Basis auf einer Insel sei gefunden worden; ein Raumfahrer erschien an einem Fenster.

All dies wurde ernsthaft gemeldet und genau so ernsthaft von den ansässigen Untersuchern akzeptiert, wie der englische UFO-Forscher Hilary Evans berichtet. Der Fall ließ jedoch die englische UFO-Forschungsorganisation BUFORA nicht ruhen, sie führte eine Gegenuntersuchung durch. Dabei zeigte sich, daß die UFO-Forscher elementare Informationen ignoriert oder übersehen hatten. Überhaupt war die Untersuchung mehr schlecht als recht durchgeführt worden: Das herabgekommene UFO befand sich in einer Position, wo man es von vielen Häusern aus hätte sehen müssen, aber niemand sonst meldete es, obwohl es stundenlang am hellen Tag dort gestanden haben soll. Die Teleportation brach zusammen, als man feststellte, daß die Herde nur von einer Wiese auf die andere getrieben worden war. Der BBC-Reporter Brynmor Williams fand schnell heraus, daß die Insel keine UFO-Basis beherbergte, als er sie besuchte. Und der Raumfahrer war in Wirklichkeit ein Mitglied der örtlichen Rotarier, der in einer silbrigen Feuerwehruniform steckte und am Fenster eines früheren UFO-Zeugen anklopfte, um ihn zu erschrecken.

Dennoch fanden die Sichtungen Niederschlag in drei Büchern, in unzähligen Presseartikeln und in Radio- wie TV-Sendungen. Sie alle verließen sich auf unfundierte, amateurhafte »Untersuchungen« örtlicher UFO-Fans, die sich schließlich durchweg selbst disqualifizierten. So ist die abschließende Feststellung der Gegenuntersuchung wenig überraschend:

»Die Story der West-Wales-UFOs ist ein gutes Beispiel für das totale Versagen der UFO-Forscher. Sie waren zu sorglos und zu naiv, sie meinten es einfach nur gut und stellten nichts in Frage. Doch durch Inkompetenz und Voreingenommenheit ist das UFO-Phänomen nicht zu erklären, auch wenn man sich den Touch eines objektiven Untersuchers geben will. Vielleicht gab es in Wales ungewöhnliche Erfahrungen, aber inzwischen sind diese in der Welle von Falschinformationen, Fehlern und Gutgläubigkeit zwischen Erwartungen, Fiktionen und Schwindel untergegangen.«

Hilary Evans weist darauf hin, daß zwar viele Übereinstimmungen bei den verschiedenen Arten von UFO-Begegnungen vorkommen, aber scheinbar keine zwei Raumschiffe identisch sind und keine zwei Entführungsmannschaften sich gleichen. Auch wenn Entführungsopfer an Bord von fremden Raumschiffen gebracht wurden, so wurde das noch nie unabhängig gesehen und überzeugend bestätigt. Das ist nur dann sinnvoll, wenn diese Erlebnisse nicht authentisch im objektiven Sinne unserer Realität sind – die Beweisführung hierfür wäre weitaus problematischer als auf den anderen, darunter liegenden Ebenen des Gesamtphänomens UFO!

Sind UFO-Erlebnisse also Stereotypen, die wir alle unbewußt mit uns herumtragen? Die Frage ist erlaubt, gerade auch in Anbetracht der Arbeiten von Alvin Lawson und dessen Kollegen über »imaginäre Entführungen« und die damit verbundenen Experimente. Der UFO-Untersucher John DeHerrera war über einen Fall verwirrt, bei dem der Zeuge kategorisch verneinte, mehr als nur eine UFO-Sichtung gehabt zu haben, schon gar keine Entführung. Er betonte aber von Anfang an die imaginäre Natur: »Ich spiele halt das Spiel mit.« Mit einem Minimum an Suggestion war ihm eine dramatische und detaillierte Geschichte abzuringen, die er als reine Fiktion erkannte. Die Art und Weise, wie die imaginären Entführten ihre Geschichte hervorbrachten, ähnelt der von echten Entführten. Auch wenn damit nicht bewiesen ist, daß die wahren Entführten ihre Erlebnisse fabrizieren, so ist dies dennoch ein Hinweis darauf, daß jedermann, der unbewußt den Wunsch hat, etwas in dieser Art bekanntzugeben, auf die notwendigen Ressourcen in sich selbst zurückgreifen kann.

Hilary Evans berichtete von einer eigenen Erfahrung: Im August 1980 wurde er von einem Herrn besucht, der angab, 1978 ein besonderes UFO-Foto im neuseeländischen Coromandel gemacht zu haben. Er zierte sich lange, das Foto herauszugeben. Schließlich tat er es doch, und es zeigte sich sofort, daß sein Foto in Wirklichkeit das von Fritz van Nest aus Kanab, Utah, vom 21. März 1968 war. Van Nest hatte es wiederum aus einem Film des Kontaktlers Dan Fry herauskopiert. Warum wurde Evans eine falsche Geschichte erzählt? Es war kein finanzieller Gewinn zu erwarten, »noch sehe ich einen Grund, warum er mich damit beeindrucken wollte. Offenbar hatte der Zeuge für die Fälschung obskure persönliche Motive«. So kann also jeder von uns zu einem Opfer unerfindlicher persönlicher Motive werden, die nicht sofort durchschaubar sind. Wie will man so den UFO-Beweis finden? Und hinsichtlich außerirdischer Raumschiffe braucht man außerordentliche Beweise, doch die gibt es nicht einmal ansatzweise.

Will mich jemand von außerirdischen Raumschiffen überzeugen, muß er mir einige sehr überzeugende Beweise vorlegen. Ein solcher Beweis muß frei von Verzerrungen durch persönliche Motive oder kulturelle Erwartungen sein, frei von Übersteigerungen, Widersprüchen und Schwammigkeit. Liegt ein solcher Beweis endlich einmal vor, dann will ich gerne meinen Skeptiker-Orden auf den Müllhaufen der Geschichte werfen.

Warum der Roswell-Film keinen Außerirdischen zeigt

Achim Th. Schäfer

Von dem heute »Santilli-Film« oder auch »Roswell-Film« genannten Machwerk hörte ich zum ersten Mal am 26. Juni 1995. An diesem Tag, gegen 22.15 Uhr, strahlte der Fernsehsender RTL im Magazin *Extra* (Moderation: Birgit Schrowange) einen Beitrag von Karlheinz König aus, in dem die Existenz eines Filmes behauptet wurde, der die Sektion (Leichenöffnung) eines außerirdischen Lebewesens zeigen soll. Man sah allerdings zunächst nur zwei Standfotos, von denen auf dem einen eine weibliche »Leiche« mit aufgetriebenem Bauch und eigenwilligen Gesichtszügen und auf dem anderen eine Hand mit angeblich sechs Fingern undeutlich zu erkennen waren.

Ausschnitte aus dem Film wurden in dem gleichen Magazin am 28. August und am 4. September 1995 gesendet, wobei in dem Beitrag vom 28. August auch ein Interview mit dem Münchener Rechtsmediziner Professor Eisenmenger gezeigt wurde, der sich kritisch zu Einzelheiten der dargestellten Leichenöffnung äußerte. Die Diskussion um diesen Film sollte zur europaweiten Sommerloch-Story des Jahres 1995 werden. Mir liegen inzwischen Zeitungsausschnitte in englischer, französischer und niederländischer Sprache vor, die sich mit dem Film beschäftigen. Selbst der *Spiegel* (7. August 1995) war sich nicht zu schade, einen ironisch gehaltenen Beitrag darüber zu bringen.

Das fragliche Filmmaterial befindet sich im Besitz des Londoner Geschäftsmannes Ray Santilli, der es angeblich von einem ehemaligen amerikanischen Militärkameramann gekauft hat. Santilli gibt an, der Film sei 1947 im Zusammenhang mit dem UFO-Absturz von Roswell entstanden und habe sich bisher im Besitz des ungenannten Kameramannes befunden. Ausschnitte des Filmmaterials, die eine der angeblich vier Obduktionen und einige Metallteile zeigen, werden inzwischen – angereichert durch einige Interviews mit Zeugen – von Santilli auf Videoband vermarktet.

Als Roswell-Ereignis wird in UFO-gläubigen Kreisen ein angeblicher Absturz eines unbekannten (und daher selbstverständlich außerirdischen) Flugobjektes nahe der Kleinstadt Roswell im amerikanischen Bundesstaat New Mexico im Jahre 1947 bezeichnet. Wenn es auch aus offiziellen Kreisen alsbald hieß, es sei nur ein höchst irdischer Wetterballon abgestürzt, und wenn auch ein Augenzeuge berichtete, er habe an der Absturzstelle große Mengen Folie, Balsaholz und Klebeband gefunden, also Materialien, die wir bei einem Raumschiff eigentlich nicht erwarten, wollten die Gerüchte doch kein Ende nehmen. Ihren Höhepunkt erreichten sie mit der Angabe, das Militär habe auch die bei dem Absturz getötete oder kurz darauf an ihren Verletzungen gestorbene Besatzung des außerirdischen Raumschiffes geborgen und halte diese Leichen geheim.

Soweit die zum Film gehörende Legende in knapper Form. Da der Schwarzweißfilm selbst keinerlei Hinweis auf Ort und Zeit seiner Entstehung gibt, dürfte es hier nicht weit führen, darüber zu spekulieren, ob ein Zusammenhang mit der Stadt Roswell oder mit dem Jahre 1947 überhaupt besteht. Meine weiteren Ausführungen stützen sich daher ausschließlich auf die bisher veröffentlichten Sequenzen des Filmes. Was ist da zu sehen?

Man erkennt auf einem Tisch, der am ehesten an eine ärztliche Untersuchungsliege mit einigen gebohrten Löchern erinnert, ein »Wesen« (so sei es zunächst genannt), das durchaus menschlich aussieht. Es hat zwei Beine, zwei Arme, einen Kopf mit Augen, Nase, Mund und Ohren. Bauch und Brustkorb lassen sich differenzieren, Schulter-, Hüft-, Knie- und Ellenbogengelenke klar abgrenzen, Hände und Füße identifizieren. Man sieht sogar die Vorwölbungen der Oberarm- und Halsmuskeln. Außer dem wahrscheinlichen Vorliegen von sechs Fingern und sechs Zehen finden sich keine Abweichungen vom allgemein bekannten Körperbau des Menschen. Das Wesen hat eigenartige Gesichtszüge und einen aufgetriebenen Bauch. Es ist völlig unbekleidet, es hat eine weibliche äußere Geschlechtsöffnung, keine erkennbaren Brüste, weder Brustwarzen noch Bauchnabel, eine fleckige oder marmorierte Hautfarbe, keinerlei Behaarung und einen großen Gewebsdefekt am rechten Oberschenkel.

Zwei Personen, die durch Schutzanzüge und Kopfhauben mit Sichtfenstern völlig unkenntlich sind, führen eine Leichenöffnung an diesem Wesen durch. Aus der Verletzung am Oberschenkel wird eine Gewebsprobe entnommen. Dann werden Brust- und Bauchhöhle durch einen Y-förmigen Längsschnitt eröffnet, d.h. die Schnittführung beginnt an beiden Halsseiten, diese Schnitte werden vor dem Brustbein durch einen kurzen Querschnitt zusammengeführt und als Längsschnitt bis zum Schambein fortgesetzt. Diese Schnittführung ist im angelsächsischen Bereich bei pathologischen Obduktionen üblich. Beim Einschnitt fließt eine dunkle Flüssigkeit ab. Aus den eröffneten Körperhöhlen werden Teile (»Organe«) entnommen und in bereitgehaltene Glasschalen gelegt.

Von den Augen wird eine davor liegende Membran oder Haut abgezogen. Die Kopfschwarte wird durch einen über die Höhe des Kopfes von Ohr zu Ohr gelegten Schnitt eröffnet und dann nach vorne über die Stirn geklappt. Mit einer Handsäge wird die Schädelkapsel eröffnet und aus der Kopfhöhle ebenfalls ein Organ (»Gehirn«) entnommen. Dieses zeigt eine dunkle Oberfläche, an der typische Hirnwindungen nicht sichtbar sind.

Leider ist die Kameraführung des Santilli-Filmes so, daß alle aus der Körperhöhle entnommenen Organe unscharf abgebildet sind. Tatsächlich läßt sich kein inneres Organ des Wesens klar erkennen, man sieht nur unförmige, dunkle Gebilde. Da ich jedoch nachweisen kann, daß dieser Film auf jeden Fall nicht die Obduktion eines außerirdischen Wesens zeigt, ist eine Diskussion über Einzelheiten hier unnötig.

Viele Details des Filmes sind von Skeptikern (und nicht nur von diesen) intensiv diskutiert worden. Warum hat z.B. das gezeigte Wesen keine Haare, was bedeuten die Gesichtszüge mit übergroßen Augen, kleiner Nase, kleinem Mund und tiefliegenden, unförmigen Ohren? Warum sind Bauchnabel und Brustwarzen nicht zu erkennen? Wieso ist der Bauch aufgetrieben, wieso hat das Wesen sechs Finger und Zehen? Warum fehlen die Gehirnwindungen? Was bedeutet die »Vermummung«

der Obduzenten, wieso findet die Obduktion nicht auf einem regulären Obduktionstisch statt?

Dabei haben sich zwei unterschiedliche Standpunkte herauskristallisiert. Meiner Meinung nach zeigt der Film die Obduktion eines verletzten, mißgebildeten weiblichen Kindes. Der Gesichtsausdruck und die Sechsfingrigkeit lassen an eine Mißbildung aus dem Kreis mit dem komplizierten Namen Akrozephalopolysyndaktylie-Syndrome denken, die zwar selten, aber doch gelegentlich familiär gehäuft vorkommen. Viele Einzelheiten (Haarlosigkeit, Fehlen von Bauchnabel und Brustwarzen, aufgetriebener Bauch) sind darüber hinaus verständlich, wenn man davon ausgeht, daß an der Leiche bereits Fäulnisprozesse eingesetzt haben. Dies würde auch die Vermummung der Obduzenten zwanglos als Schutzmaßnahme gegen den Leichengeruch erklären. Das Gehirn sieht genauso aus wie eines, dem ein geronnener Blutfilm aufliegt, der die Windungen überdeckt (der Fachausdruck heißt Subduralhämatom). Auch lassen gewisse Einzelheiten, so die an der Innenseite der aufgeklappten Bauchhaut erkennbare körnige Struktur, die dem wirklichen Aufbau des menschlichen Unterhautfettgewebes ähnelt, an das Vorliegen einer menschlichen Leiche denken. Die an einigen Stellen zu erkennende »Weichheit« der Gewebe, das heißt ihre Nachgiebigkeit auf Druck oder Zug, entspricht genau der echter Gewebe.

Andere Merkmale, so die vor den Augen liegenden Membranen, finden auf diese Weise keine Erklärung. Daher besteht auch die Ansicht, die im Film gezeigte Obduktion sei eine Totalfälschung, etwa unter Verwendung einer speziell hergerichteten Puppe. Auch der improvisierte Obduktionstisch und die beim Hautschnitt austretende dunkle Flüssigkeit lassen an eine – wie auch immer geartete – Manipulation denken. Es entspricht nämlich eher laienhafter Meinung, daß bei der Leichenöffnung aus den Schnitten Blut austritt. In Wirklichkeit wird dies nur in seltenen Ausnahmefällen gesehen, denn nach dem Tode besteht kein Blutdruck mehr, der eine derartige Wunde zum Bluten bringen könnte, viel eher sackt das vorhandene Blut – der Schwerkraft folgend – in die rückwärtigen Partien der Leiche, wo es die Totenflecken bildet.

Eines aber ist an der gezeigten Obduktion grundlegend falsch. Daher kann mit Sicherheit gesagt werden, daß der Santilli-Film auf jeden Fall nicht die Obduktion eines außerirdischen Wesens zeigt. Um dies zu verstehen, muß ich etwas weiter ausholen:

Es gibt nämlich zwei grundsätzlich verschiedene Vorgehensweisen, einen menschlichen (und nicht nur menschlichen) Körper nach dem Tode zu untersuchen. Die eine Methode wollen wir, mangels besserer Bezeichnung, die anatomische Obduktion (oder Präparation, Sektion, Autopsie) nennen, die andere die pathologische.

Bei der anatomischen Vorgehensweise geht es darum, den Aufbau des Körpers kennenzulernen. Die großen Anatomen der Renaissancezeit (Andreas Vesalius, Silvius, auch Leonardo da Vinci) haben so obduziert. Das weltberühmte Gemälde von Rembrandt *Die Anatomie des Dr. Tulp* zeigt eine solche Obduktion. Heute noch lernt jeder Medizinstudent den Aufbau des menschlichen Körpers durch eine anatomische Sektion kennen. Auch ich habe vor Jahren als Student der Biologie den Aufbau von Weichtieren, Fischen und anderen Tieren durch die anatomische Sektionstechnik erlernt.

Diese besteht darin, daß nach der Eröffnung der äußeren Körperumhüllung schichtweise präpariert wird. Zunächst werden die Muskeln in ihrem Ursprung und Ansatz untersucht, auch der Verlauf von Blutgefäßen und Nerven wird studiert. Nach Abheben der oberflächlichen Muskelschicht präpariert man die tieferen Schichten, die weiteren Muskeln, die Knochen und Gelenke, deren Festigkeit bzw. Beweglichkeit man untersucht, und die Organe, über deren Aufbau und Funktion man Erkenntnisse sammelt.

Ganz anders die pathologische Obduktionstechnik. Sie dient dazu, eine Todesursache festzustellen oder einen Verletzungsmechanismus zu rekonstruieren. Hier werden die Körperhöhlen eröffnet und die inneren Organe auf spezifische Schäden untersucht. Die pathologische Vorgehensweise bei der Leichenöffnung setzt jedoch anatomische Kenntnisse voraus. Man muß also wissen, was man zu erwarten hat, z.B., daß sich im Brustkorb ein Herz befindet, dessen besonderen Zustand (Infarkt,

Koronargefäßverschluß, Klappenfehler) man untersuchen kann. Tatsächlich müssen, um pathologische Sektionen erfolgreich durchführen zu können, so genaue Kenntnisse eines Organismus vorliegen, wie sie nur durch Hunderte von anatomischen Präparationen gewonnen werden.

Stellt sich beispielsweise dagegen die Frage: »Welche anatomische Struktur befördert die Körperflüssigkeit durch die Gefäße?«, so kann diese bei einem unbekannten Wesen nur durch anatomische Sektionstechnik geklärt werden. Meine eigene Erfahrung mit der Anatomie von Schnecken und Tintenfischen (also nichtmenschlichen Wesen, deren Aufbau keineswegs einfach ist) zeigt, daß erst zahlreiche Einzelsektionen zu einem Verständnis der Strukturen führen.

Der *Santilli-Film* stellt eindeutig den Verlauf einer pathologischen Leichenöffnung dar. Den Obduzenten muß also, wenn das ganze Machwerk nicht überhaupt auf schauspielerischer Darstellung beruht, bekannt gewesen sein, welche anatomischen Strukturen sie zu erwarten hatten. Dies kann aber bei einem Lebewesen außerirdischer Herkunft klarerweise nicht der Fall gewesen sein, selbst wenn das äußere Erscheinungsbild dem des Menschen ähnelt. Der naheliegende Einwand, man hätte auf die zeitraubende und aufwendige anatomische Technik verzichten können, da die geborgenen Wesen hinreichend menschenähnlich waren, widerlegt sich von selbst, denn gerade eine große Ähnlichkeit der Strukturen mit denen des Menschen läßt sich bei unbekannten Wesen nur durch die anatomische Sektionstechnik nachweisen.

Schließlich ist zu bedenken, welche Fragestellung durch die Obduktion überhaupt geklärt werden sollte. Wollte man Krankheitsprozesse nachweisen oder ein Verletzungsmuster aufklären? Dafür wäre eine pathologische Obduktion durchaus angemessen. Andererseits ist eben diese Fragestellung angesichts fremder Lebewesen recht ungewöhnlich. Viel eher wäre doch zu klären, wie die Anatomie der unbekannten Organismen beschaffen ist. Aber hierfür muß eben eine Leichenöffnung nach anatomischer Technik erfolgen. Auch wenn man mehrere unbekannte Wesen hat, die man studieren will, reicht es nicht aus, eines der Wesen nach der anatomischen und andere nach

76

der pathologischen Methode zu obduzieren, denn die Variationsbreite der Strukturen läßt sich mittels einer einzigen anatomischen Leichenöffnung niemals erkennen.

Der *Santilli-Film* zeigt eine Obduktionstechnik, die dem einzigartigen und sensationellen Auffinden fremder Lebewesen völlig unangemessen ist. Dies auch noch angesichts der Tatsache, daß eine geeignetere Vorgehensweise seit Jahrhunderten bekannt ist und auch heute noch von jedem Medizin- und Biologiestudenten erlernt wird. Daher drängt sich die Schlußfolgerung auf, daß der Film auf jeden Fall das nicht zeigt, was von ihm behauptet wird: die Obduktion eines außerirdischen Lebewesens.

Der »UFO-Absturz« von Roswell
Uli Thieme

Es gibt in der 50jährigen Geschichte des UFO-Phänomens wohl kaum einen bekannteren Ort als die Stadt Roswell im US-Bundesstaat New Mexico. Ihre Berühmtheit verdankt die Kleinstadt dem Umstand, daß ein strebsamer Pressesprecher der damaligen US-Armee-Luftwaffe am Dienstag, dem 8. Juli 1947, eine Presseerklärung veröffentlichte, in der die Bergung einer »Fliegenden Untertasse« durch den Roswell-Armee-Luftwaffenstützpunkt verkündet wurde. Da diese Nachricht über die Fernschreiber der Associated Press und United Press Association verbreitet wurde, gelangte sie in Windeseile um die ganze Welt. Ein paar Stunden später wurde diese »Untertassen-Geschichte« von der US-Armee wieder dementiert: Es habe sich um die Teile eines abgestürzten Wetterballons gehandelt, hieß es nun.

Jahrzehntelang interessierte dieser »geschichtsträchtige« Vorfall niemanden, bis ein paar geschäftstüchtige Leute die alte Geschichte wieder hervorkramten und begannen, Interviews mit damals beteiligten Personen zu führen. Zuerst erschienen Zeitungsberichte und Radiointerviews, später kamen etliche Bücher und Fernsehsendungen hinzu. Unzählige sogenannter

UFO-Forscher nahmen sich nun dieses Themas an und traten mit immer neuen Berichten und Zeugen an die Öffentlichkeit. Dabei gab es auch manche Kuriosität. So wollen beispielsweise die beiden Autoren Randle und Schmitt den Zeugen Edward M. Sager im August 1990 telefonisch gesprochen haben, obwohl der Mann bereits 1951 verstarb.

Es gründete sich sogar eine »Roswell Initiative«, die weltweit über 20000 Unterschriften sammelte. Mit Hilfe von Senator Steven Schiff, Bundesstaat New Mexico, wurde sogar der amerikanische Rechnungshof (GAO) veranlaßt, sich mit diesem Vorfall zu befassen. Denn immer wieder wurde behauptet, daß die tatsächlichen Geschehnisse, nämlich das Auffinden von Außerirdischen in einem abgestürzten Raumschiff, von der US-Regierung und dem amerikanischen Militär verheimlicht würden. Eine Untersuchung wurde eingeleitet, und die US-Luftwaffe veröffentlichte 1995 und 1997 insgesamt drei Forschungsberichte über den damaligen Vorfall. Doch die Gerüchte über die Bergung eines außerirdischen Raumschiffs konnten auch durch diese kritischen Berichte nicht aus der Welt geschafft werden. Es scheint sogar so, daß dieses moderne UFO-Märchen aus rein ökonomischen Gründen noch etliche Jahre weiter vermarktet werden wird, wie den Worten von Roswells Bürgermeister Thomas E. Jennings zu entnehmen ist: »Wir entwickeln eine neue Industrie in Roswell, und die heißt Tourismus. Er [der »UFO-Absturz«] ist uns in den Schoß gefallen, und wir versuchen, davon zu profitieren.« Interessant ist natürlich auch, daß die angebliche »UFO-Bergung« bei Roswell vehement von jenen Leuten am Leben gehalten wird, die ihren Lebensunterhalt fast ausschließlich aus der Ufologie bestreiten, also diesen Geschäftszweig zu ihrem Beruf auserkoren haben.

Was passierte wirklich im Sommer 1947 bei Roswell ?

Begonnen hat alles damit, daß am 24. Juni 1947 der Privatpilot Kenneth Arnold bei einem Flug über den Mount Rainier-Gebirgszug im US-Bundesstaat Washington in etwa 47 Meilen [75,2 Kilometer] Entfernung neun ihm unbekannte Objekte erspähte, die sich in der Mittagssonne scheinbar leicht hüpfend bewegten und nach ein paar Minuten in der Ferne verschwanden. Nach seiner Landung beschrieb Arnold den Journalisten die Bewegung jener Objekte so, »als wenn man Steine übers Wasser schlittern läßt«. Daraus machte ein findiger Reporter namens Bill Bequette die *flying saucers* (fliegende Untertassen). Plötzlich wurden von überall *saucers* gemeldet – die Presse hatte ihr Sommerloch-Thema gefunden, und als dann noch eine Zeitung eine »Fangprämie« von 3 000 US-Dollar aussetzte, fand man plötzlich überall irgendwelches Material, das man den Untertassen zuschrieb.

Einer der berühmtesten Finder sollte der Rancher Mac Brazel werden, der im Sommer 1947 in der Gemeinde Lincoln, New Mexico, eine Ranch der Familie Forster verwaltete. Er war in der Einöde New Mexicos etwas weit weg vom aktuellen Trend der Zeit und hatte ohne Radio und Telefon den Rummel um die Untertassen gar nicht richtig mitbekommen. Zwar hatte er Tage zuvor irgendwelche ungewöhnliche Trümmerstücke auf einem Stück Weideland liegen sehen, aber sich dabei keine allzugroßen Gedanken gemacht. Doch dann wurde auch er vom Untertassen-Fieber infiziert, wie sein ältester Sohn Bill zu erzählen weiß:

»Am nächsten Abend [Samstag, dem 5. Juli 1947] fuhr er nach Corona, und dort, bei einem Gespräch mit meinem Onkel Hollis Wilson und jemandem, den er von Alamogordo her kannte, hörte er zum ersten Mal von den ›fliegenden Untertassen‹-Berichten, die zu jener Zeit in dieser Gegend kursierten. Beide, Hollis und der andere Kollege aus Alamogordo, dachten, daß es durchaus möglich wäre, daß Vater Teile von einem dieser Dinger aufgelesen hatte, und sie rieten ihm, damit zu den Behörden zu gehen. Vater war noch nicht ganz überzeugt, aber er wußte, daß er dieses Zeug niemals zuvor gesehen hatte. Also nahm er am nächsten Morgen die beiden Kinder und machte sich über Tularosa, wo er die beiden Kinder bei der Mutter ließ, auf den Weg nach Roswell.«

Der sogenannte Roswell-Zwischenfall war geboren.

An welchem Tag der Rancher Mac Brazel die Trümmer gefunden hat, ist nicht ganz klar, da die Zeitungs- und Fernschreiberberichte von 1947 die Daten »14. Juni 1947« und »vor ein paar Tagen« fast gleichwertig erwähnen. Allerdings sprechen drei wichtige Faktoren für den 14. Juni 1947 als Absturztag. Zum einen benennt der Hauptzeuge und Trümmer-finder Mac Brazel bei seinen Interviews mit dem AP-Reporter Jason Kellahin dieses Datum selbst. Zum anderen wird der beteiligte Sheriff Wilcox zitiert, der angab, daß Brazel die Trümmer »vor etwa drei Wochen« aufgefunden habe. Und zum dritten erklärt ein weiterer Hauptzeuge, Major Jesse Marcel, daß der Absturz sich laut Mac Brazel mehrere Tage vor dem 5. Juli ereignet hatte. Definitiv falsch ist allerdings der 4. Juli 1947, der bis heute in der UFO-Szene immer noch als das Absturzdatum bezeichnet wird. In den Originaltexten von 1947 wird dieses Datum nirgends erwähnt oder gar bestätigt.

Die abgestürzten Trümmer hat dann entweder Mac Brazel am 14. Juni 1947 allein oder, wie 1947 in den Zeitungen berichtet, in Begleitung seines jüngsten Sohnes Vernon entdeckt. Sicher ist, daß die beiden jüngsten Kinder die Trümmerteile später mit eingesammelt haben. Und mit ziemlicher Sicherheit kann heute behauptet werden, daß der oft erwähnte Nachbarsohn »Dee« Proctor damals nicht mit dabei war. Zumal die einzige Quelle dieses Gerüchts, seine Mutter Loretta Proctor, selbst zugibt, daß sie nur denkt, er sei dabeigewesen.

Auch wann der Rancher Mac Brazel die Bruchstücke in Roswell meldete, ist umstritten. Tatsache ist allerdings, daß in der Presse von 1947 überwiegend der Montag als jener Tag angegeben wird, an dem er nach Roswell kam, um dort Sheriff Wilcox seinen Fund zu melden. Aus diesen Zeitdoku-menten wird eindeutig ersichtlich, daß drei der wichtigsten Augenzeugen – Mac Brazel, Jesse Marcel und Sheriff Wilcox – alle den Montag als den Tag angeben, an dem Mac Brazel nach Roswell kam, um dort von den Trümmern zu berichten. Außerdem wollte sich Brazel bei dieser Gelegenheit in Ros-well geschäftlich betätigen, was er nur an einem Werktag hätte tun können, und ferner bestätigte Walter Haut, der damals die Presseerklärung veröffentlichte, daß sich auf dem Militärflugplatz an jenem Wochenende nichts Ungewöhnliches zugetragen hatte. Somit ist mit allergrößter Wahrscheinlichkeit der Montag, 7. Juli 1947, tatsächlich das Datum, an dem das Militär zum ersten Mal von Brazels »fliegender Scheibe« erfuhr.

Daß Mac Brazel, als er am 7. Juli 1947 nach Roswell kam, um seinen Fund zu melden, auch Teile des abgestürzten Objekts mitbrachte, muß ernsthaft bezweifelt werden. Denn gleich drei Aussagen sprechen eindeutig gegen diese Annahme. Erstens wird in der Fernschreiber-Übermittlung der United Press Association vom 8. Juli 1947 um 15:42 Uhr berichtet: »Brizell [sic] brachte das Objekt nicht in das Büro des Sheriffs, sondern fuhr lediglich die 75 Meilen [120 km] von der Ranch nach Roswell, um seinen Fund zu melden. Sheriff Wilcox sagte, daß Major Marcel, gleich nachdem er den Bericht erhalten hatte, aufbrach, um zu der Gegend zu gelangen, wo die Scheibe gefunden wurde.«

Zweitens hat Sheriff Wilcox die Trümmerteile offensichtlich gar nicht selbst gesehen, da er stets nur Mac Brazel zitiert, der ihm wiederum die Trümmerstücke beschrieb.

Und drittens erzählte Bill Brazel, der älteste Sohn von Mac Brazel, gegenüber den Autoren Randle/Schmitt Ende 1988: »Später ging er [Vater] nach Roswell. Er transportierte es nicht dort hinunter, weil die Luftwaffe heraufkam und es mitnahm.«

Bisher wurde berichtet, das Militär habe durch den Pressesprecher Walter Haut eine schriftliche Erklärung verbreiten lassen. Aufgrund der damaligen Dokumente und mangels fehlender Kopien kann das nicht bestätigt werden. So ist etwa dem allerersten schriftlichen Dokument, der UPA-Fernschreibermeldung vom 8. Juli 1947, zu entnehmen: »Armee gab mündliche Bekanntmachung. Kein Text.« Auch die letzten Interviewaussagen des Hauptzeugen Major Jesse Marcel deuten darauf hin, daß Walter Haut die Zeitungen und Rundfunkstationen nur telefonisch über das Ereignis unterrichtete. Für eine telefonische, sprich mündliche Presseerklärung spricht auch noch ein anderer Faktor. In den ersten Fernschreiber- und Zeitungsmeldungen wimmelt es von falschen Namensangaben. So wurde etwa Sheriff Wilcox als »Wilson«, Mac Brazel als »Brizell« oder

Walter Haut fälschlich als »Warren Haught« benannt. Dies deutet auf sprachliche Mißverständnisse hin, die es bei einer schriftlichen Textvorlage wohl kaum gegeben hätte.

Auch erwähnen die Zeitungen von 1947 (mit Ausnahme des *Las Vegas Review-Journal*) im Gegensatz zur heutigen Roswell-Legende nichts darüber, daß Walter Haut im Namen seines Vorgesetzten Blanchard gehandelt habe. Vielmehr wird, wie der *Roswell Daily Record* in seinem ersten Artikel berichtet, das Nachrichtenbüro von Jesse Marcel als die Quelle der Untertassen-Information genannt, nicht die Kommandantur von Oberst William Blanchard. Völlig haltlos ist die häufig veröffentlichte Behauptung, Oberst Blanchard hätte Walter Haut die Presseerklärung diktiert. Dies kann durch die Dokumente von 1947 nicht nachgewiesen werden und wird von Walter Haut selbst auch nicht bestätigt.

Viele Autoren behaupten, ein seltsames Objekt sei kurz vor dem Absturz am Himmel gesehen worden. Doch nur die Familie Wilmot machte präzise Zeitangaben, die anderen Zeugen wollten ein solches UFO »vielleicht im Sommer« gesehen haben. Diese Angaben sind viel zu schwammig und zu ungenau, um sie für eine Beweisführung zu gebrauchen. Zudem stimmen bei zwei Aussagen die Flugrichtungen nicht mit der des angeblichen Roswell-Objekts überein. Die Sichtungen der genannten Zeugen können als Meteoriten oder Boliden angesehen werden, die mit dem Roswell-Zwischenfall nichts zu tun haben.

Gab es noch andere Absturzstellen?

Angeblich sind Teile des UFOs nicht nur auf Mac Brazels Gelände, sondern auch bei anderen Orten in der Nähe Roswells abgestürzt. Außer der Geschichte von Barney Barnett, der auf den von Roswell weit entfernten Plains of San Agustin ein havariertes außerirdisches Raumschiff gesehen haben will und dessen Geschichte schon lange als Schwindel gilt, sind alle anderen Absturzorte, drei an der Zahl, auf nur zwei »Zeugen« zurückzuführen, nämlich Frank Kaufmann und Jim Ragsdale. Beide sind nachweislich Märchenerzähler.

Jim Ragsdale, der 1995 starb, hat nicht nur unterschiedliche Aussagen beschworen, sondern sich sogar schriftlich eine Absturzstelle (Nr. 5) als »Die Jim Ragsdale Ereignis- und Absturzstelle« bestätigen lassen. Diese Bestätigung garantierte ihm – und nach seinem Tod seiner Tochter Judy Lott – bei der Vermarktung der Absturzstelle 25 Prozent des Bruttobetrages. Ursache seiner Verlegung des Absturzortes war die Weigerung des Besitzers der Corn-Ranch, Hub Corn, das Land der angeblichen »Absturzstelle Nr. 4« zu verkaufen.

Keiner der Augenzeugen, sowohl noch lebende als auch bereits verstorbene, hat jemals eine andere Absturzstelle als die auf der Brazel/Forster-Ranch erwähnt. Es gibt definitiv keine Beweise für eine zweite, dritte oder sonstige Absturzstelle.

Die interessanteste Frage des Roswell-Zwischenfalls ist allerdings jene, ob bei dem angeblichen UFO-Absturz auch außerirdische Leichen geborgen wurden. In der gängigen Roswell-Literatur wird deshalb immer wieder behauptet, daß der Trümmerfinder und Kronzeuge Mac Brazel zu Frank Joyce, dem damaligen Radiosprecher vom Sender KGFL, wörtlich gesagt haben soll: »Frank, du weißt, wie sie von kleinen grünen Männchen sprechen? ... Sie waren nicht grün.« Aber hat Mac Brazel diesen Ausspruch über die »kleinen, grünen Männchen« überhaupt verlauten lassen? Mit ziemlicher Sicherheit nicht. Denn Frank Joyce hatte diese Worte von Walter E. Whitmore gehört, dem Miteigentümer der Radiostation KGFL, und sie später kurzerhand Mac Brazel zugeschrieben.

Ein weiterer dubioser Zeuge, der etwas über angebliche außerirdische Leichen erzählte, war der ehemalige Leichenbestatter Glenn Dennis. Zwar ist dieser ein Freund von Ex-Pressesprecher Walter Haut, aber er hatte Haut bis zum Jahre 1989 nie etwas über seine angeblichen Erlebnisse mit außerirdischen Leichen erzählt. Glenn Dennis' Geschichte basiert auf den angeblichen Schilderungen einer Militärkrankenschwester, die im Sommer 1947 im Krankenhaus des Roswell-Armee-Flugplatzes außerirdische Leichen gesehen haben will. Doch militärische und private Ermittler haben alle Unterlagen des Krankenhauses untersucht. So auch die gesamten Morgenberichte und andere Personaldokumente von 1947, die zeigen, wer wann wo Dienst gehabt hat usw. Sie konnten alle Krankenschwestern identifizieren, die dem Stützpunkt während des Jahres zugeteilt waren, wann sie zugeteilt und versetzt wurden, doch Glenn Dennis' Krankenschwester wird darin nicht aufgelistet. Es ist also eindeutig bewiesen, daß die Krankenschwester, auf die sich der »Zeuge« Glenn Dennis bezieht, nicht existiert. Die Aussagen von Glenn Dennis haben deshalb mit den tatsächlichen Ereignissen in Roswell nichts zu tun und sind offensichtlich von ihm frei erfunden.

Der Mitbegründer der Roswell Initiative, Kent Jeffrey, besuchte im September 1996 in Tucson, Arizona, das Jahrestreffen der damaligen 509. Bombergruppe von Roswell. Mit fünfzehn ehemaligen B-29 Piloten und zwei Navigatoren, die im Juli 1947 in Roswell stationiert waren, konnte er persönlich sprechen. Keiner dieser ehemaligen Soldaten hatte zu dieser Zeit je etwas über die Bergung eines außerirdischen Raumschiffes gehört. Jack Ingham, ein ehemaliger Oberstleutnant, erklärte dazu:

> »Die Mitglieder der 509. waren sehr vertraut miteinander, und es bestand keine Möglichkeit, daß ein solch spektakuläres Ereignis wie die Bergung eines abgestürzten Raumschiffes von einer anderen Welt stattfinden konnte, ohne daß man es auf dem Stützpunkt erfahren hätte.«

Die Frage, ob es außerirdische Leichen gab, muß mit einem klaren Nein beantwortet werden, da keiner der historisch belegbaren Augenzeugen jemals Außerirdische oder Leichen Außerirdischer gesehen oder diese erwähnt hat. Diese Märchen erschienen erst ab 1980, beziehungsweise 1991, auf dem Büchermarkt. Die »Zeugen« Kaufmann und Ragsdale, die ebenfalls von Aliens berichten, sind so unglaubwürdig, daß sie nicht beweiskräftig sind. Und die angebliche Militärkrankenschwester und Kronzeugin von Glenn Dennis existiert definitiv nicht. Die restlichen Zeugen können nur vom Hörensagen etwas erzählen, aber keinerlei Beweise vorlegen. Dies bedeutet, daß die »Außerirdischen von Roswell« eindeutig eine Erfindung sind, die mit der Realität und den Ereignissen vom Juli 1947 nichts zu tun haben.

Am Dienstag, dem 24. Juni 1997, stellte die US-Luftwaffe in Washington, D.C., der Presse einen Bericht zu Roswell vor: *The Roswell Report – Case Closed* [Der Roswell Bericht – Fall abgeschlossen]. In dieser 231 Seiten dicken Dokumentation wird auf die vielen Gerüchte um die angeblich aufgefundenen Außerirdischen eingegangen. Anhand von Videos, Fotos und Berichten wurde aufgezeigt, daß die Militärs von 1954 bis 1959 Tests mit Plastikpuppen durchführten. Diese »Dummies« wurden mit Ballons in eine Höhe von 30 km gebracht, von wo aus sie dann per Fallschirm zur Erde zurücksegelten. Mit diesen Übungen wollte das Militär die Rettung von hoch fliegenden Piloten erproben. Der größte Teil der Puppen landete im Raum Roswell. Andererseits ereignete sich 1956 ein Flugzeugunglück in der Nähe von Roswell, bei dem ein Tankflugzeug vom Typ KC-97 beim Luftbetanken mit einem Bomber zusammenstieß und abstürzte. Dabei starben 11 Menschen, ihre Leichen wurden zum Teil sehr schlimm entstellt und zerstückelt aufgefunden. Die US-Luftwaffe geht deshalb davon aus, daß jene Zeugen, die die angeblichen Außerirdischen gesehen haben wollen, in Wirklichkeit diese »Dummies« oder die toten Piloten sahen und auf Grund der langen Zeitspanne die Zeitangaben verwechselt haben könnten. Die »Zeugen«, die im Fall Roswell die angeblichen Leichen der abgestürzten Außerirdischen gesehen haben wollen, beziehungsweise diese ins Gespräch brachten, sind Frank Kaufmann, Jim Ragsdale und Glenn Dennis, sowie diverse andere Quellen. Die drei Erstgenannten haben nachweislich ihre Geschichten frei erfunden. Die übrigen Zeugen können keinerlei Beweise für die Richtigkeit ihrer Aussagen vorlegen. Da die Dummy-Tests der USAF erst in den Jahren 1954 bis 1959 stattfanden, haben sie mit dem historischen Roswell-Zwischenfall vom Juni 1947 nichts zu tun.

Immer wieder wird auch behauptet, daß das Militär bei der Bergung der Trümmer auf der Forster-Ranch übernachtet habe. Doch lediglich Major Jesse Marcel erwähnt diese Übernachtungsgeschichte. Aber dies tat er auch nicht gleich von Anfang an, sondern erst ab seinem zweiten Interview. Hinzu kommt, daß er sich selbst erheblich widerspricht. Zuerst behauptete er, daß das Militär in der »Dunkelheit« ankam, dann wieder, daß es »am späten Nachmittag« dort eintraf. Der zweite Augenzeuge, Oberstleutnant Sheridan Cavitt, der laut Marcel mit auf der Ranch übernachtet haben soll, erklärt dagegen, daß diese Übernachtungsgeschichte »völlig erfunden« sei.

Ebenso wird ohne Beweis behauptet, daß auch der Kommandant des Roswell-Armeeflugplatzes, Oberst Blanchard, die Absturzstelle besichtigt hätte. Diese Spekulation um dessen Aufenthalt an der Absturzstelle beruht lediglich auf den Angaben eines Zeugen, der seine Information aus dritter Hand hat und zudem eingesteht, von dem Vorfall nicht viel zu wissen. Dokumente von 1947 beweisen dagegen, daß Blanchard am 9. Juli 1947 für 21 Tage in den Urlaub ging. Da keiner der beteiligten Augenzeugen erwähnt, daß auch ihr Chef zu der Absturzstelle fuhr, kann man davon ausgehen, daß Blanchard nicht auf der Forster-Ranch war.

Ein weiteres, vielverbreitetes Gerücht besagt, daß Brigadegeneral Arthur E. Exon von Material gehört haben will, das auf die Luftwaffenbasis Wright Field geschickt und dort in verschiedenen Laboratorien Tests unterzogen wurde. Ferner soll Exon sogar selbst über die Roswell-UFO-Absturzstelle geflogen sein. 1992 erklärte er allerdings telefonisch gegenüber dem Roswell-Forscher Karl T. Pflock, daß seine Geschichte über die Trümmerteile und die Leichen auf Wright Field nichts weiter als Gerüchte waren, die er gehört hatte. Exon erklärte auch, daß er tatsächlich in der Zeit nach dem Juli 1947 über mehrere Stellen in New Mexico geflogen sei, aber dies bei Einsätzen geschah, die nichts mit dem Roswell-Zwischenfall zu tun hatten.

Da keiner der Augenzeugen eine »Abriegelung« der Forster-Ranch erwähnte und auch die Originalberichte vom Juli 1947 nichts dergleichen berichten, muß eine solche Militäraktion angezweifelt werden, zumindest kann sie nicht bewiesen werden. Es ist allerdings wahrscheinlich, daß es ab und zu eine »Zurückweisung« einzelner Personen gab. Doch wurden dabei keinerlei Repressalien von seiten der Militärs auf die Zivilisten ausgeübt, wie Jason Kellahin und Bud Payne auch eidesstattlich versichern.

Auch die Angaben über die Größe der Absturzfläche sind wohl nicht mehr eindeutig zu klären. Allerdings stimmen die Aussagen von je zwei Augenzeugen, Mac Brezel/Tochter Bessie mit etwa 200 Quadratmeter und Cavitt/Rickett mit ca. 6 x 6 Meter, grob überein. Mit ziemlicher Sicherheit hat Major Jesse Marcel seine Größenangaben um einiges übertrieben, und keine weiteren Augenzeugen bestätigen ihn. Da Bill Brazel das Trümmerfeld nicht persönlich sah, kann seiner Aussage ebenfalls nicht allzuviel Gewicht beigemessen werden. Demnach wird die Ausdehnung der Trümmerteile etwa zwischen der Größe eines Football-Platzes beziehungsweise 200 Quadratmetern und der Fläche einer Appartmentwohnung gewesen sein. Die vielverbreitete Geschichte von einem »Graben« oder »Einschlag« durch ein abgestürztes Objekt auf der Forster-Ranch entspricht offensichtlich nicht der Wahrheit. Sie scheint vielmehr eine Erfindung des Zeugen Bill Brazel zu sein.

In der gängigen Literatur zu Roswell wird berichtet, daß am Absturzort Radioaktivität gemessen wurde. In den Berichten und Aussagen vom Juli 1947 wird dagegen nirgends etwas von einer Messung der Radioaktivität erwähnt. Einzige Quelle dieser Behauptung ist ein Nebensatz von Major Jesse Marcel während eines Telefonats im Jahre 1978. Da diese Aussage weder eidesstattlich bestätigt noch von Jesse Marcel bei späteren Interviews wiederholt wurde, kann ihre Richtigkeit nicht überprüft werden. Dagegen hat Oberstleutnant Sheridan Cavitt erklärt, daß er keinen Geigerzähler besaß und eidesstattlich versichert, daß an der Absturzstelle keine Radioaktivität gemessen wurde. Es scheint, als hätte auch das in Wirklichkeit gar nicht stattgefunden.

Die im Sommer 1947 auf der Forster-Ranch vorgefundenen Bruchstücke ähneln sich nach den Angaben der beteiligten Hauptzeugen. Dies gilt vor allem bei folgenden Übereinstimmungen:
– mattsilbriges, aluminiumfolienähnliches, dünnes Material
– kleine bräunliche Stöcke, die wie Balsaholz aussehen
– Klebebänder mit rötlichen, pastellfarbenen Markierungen

– Ballon- und Gummiteile
– kleine Bruchstücke, keine großen Teile.

Diese Beschreibungen entsprechen exakt den Bestandteilen der Ballonzüge (also miteinander verbundener Ballone), die bei dem 1947 getesteten geheimen Projekt MOGUL Verwendung fanden. MOGUL war der Codename für ein Projekt, das 1947 nicht nur streng geheim war, sondern auch die Priorität »Top Secret A-1« hatte. Eine Geheimhaltungsstufe, die 1947 nur noch dem »Manhattan-Projekt« zugeteilt wurde, der Entwicklung der A- und H-Bombe. Erst in den siebziger Jahren wurden die Unterlagen zum Projekt MOGUL für die Öffentlichkeit freigegeben. Mit Projekt MOGUL sollten in der Tropo- und Stratosphäre die Schockwellen von Raketen, die die Schallmauer durchbrachen, gemessen und registriert werden. Für die damalige Zeit war jedoch viel bedeutsamer, daß mit dieser Methode eine Atombombenexplosion festgestellt und dadurch die Zündung der ersten russischen Atombombe erkannt werden konnte. Ende Mai 1947 begann das Team von Projekt MOGUL im Bundesstaat New Mexico aktiv zu werden. Die dabei benutzten Ballonzüge bestanden aus drei bis sieben Neopren-Ballonen, an denen drei bis fünf Radarreflektoren vom Typ MC-307 B und diverse Instrumente angehängt waren. Jeder der Reflektoren hatten eine Seitenlänge von etwa einem Meter und wurde laut Aussagen des beteiligten Wissenschaftlers Charles B. Moore bis zu diesem Zeitpunkt nicht in New Mexico eingesetzt.

Aufgrund der Winddaten des National Weather Service von Anfang Juni 1947 konnte der am Projekt MOGUL beteiligte Wissenschaftler Dr. Charles B. Moore die exakte Flugrichtung des MOGUL-Flugs Nr. 4 vom 4. Juni 1947 rekonstruieren. Dieser Ballonzug, der als der Verursacher der Trümmerteile gilt, driftete nach dem Start zuerst nach Nordosten in Richtung Arabela (bis hierhin konnte der Flug auch tatsächlich verfolgt werden). Während seiner Passage durch die Stratosphäre wechselte er durch die Höhenwinde nach Nordwest und kam, als er wieder zur Erde niederging, erneut in südwestliche Winde. Charles B. Moores rekonstruierte Absturzstelle ist fast identisch mit der auf der Forster-Ranch. Mehr noch: Auch die beiden Hauptzeugen Major Jesse Marcel und Mac Brazel nahmen eine

Flugrichtung auf der Achse Südwest/Nordost an, genau so, wie sich Mogul-Flug Nr. 4 bewegte.

Einige der beteiligten Zeugen, wie beispielsweise der Finder der Trümmerteile, Mac Brazel, erklären, daß die Trümmer einem Wetterballon nicht ähnelten. Nach Aussage des am Projekt MOGUL beteiligten Professors Charles B. Moore konnten die Leute, die diese Bruchstücke auffanden, auch gar nicht wissen, worum es sich dabei handelte. 1947 gab es in New Mexico bis zum Eintreffen der MOGUL-Gruppe keine dieser Radarreflektoren. Somit war es unmöglich, daß Rancher Mac Brazel jemals zuvor einen gesehen hatte. Charles B. Moore hält es auch für unmöglich, daß sich Major Marcel oder General Ramey oder Rameys Leute als Ersatz für die echten Trümmer ein solches Zielgerät beschaffen konnten.

Erstaunlicherweise sprechen zwei der Augenzeugen davon, daß sie nichts Weltbewegendes fanden. Laut der Nachbarstochter Sally Strickland Tadolini sprach z.B. der Hauptzeuge Mac Brazel sehr abfällig über die Trümmer. Er sagte: »Das ganze Gerümpel überall hier.« Und Brazels Tochter Bessie Brazel Schreiber zitiert ihren Vater wie folgt: »Oh, es ist nur ein Haufen Abfall.« Auch der Reporter des *Fort Worth Star-Telegram*, J. Bond Johnson, erklärte: »Es war kein beeindruckendes Zeugs. Es war einfach nur ein Haufen Müll.«

Immer wieder wird im Zusammenhang mit dem angeblichen UFO-Absturz bei Roswell behauptet, daß Trümmerteile eines außerirdischen Raumschiffs in irgendwelchen streng bewachten Hangars deponiert werden. Dabei wird bei der Beweisführung auch ab und zu ganz ungeniert zu unlauteren Mitteln, wie etwa der Veröffentlichung falscher Fotos, gegriffen. Walter Unrath, ein pensionierter Spionageoffizier, hat im Auftrag des Roswell-Forschers Karl T. Pflock Recherchen in den CIC- und OSI-Büros (Counter Intelligence Corps und Office of Special Investigation) angestellt. Unrath erklärte, daß schon vor Jahren in den Nachrichtenorganisationen eine Geschichte kursierte, deren Glaubwürdigkeit er aber nicht bestätigen könne. Das Gerücht besagte, daß auf dem Andrews-Luftwaffenstützpunkt die Smithsonian Institution einen Hangar besitzt, der streng kontrolliert werde. Dort sollen angeblich die Reste eines UFOs und die sterblichen Überreste von Passagieren aufbewahrt werden, die in New Mexico abgestürzt seien. Doch Walter Unrath hält nach seinen Nachforschungen diese Geschichten für unseriös.

Allerdings gab es beim Roswell-Zwischenfall tatsächlich ein Cover Up, also eine Vertuschungsaktion durch das US-Militär. Doch diese Aktion hatte nicht etwa den Sinn, die Bergung eines abgestürzten UFOs zu vertuschen, sondern sollte von dem damals streng geheimen Projekt MOGUL ablenken. Die erste Aktion fand in General Roger Rameys Büro am 8. Juli 1947 statt. Dabei wurden die Mogul-Ballon-Reste als diejenigen eines ganz normalen Raywin-Wetterballons ausgegeben. Die zweite Aktion war ein Artikel in der *Alamogordo News* vom 10. Juli 1947. Dort wurde ein Bericht mit der Überschrift veröffentlicht: »Die Phantastereien über ›Fliegende Scheiben‹ werden hier aufgeklärt: Zeitungsreporter beobachtet, wie eine Armee-Radar-Einheit eine ›Scheibe‹ startet.« Der am Projekt MOGUL beteiligte Wissenschaftler Charles B. Moore erklärt dazu, daß der Bericht in der *Alamogordo News* die Presse vom streng geheimen Projekt MOGUL ablenken sollte.

Die in diesem Zusammenhang oftmals erwähnten Repressalien oder Geheimhaltungsschwüre gab es nachweislich nicht. Von den Augenzeugen erwähnt nur Bill Rickett, daß ihn sein Vorgesetzter Sheridan Cavitt gemahnt hätte, er solle alles vergessen. Ricketts Boß, Sheridan Cavitt, erklärt jedoch dazu eidesstattlich, daß er dies nicht getan habe. Tatsache ist auch, daß kein anderer der Augenzeugen von einem Schwur berichtet. Im Gegenteil: Gleich sechs Augenzeugen bestätigen, daß sie keinen Eid ablegen mußten und auch keinerlei Repressalien durch das Militär oder die Regierung ausgesetzt waren. Die »Militärsäuberungsaktion«, die im Juli 1947 angeblich in den einzelnen Redaktionsstuben stattgefunden haben soll, stützt sich lediglich auf eine nicht eidesstattlich versicherte Aussage von Frank Joyce. Dagegen versichert der KSWS-Radioreporter George Walsh eidesstattlich, daß eine solche Militäraktion nicht stattgefunden hat. Da auch der von Joyce erwähnte Kollege Jud Dixon eine angebliche Hausdurchsuchung nicht bestätigen kann, sollte man diese Geschichte nur als eine abermalige »dramaturgische Übertreibung« von Frank Joyce bezeichnen.

In verschiedenen Publikationen wird in bezug auf die Bergung angeblich abgestürzter außerirdischer Raumschiffe gerne ein Ingenieur im Verkehrsministerium der kanadischen Regierung, Wilbert B. Smith, genannt. Smith will von dem amerikanischen Wissenschaftler Dr. Robert Sarbacher erfahren haben: »Die Angelegenheit ist das Thema mit der höchsten Geheimhaltungsstufe in den Vereinigten Staaten und rangiert sogar noch über der der Wasserstoffbombe.« Der Autor Charles G. Hibbard weiß in einem Bericht über streng geheime Atombombenabwurfübungen der 509. Bombergruppe, die Anfang der vierziger Jahre stattfanden, zu berichten, daß damals etwa 300 FBI-Agenten dafür sorgten, daß die Sicherheitsmaßnahmen eingehalten wurden. Wenn man nun bedenkt, daß eben diese 509. Atombombengruppe an der Bergungsaktion eines außerirdischen Raumschiffes beteiligt gewesen sein soll, deren Geheimhaltungsstufe sogar noch über der der Wasserstoffbombe gelegen habe, dann hätten die Sicherheitsvorkehrungen mindestens das gleiche Ausmaß haben müssen. Konkret hätte dies bedeutet, daß in und um Roswell im Sommer 1947 mindestens die gleiche Anzahl von 300 FBI-Agenten für die Überwachung der Sicherheitsvorkehrungen eingesetzt worden wären. Tatsache ist jedoch, daß während des Roswell-Zwischenfalls außer dem Nachrichtenoffizier Major Jesse Marcel und den Spionageabwehrleuten Sheridan Cavitt und Lewis S. Rickett keine weiteren »Sicherheitsagenten« genannt werden. Zwar berichten Zeugen gelegentlich von weiteren Soldaten, aber nie davon, daß eine große Anzahl von FBI-Agenten beteiligt war. Außerdem teilte der im Roswell-Fall ermittelnde FBI-Agent Major Edwin Kirton seinen Vorgesetzten per Fernschreiben vom 8. Juli 1947 mit, daß, »keine weiteren Untersuchungen« eingeleitet werden. Aus diesem Sachverhalt läßt sich folgern, daß es eine »Top Secret«-Bergungsaktion im Juni oder Juli 1947 in und um Roswell nicht gegeben hat.

Die Analyse aller Quellen in dieser Dokumentation führt zu dem zweifelsfreien Ergebnis, daß die von Rancher Mac Brazel am 14. Juni 1947 aufgefundenen Trümmer nicht von einem außerirdischen Raumschiff stammen. Die Teile sind vielmehr Reste des abgestürzten MOGUL-Ballonzuges Nr.4, der am

4. Juni 1947 von Alamorgordo gestartet wurde. Die bei dem Absturz angeblich vorgefundenen »außerirdischen Leichen« existieren nachweislich nicht. Sie sind nur das Phantasieprodukt von Scharlatanen. Zu diesem Ergebnis kommt auch der führende Kopf der »Roswell Initiative«, Kent Jeffrey, der erklärt, daß das auf der Forster-Ranch geborgene Material definitiv mit den Trümmern eines ML-307 Radarreflektors übereinstimmt. Sogar die Farbe der Symbole ist identisch mit der Farbe, an die sich der Luftwaffenmeteorologe Irving Newton erinnert, der die Trümmer in General Rameys Büro sah. Deshalb ist sich nun Kent Jeffrey absolut sicher, daß die geborgenen Trümmer von Roswell nicht von einem außerirdischen Fluggerät stammten.

So bleibt zum Schluß nur noch die Frage, weshalb das Militär 1947 überhaupt diese Presseerklärung über eine »fliegende Untertasse« herausgegeben hat. Doch bei einem genauen Studium der vorliegenden Dokumente und Zeugenaussagen kann auch hier eine logische und in sich schlüssige Antwort gegeben werden:

Mac Brazel hat höchstwahrscheinlich die aufgefundenen Trümmerteile nicht nach Roswell mitgebracht, sondern kam zu Sheriff George Wilcox und »flüsterte gewissermaßen vertraulich«, daß er vielleicht eine fliegende Scheibe gefunden habe. Sheriff Wilcox sah die Teile nicht, vertraute auf die Aussagen von Mac Brazel und berichtete den Fund der fliegenden Scheibe telefonisch an Major Jesse Marcel, der wiederum, gleich nachdem er den Bericht erhalten hatte, aufbrach, um zum Fundort zu gelangen. Bis zu diesem Zeitpunkt hatte noch niemand in Roswell die Trümmer gesehen. Marcel selbst sagt aus, daß in der Zwischenzeit ein übereifriger Pressesprecher davon gehört hatte. Dieser rief dann die Nachrichtenagentur UPA an und unterrichtete sie über den Fund. Dies bedeutet konkret, daß während Marcel, Cavitt und Rickett zusammen mit Brazel auf der Forster-Ranch waren, um die Trümmer einzusammeln, parallel dazu Pressesprecher Walter Haut die Erklärung herausgab, noch bevor irgend jemand in Roswell die Trümmer tatsächlich gesehen hatte.

Die Untertassen-Story wurde dann via UPA in Windeseile verbreitet. Aufgrund dieser UPA-Meldung erhielt Stabschef Tho-

mas DuBose in Fort Worth einen Telefonanruf von General-
major Clements McMullen, dem stellvertretenden Kommandanten des Strategischen Luftwaffenkommandos. Er fragte, was
DuBose über ein Objekt wüßte, das außerhalb von Roswell
geborgen und über das in der Presse berichtet worden sei.
DuBose rief daraufhin Oberst William Blanchard, Kommandant
auf dem Roswell-Armee-Luftwaffenstützpunkt an und wies ihn
an, das Material in einem versiegelten Behälter zu ihm nach Fort
Worth zu schicken. Dies bedeutet wiederum, daß Oberst William
Blanchard die Anweisung, die Trümmer nach Fort Worth zu fliegen, nur deshalb erhielt, weil die Presseberichte die Herren in
Washington neugierig gemacht hatten, und nicht deshalb, weil
die gefundenen Trümmerteile bewiesen, daß es ein außerirdisches Raumschiff war.

So ist es auch nicht verwunderlich, daß zwei wichtige Hauptzeugen identisch resümierten. Major Jesse Marcel: »Ich hatte
das Ganze fast schon aus meinem Gedächtnis gelöscht.« Und
Hauptmann Sheridan Cavitt erzählte: »Tatsache ist, daß ich
mich nicht erinnern kann, daß der Zwischenfall als irgend etwas
Großartiges nochmals erwähnt wurde, und ich habe nicht einmal mehr daran gedacht, bis ich lange nach meiner Pensionie-
rung vom Militär von UFO-Forschern angesprochen wurde.«

Hätten nicht ein paar geschäftstüchtige Ufologen begonnen,
die längst abgestandene Roswell-Suppe neu aufzukochen, wäre
den ufologisch interessierten Menschen ein modernes Märchen,
eine Menge Geld für unnütze Bücher und viel Zeit erspart
geblieben.

Fotos und Filme

Einleitung

Mitunter erhalten die UFO-Forscher Fotos oder Filme, die ein ganz besonderes Ereignis dokumentieren sollen: nämlich das Erscheinen eines UFOs. Die Zeugen sind froh, ihr Erlebnis mit Aufnahmen belegen zu können. Sie meinen, damit einen erheblichen Glaubwürdigkeitsvorteil gegenüber Zeugen zu haben, die keine Gelegenheit hatten, die beobachtete Erscheinung zu fotografieren. Gelegentlich zeigen die Aufnahmen nur verwaschene Lichtflecken, manchmal aber auch strukturierte unbekannte Flugkörper. Ist damit die Frage nach objektivem Beweismaterial geklärt?

Untersuchungen der GEP haben ergeben, daß die meisten der ihr vorgelegten UFO-Aufnahmen Objekte zeigen, die natürlichen Ursprungs sind. Meistens sind es Vögel oder Insekten, die zufällig während der Aufnahme durch den fotografierten Bereich flogen und vom Fotografen nicht bewußt wahrgenommen wurden. Auf dem entwickelten Abzug zeigt sich dann ein Fleck, der aufgrund der Eigenbewegung des Objekts und der geringen Verschlußzeit der gebräuchlichen Kleinbildkameras starke Verwischungsspuren aufweist. Oftmals kann deswegen der auslösende Körper nicht mehr identifiziert werden. Manchmal belegen Fotos auch nur den Vorbeiflug eines herkömmlichen Fluggeräts, etwa eines Flugzeuges oder Forschungsballons, oder sie demonstrieren die vielfältigen Möglichkeiten von Entwicklungsfehlern und Linsenspiegelungen.

Wie sich mehrfach herausstellte, gaukeln uns vereinzelte Fotos eine Wirklichkeit vor, die so nicht existiert. Etwa dann, wenn beispielsweise der Zeuge einen kleinen in die Luft geworfenen oder an Fäden aufgehängten Körper fotografierte und sich parallel dazu eine Geschichte, den späteren Beobachtungsbericht, ausdachte. Die Möglichkeiten, UFO-Fotos zu fälschen, sind äußerst vielfältig, einfach auszuführen und werden schon unseren Jüngsten in Kinderzeitschriften gezeigt.

Der UFO-Forscher hat die Aufgabe, das scheinbar objektive Beweismaterial mit den ihm zur Verfügung stehenden Mitteln zu untersuchen und zu werten. Dabei ist es von elementarer Bedeutung, die Aufnahmen nicht nach dem Motto »Eine Aufnahme ist glaubwürdiger als eine Zeugenaussage« isoliert zu betrachten. Beide Elemente sind bedeutsam, die Aufnahme und der passende glaubwürdige Zeugenbericht. Es sollte also ermittelt werden, ob die Aufnahmen den Aussagen des Zeugen widersprechen oder nicht. Zudem muß nach Hinweisen gesucht werden, die vielleicht verwendete Tricktechniken aufdecken. Sei es durch den Vergleich mit eigenen Fotoexperimenten, genauer Begutachtung der Originalnegative oder versuchsweise durch Computeranalysen.

Leider hat die Vergangenheit gezeigt, daß sich die meisten Aufnahmen, die klar erkennbare unbekannte Flugkörper zeigen, später als Fälschungen herausstellten. Auch die spektakulärste in Deutschland aufgenommene UFO-Fotoserie entpuppte sich letztendlich als Streich zweier Schüler aus dem thüringischen Fehrenbach.

Die nun folgenden Beiträge machen die Problematik zu der Beweiskraft von UFO-Fotos deutlich. Sie zeigen, wie leicht selbst Wissenschaftler auf Fotofälschungen hereinfallen. Grundsätzlich sollte man guten UFO-Aufnahmen zunächst einmal äußerst kritisch gegenüberstehen.

Problemfall UFO-Foto

Gerald Mosbleck

Vorbemerkung

Der Mensch nimmt seine Umwelt hauptsächlich mit den Augen wahr. Die optischen Eindrücke vermitteln ihm mehr Informationen über seine Umwelt als irgendein anderes Organ. Durch bildhafte Darstellungen der Wirklichkeit wird eine große Menge an Informationen übermittelt, und deshalb sind Fotos als Beweise sehr gefragt. Gerade in der UFO-Forschung gilt ein Foto oder gar ein Film als der Beweis schlechthin. Doch warum werden Fotos von Gerichten nicht als Beweis akzeptiert? Doch

wohl deshalb, weil hier vielfältige Möglichkeiten der Verfälschung gegeben sind. Weil wir gewohnt sind, uns auf unser
Auge zu verlassen, glauben wir das, was wir sehen, eher als
eine Beschreibung davon.

Sind Aufnahmen von UFOs also Beweise, oder müssen wir
hier kritisch jedem Anhaltspunkt für Fälschung, Trick oder optisches Phänomen nachgehen? Im Sinne einer glaubhaften UFO-
Forschung ist bei Fotos und Filmen Vorsicht angebracht. Im
Laufe meines Kapitels werde ich auf natürliche Phänomene,
besonders aber auf Manipulationsmöglichkeiten hinweisen. Auf
die Auflistung bekannter UFO-Fotos habe ich bewußt zu Gun-
sten einer allgemeineren Beschreibung der Probleme verzichtet.
Nur einige Bilder mögen der Anschauung dienen.

Gegenstand der Untersuchung

Gegenstand der Untersuchung sind Negative, Positive, Dias
oder Filme aller Art, auf denen unbekannte Objekte auftauchen.
Der Nachteil dieses Materials ist, daß durch die zweidimensio-
nale Abbildung der dreidimensionalen Wirklichkeit Informationen über die Entfernungen verlorengehen. Erstes Ziel jeder
Untersuchung muß es sein, möglichst die ursprüngliche Form
der Aufnahme zu erhalten. Bei Bildern also die Negative oder
das Dia, bei Filmen das ungeschnittene Original. Neben der
Untersuchung des fotografischen Materials ist eine Überprüfung der Aufnahmegegend, der Aufnahmesituation und des
Zeugen unerläßlich. Ein Bild darf nie die genaue Untersuchung
der Sichtung verhindern. Erst im Zusammenhang ergibt sich
eine hohe Aussagequalität.

Art der Untersuchung

Ziel der Untersuchung von UFO-Fotos ist die Aufdeckung
von Fälschungen oder der Nachweis der Echtheit. Dazu stehen
einige technische Hilfsmittel zur Verfügung. Zuerst wird wohl
der Augenschein Aufschluß über offensichtliche Manipulationen geben. Auch natürliche Ursachen für das UFO lassen sich
so oft schon erkennen. Reicht dies noch nicht aus, so nimmt

man wohl als nächstes Vergrößerungsgeräte und analysiert die Struktur des Bildes. So erkennt man bereits Fotomontagen (siehe dort). Auch kann man etwaige Fäden sichtbar machen. Die modernste Methode der Untersuchung ist das Arbeiten mit dem Computer. Die amerikanische UFO-Forschungsgruppe *Ground Saucer Watch* (GSW) hat dies bis vor einigen Jahren mit wechselndem Erfolg betrieben. Der Computer ermöglicht eine begrenzte Zahl von Manipulationen an den Bildern, die sicherlich eine Hilfe bei der Analyse sein können.

Einsatz des Computers

Was er leisten kann

Über eine Videokamera oder einen Scanner wird die Bildvorlage zeilenweise abgetastet und in kleine Bildpunkte (Pixels) zerlegt. Jedes Pixel hat nun einen Grau- oder Helligkeitswert. Der Computer legt eine Skala von Weiß über Grau bis Schwarz (in bis zu vielen Millionen Stufen) darüber und ordnet jedem Pixel den entsprechenden Wert zu. Gibt man nun zum Beispiel nahe beieinanderliegenden Werten die Farben Rot und Blau, so kann man Grauwerte so verstärken, daß selbst kleinste Unterschiede in der Helligkeit fast plastisch erscheinen. Das Auge selbst ist bei weitem nicht in der Lage, so viele Helligkeitsstufen zu unterscheiden wie der Computer. Erst die Umsetzung in Farben erlaubt die exakte Wahrnehmung dieser sonst unsichtbaren Informationen. Die vom Computer erzeugten Farben haben natürlich nichts mit den Farben der Vorlage zu tun. Wegen der Kompliziertheit der Computersysteme sollten diese Untersuchungen nur von Experten durchgeführt werden.

Was er nicht leisten kann

Die GSW versuchte mit Hilfe der Computeranalyse ein sogenanntes »Profiling« durchzuführen. Wie William H. Spaulding im Begleitband zum MUFON-Symposium 1977 anhand zweier klassischer UFO-Filme, dem Montana- und dem Utahfilm, beschreibt, legten die GSW-Leute eine Linie über das Objekt und übertrugen die ermittelten Werte dieser Linie in ein Koordinatenkreuz. Auf der senkrechten Achse war die senkrechte Position des Cursors, auf der waagerechten Achse waren die

Helligkeitswerte eingetragen. Der Graph zeigte also ein »Profil« der Grauwerte des Fotos an der Stelle des darübergelegten Streifens. Leider gibt dieses Profil keinen Aufschluß über das tatsächliche Profil des aufgenommenen Objekts, wie Spaulding behauptet. Der Computer kann nicht zaubern. Bei der Aufnahme verlorengegangene Informationen können auch durch noch so raffinierte Tricks nicht mehr rekonstruiert werden. Um beweiskräftige Aussagen über die Größe und Form des Objekts machen zu können, benötigt man mindestens zwei Aufnahmen, die zur gleichen Zeit von bekannten Standpunkten aus gemacht wurden. Erst Stereobilder lassen Rückschlüsse auf Entfernungen oder Räumlichkeit zu. Ausnahmen machen hier in geringem Umfang Filme. Jedoch nur, wenn man nicht wie GSW einzelne Bilder aus den Filmen herausnimmt.

Mögliche Ursachen für UFO-Fotos

Herkömmliche Ursachen

Hier kommen wohl in erster Linie Wolken, Vögel, Flugzeuge, Ballone und optische Phänomene in Betracht. Aber auch weniger bekannte Phänomene beim Fotografieren können zu einer Fehldeutung des Aufgenommenen führen. Es gibt Fälle, in denen während der Aufnahme kein Objekt zu sehen war.

In Hamburg fotografierte im Januar 1982 ein Polizist nachts seinen Streifenwagen. Das eingeschaltete Blaulicht produzierte im oberen Bereich der Aufnahme ein herrliches rotes UFO. Bei der Aufnahme hatte der Polizist nichts von diesem sogenannten katadioptrischen Scheinbild bemerkt. Katadioptrische Scheinbilder entstehen durch Reflexionen innerhalb des Aufnahmeobjektivs.

Fotografiert man bei Nacht und verwendet ein Blitzgerät, so kann es passieren, daß kleine Staubteilchen oder Regentropfen dicht vor dem Objektiv auf dem späteren Bild wie leuchtende Kugeln erscheinen. Auch einfache Linsenreflexionen haben oft die Form von flachen Scheiben. Ursache hierfür sind die Objektive und Gegenlichteinfall. Im besten Fall ist die verursachende Lichtquelle auf dem Bild zu erkennen, meistens liegt sie jedoch außerhalb, und man ist auf Spekulationen angewiesen. Auch

Schmutz auf dem Objektiv kann zu einem UFO auf dem Foto führen.

Fehler beim Entwickeln

Letztlich können aber auch beim Entwickeln der Filme Fehler auftreten, die später wie UFOs aussehen. Das kann besonders beim hobbymäßigen Entwickeln passieren, aber auch in professionellen Labors ist man davor nicht sicher.

Fotofälschungen und Trickaufnahmen

Zum Leidwesen der UFO-Forscher werden viele UFO-Fotos von sensationslüsternen oder geldgierigen Hobbyfotografen manipuliert. Unzählige Betrüger wurden in der Geschichte schon überführt. Der Schweizer Kontaktler Billy Meier ist nur ein Beispiel für einen Schwindler. Angesichts der Menge an Möglichkeiten für Fotofälschungen muß der Umfang gerade dieses Teils meiner Ausführungen am größten sein. Ich bin jedoch der Meinung, daß nur die Kenntnis aller Möglichkeiten das Erkennen von Fälschungen ermöglicht. Anspruch auf Vollständigkeit kann ich dabei noch nicht einmal erheben. Doch mögen die genannten Beispiele zum eigenen Nachdenken anregen.

Fotomontagen

Bei Fotomontagen werden Teile von verschiedenen Aufnahmen so zusammengeklebt und reproduziert, daß auf dem späteren Bild Objekte erscheinen, die auf der Originalaufnahme nicht zu sehen waren. Meist lassen sich solche Veränderungen leicht an der unterschiedlichen Kornstruktur der Umgebung und des Objekts erkennen. Fotomontagen sind recht aufwendig und leicht zu durchschauen. Deshalb tauchen sie auch sehr selten in der Literatur auf.

Doppelbelichtungen

Einige Kameras lassen Doppelbelichtungen zu. Der Film wird nicht weitergedreht, sondern nur der Verschluß gespannt. Es ist also möglich, ein Bild zweimal zu belichten. Nimmt man beispielsweise einen Waldrand mit viel Himmel auf, so kann später ein UFO-Modell in den oberen Teil einbelichtet werden. Diese Technik erfordert eine gewisse Erfahrung. So darf die Aufnahme später nicht verwaschen erscheinen, was häufig passiert, wenn der Hintergrund der Zweitbelichtung zu einem Überstrahlen der Erstbelichtung führt. Auch diese Art der Fälschung ist relativ selten.

Manipulationen beim Vergrößern

Beim Vergrößern ist die Auswahl an Tricks recht beachtlich. Einfachstes Täuschungsmittel ist das Weglassen von Bildteilen durch Ausschnittvergrößerung. Wichtige Informationen über Lichtquellen, werfende Menschen, Haltevorrichtungen usw. gehen verloren. Doch auch Objekte selbst kann man mit dem Vergrößerer nachträglich einbelichten. Bei Diavergrößerungen produziert das punktförmige Anleuchten des Diapapiers mit einer einfachen Taschenlampe herrliche Farb-UFOs. Schließlich läßt das Selbstvergrößern auch noch Fotomontagen zu. Mit Schablonen können Objekte nachbelichtet werden. Diese Manipulationen setzen natürlich voraus, daß der Fotograf ein eigenes Labor hat. Wegen der Leichtigkeit solcher Manipulationen ist für eine gute Untersuchung immer das Negativ von entscheidender Bedeutung. Ohne das originale Aufnahmematerial kann man nachträgliche Veränderungen kaum entdecken.

Trickaufnahmen

Die einfachste Form der Herstellung von UFO-Fotos ist zugleich auch die am weitesten verbreitete. In den meisten Fällen wird ein Modell in die Luft geworfen und fotografiert. Es erscheint dann als riesiges Flugobjekt. Manchmal wird das Modell auch an Fäden aufgehängt oder auf eine vor der Kamera angebrachte Glasscheibe geklebt. Das Problem bei solchen Aufnahmen ist, daß eine Fälschung fast nicht nachzuweisen ist. Auf solchen Aufnahmen stimmt oft alles: Die Stellung der Sonne, anhand der Schatten erkennbar, ist sowohl in der Umgebung als auch auf dem Modell gleich. Fäden sind nur bei ungeschickter Aufnahmetechnik zu erkennen. Meist reicht die Auflösung des Filmmaterials nicht aus, dünne Nylonfäden zu

Abb. 1

Mit dieser Methode, nämlich ein kleines Modell an einem Faden auf-
zuhängen, ist die Aufnahme 3 entstanden.   *Foto: H.-W. Peiniger*

erfassen. Ist der Durchmesser des Fadens in der Abbildung kleiner als die Kornstruktur des Films, so kann er gar nicht sichtbar
sein. Glasscheiben können auch nur dann erkannt werden, wenn
sie Licht reflektieren. Und wenn man ganz einfach das Modell
in die Luft wirft, so gibt es kaum noch Möglichkeiten, eine
Fälschung zu beweisen. Wird nämlich die Schärfentiefe durch
ein weites Abblenden der Kamera vergrößert, so erscheint
sowohl das kleine, nah vor der Kamera schwebende Modell als
auch die umgebende Landschaft gleichermaßen scharf. Verwi-
schungen, wie sie bei tatsächlichen Bewegungen eines großen
Objekts auftreten können, ergeben sich natürlich bei dieser
Technik auch.

Zwei Beispiele für einfache Trickaufnahmen durch hochge-
worfene (Abb. 2) oder mit Nylonfäden befestigte (Abb. 3)
Modelle habe ich nachgestellt. Tatsächlich war das Modell
knapp einen Meter von der Kamera entfernt und nur etwa fünf

Abb. 2 *Foto: G. Mosbleck*

Zentimeter groß. Aufgenommen wurde auf Diafilm. Doch auch bei stärkster Vergrößerung wird eher das Korn sichtbar als der Nylonfaden. Bild 2 wurde den berühmten Nagora-Fotos nachgestellt, die viele UFO-Forscher für echt halten. Eine in die Luft geworfene Radkappe sieht genauso aus wie die Untertasse, die Nagora fotografiert haben will. Hier kann man keine Manipulation nachweisen, weil es eben keine gibt. Denn in der Tat wurde ja ein fliegendes Objekt fotografiert. Wenn es auch durch den optischen Effekt größer erscheint, als es in Wirklichkeit ist. Nur weil der Mensch auf Fotografien kleine nahe Objekte gerne als große ferne ansieht, haben diese Aufnahmen überhaupt eine Wirkung.

Eindrucksvoller als simple Aufnahmen von fliegenden metallenen Objekten sind sicherlich solche von gelandeten Untertassen. Vor einiger Zeit machte ich jedoch selbst eine Trickaufnahme von einer gelandeten Untertasse, die noch dazu zwei Spaziergänger anstrahlt. Tatsächlich hielt ich ein silbriges Modell vor die Kamera und belichtete es mit Blitz, während ein

Abb. 3   Foto: G. Mosbleck

zweiter Blitz, optisch hinter dem Modell, die beiden Leute
anstrahlt. So einfach ist das.

Moderne Computertechnik

Durch die dramatischen Fortschritte bei der Entwicklung
immer billigerer und schnellerer Computersysteme ist es heute
möglich, jede nur denkbare Manipulation von Fotomaterial
durchzuführen. Selbst mit preisgünstigen handelsüblichen PCs
lassen sich mittels Grafikprogrammen und hochauflösender
Scanner beachtliche Erfolge erzielen. In bestehende Hinter-
gründe können, um eine für uns interessante Möglichkeit aus
der Vielzahl herauszugreifen, problemlos beliebige Objekte so
eingefügt werden, daß dies beim späteren Ausdruck nur noch
dann nachweisbar ist, wenn der Fälscher sich ungeschickt angestellt hat (Schattenfall oder Proportionen falsch). Die Aus-
drucke haben heute eine mit herkömmlichen Fotos zu vergleichende Qualität. Auch Negative oder Dias können belichtet
werden, so daß die »Originale« hier auch nicht helfen würden.

Manipulationen bei Filmen

Sind gerade bei Fotografien die Fälschungen leicht zu bewerkstelligen und kaum nachzuweisen, so kann bei Filmen schon mehr analysiert werden. Man hat ja im Gegensatz zum festgefrorenen Foto ein bewegtes Bild vor sich. Somit kann man viel eher Aussagen über die Größe und die Masse des Objekts machen. Leider gibt es nicht viele UFO-Filme. Die Utah- und Montanafilme, die ich bereits bei der Computeranalyse erwähnt habe, zeigen eigentlich nur undefinierte leuchtende Punkte. Andere Filme, besonders aus den USA, lassen sich leicht als Trickaufnahmen erkennen. Aber auch die wilden Schwenks der UFOs auf Billy Meiers Filmen beweisen, daß er mit Modellen gearbeitet hat. Merkmale für aufgehängte, durchs Bild geschwenkte Modelle sind Bewegungen, die alle um einen meist außerhalb des Bildes liegenden Mittelpunkt kreisen. Auch allen Gesetzen der Trägheit widersprechende, ruckartige Bewegungen deuten auf massearme Modelle hin. Meist erkennt man bei Filmen schon rein gefühlsmäßig, daß es sich um kleine, leichte Modelle handelt.

Der Fall des angeblich echten Kaikoura-Films aus Neuseeland, auf dem mehrere hell leuchtende Punkte zu sehen sind, zeigt eine andere Manipulation durch Weglassen. Die auf dem Film zu sehenden Lichter sind nur ein Teil des ganzen Films. Klaus Webner aus Wiesbaden gelang es, eine Originalkopie des Filmes zu bekommen. Es stellte sich heraus, daß die Kameraleute unter anderem die Kontrollichter des Cockpits ihres Flugzeuges unscharf gezogen hatten und danach mit der Kamera wilde Schwenks vollführten.

Der »Loop« ist ein beim Filmen häufig auftretender Fehler. Bleibt der Film während der Aufnahme hängen und der Verschluß offen, so wird ein Bildchen dauerbelichtet, und der Lichtpunkt erzeugt ein schlangenförmiges Bild. Kennt man aber nicht den ganzen Film, so kann man anhand der Ausschnitte nicht auf den Trick kommen. Deshalb ist es so wichtig, immer vollständiges und ungeschnittenes Filmmaterial zu untersuchen.

Welche Manipulationen gar mit Hochleistungsgrafikcomputern heute möglich sind, beweisen Filme wie »Jurassic Park«

oder, mehr auf unser Thema bezogen, der SF-Film »Men in Black«. Hier sind die Fälschungsmöglichkeiten mittlerweile grenzenlos. Uns Forscher schützt zur Zeit noch die für Hobby-fälscher zu teure Technik, die für wirklichkeitstgetreue Computeranimation nötig ist.

Hintergründe der Aufnahme

Die Aufnahmebedingungen

Ebenso wichtig wie die Analyse des eigentlichen Filmmaterials ist die Durchleuchtung des Umfelds. Erfährt man von einer UFO-Sichtung mit Foto, sollte zuerst die Aufnahmesituation erfaßt werden. Leicht überprüfbare Angaben geben Aufschluß über die Glaubwürdigkeit des Zeugen. Gibt der Zeuge beispielsweise als Aufnahmetag einen Tag an, an dem es geregnet hat (Wetterbericht heranziehen) und scheint auf dem Foto die Sonne, ist sicherlich Vorsicht geboten. Auch die Landschaft sollte untersucht werden. Kann der von den Zeugen angegebene Ort nicht ermittelt werden, so muß man an der Echtheit der Aufnahmen zweifeln. Das war z.B. bei den Fotos von Nagora der Fall. Die Daten der Kamera sind ebenso wichtig wie die Daten des Films.

Die Zeugen

Auf die Glaubwürdigkeit der Zeugen wurde an anderer Stelle schon ausführlich eingegangen. Gerade bei UFO-Fotografen sollte man nach finanziellen Absichten forschen. Ein Fotograf, der ein wirkliches UFO geknipst hat, wird sein Foto auch ohne Geld zur Verfügung stellen. Filme oder Bilder, die zum Verkauf angeboten werden, sind meistens manipuliert. Doch auch der Bekanntkreis des Fotografen kann manchmal Hinweise auf Fälschungen liefern. Finden sich nämlich Hinweise auf Kontakte zu UFO-Sekten, sollte der seriöse UFO-Forscher auf der Hut sein.

Das Filmmaterial

Eine wissenschaftlich haltbare Aussage über die Qualität der Aufnahme kann nur dann gemacht werden, wenn das Originalmaterial zur Verfügung steht. Meist hat man aber nur Abzüge oder sogar nur Zeitungsbilder. In diesem Fall lohnt eine Analyse kaum. Nur am Original kann man etwaige Manipulationen mit Sicherheit nachweisen. Kann man den ganzen Bildausschnitt sehen, weiß man, ob nicht an einigen Bildern vorher oder nachher experimentiert wurde.

Schlußfolgerung

Solange sich Leute finden, die um des Geldes willen UFO-Fotos und -Filme fälschen, solange es noch keine hinreichend genauen Analysemethoden gibt, solange sollte die UFO-Forschung auf die Heranziehung von Fotos als Beweise verzichten. Allenfalls als Unterstützung eines ansonsten gut recherchierten Falls kann man Fotografien gelten lassen. Manchem mag diese Folgerung zu hart erscheinen, manche mögen sagen, aber dieses und jenes Bild sei doch echt – wissenschaftlich ist und bleibt die Fotografie kein ausreichender Beweis. Erst wenn Aufnahmen von mehreren unabhängigen Zeugen bestätigt werden, sollte man diesen Gewicht beimessen.

Den Kritikern sei jedoch eines mit auf den Weg gegeben: Der Nachweis, daß man von einem Flugzeugmodell Filmaufnahmen oder Fotos machen kann, sagt noch nicht aus, daß es keine Flugzeuge gibt. Fotos können kein Beweis für die Existenz unbekannter Flugobjekte sein, aber noch weniger können entlarvte Fotofälschungen ein Beweis gegen deren Existenz sein.

Der Fall Fehrenbach –
Ein Spielzeug narrt Experten
Hans-Werner Peiniger

Ende 1994 wurde der wohl spektakulärste UFO-Foto-Fall Deutschlands bekannt. Zwei Schüler hatten am 25. Oktober 1994 im Thüringischen Fehrenbach mehrfach ein UFO fotografiert. Die aus sieben Polaroidfotos bestehende Serie enthielt zwei Aufnahmen, die einen detailreichen Flugkörper in relativ geringer Entfernung zeigten. Über einen in der Nähe von Fehrenbach lebenden Mitarbeiter schaltete sich sofort die bei München ansässige Forschungsgruppe MUFON-CES (MUTUAL UFO NETWORK – Central European Section) ein, die von sich behauptet, qualitativ hochwertige Fotoanalysen durchführen zu können. Ihr Mitarbeiter und Computer-Experte Rolf-Dieter Klein untersuchte die Bilder. Über das Ergebnis dieser Analyse berichtete er unter anderem im Fernsehsender »n-tv«.

Abb. 1   Bild 6 der Fehrenbachserie

Auch die GEP blieb nicht untätig und nahm die Ermittlungen auf. Besonderer Dank gilt Herrn Arno K., dem Großvater des Zeugen Sascha W., der sich sehr kooperativ zeigte, obwohl ihm ein MUFON-CES-Mitarbeiter empfohlen hatte, die GEP nicht mit Material zu versorgen und die Fotos nicht auszuhändigen.

Der Hauptzeuge Sascha W. berichtet:

»Mein Freund Karsten, er wohnt ca. 100 m weiter talab-
wärts, weckte mich gegen 7:00 Uhr und rief: ›Suche schnell
deinen Fotoapparat, ich habe ein UFO gesehen‹. Ich zog
mich sofort an und lief nach draußen. Karsten hatte schon die
Fotos 1 – 3 gemacht. Danach schoß ich die Fotos 4 – 7.

Wir hatten dann keine Möglichkeit mehr, Fotos zu machen,
weil der Flugkörper in Richtung Nordosten abdrehte. Wir
beide waren sehr überrascht von dem seltsamen Flugkörper
und erzählten es am gleichen Tag meinem Opa und Groß-
eltern. Er, mein Opa, ging einen Tag später zur Presse, *Freies
Wort,* die sehr überrascht waren und im Kollektiv darüber
stritten [sic], ob es so etwas gibt.«

In einer Befragung erfuhr ich, daß sich der ganze Vorgang in
etwa 10 bis 15 Minuten abgespielt habe. Während des Vorfalls
befanden sich die Zeugen »zu Hause im Garten«. Die Größe des
UFOs schätzte der Hauptzeuge auf 8 Meter Durchmesser und
etwa 2,5 Meter Höhe. Während der untere Teil des Flugkörpers
von brauner Farbe war, war der obere Teil blau und mit
schwarzen Verstrebungen versehen. Zudem sei von dem Flugkörper ein gut hörbares Brummen ausgegangen. Selbst eine
eidesstattliche Erklärung des Hauptzeugen Sascha W. liegt der
GEP vor.

Zusätzlich zum Fragebogen der GEP lag mir auch ein »Protokoll einer angeblichen Sichtung eines unbekannten Flugkörpers
der Typklasse A, bei Tageslicht, belegt durch 7 Polaroidfotos«
vor, das mir freundlicherweise der Großvater des Hauptzeugen
zur Verfügung stellte. In diesem Protokoll wird der Begriff der
›*Typklasse A*‹[1] verwendet, der eigentlich kaum geläufig ist und
in Deutschland fast ausschließlich von der Gruppe MUFON-
CES und ihrem Leiter Herrn von Ludwiger verwendet wird.

Das Protokoll der Vor-Ort-Befragung wurde von Herrn S.
von der MUFON-CES erstellt. Zur Rekonstruktion des Ereignisses schreibt S., daß Saschas Freund Karsten T. zu Hause in
seinem Zimmer ein leises tiefes Brummen hörte. Er schaute
aus seinem Fenster und sah plötzlich am Himmel einen Flug-

körper. Er wollte ihn zwar fotografieren, doch sei seine Kamera defekt gewesen. Da sei ihm eingefallen, daß sein Freund Sascha eine Polaroidkamera hatte. Deshalb zog er sich schnell an und lief zu seinem Freund. Dessen Haus ist etwa 100 Meter entfernt. Gegenüber S. sagte Karsten aus, daß der Flugkörper, bis auf eine Zeitspanne von etwa fünf Minuten, auch weiterhin noch zu sehen war. Angekommen, klingelte Karsten seinen Freund heraus und rief ihm aufgeregt zu, daß er sofort seine Polaroidkamera holen sollte, um ein UFO zu fotografieren. Sascha gab Karsten schnell seine Kamera und zog sich in der Zeit an. Karsten begab sich inzwischen auf den Balkon des Hauses und schoß die Bilder 1, 2 und 3. Daraufhin kam Sascha hinzu und nahm die Bilder 4 – 7 auf. Nach Aussage der Zeugen soll der Flugkörper während dieser Zeit achtmal seine Position verändert haben. Weiter heißt es in dem Protokoll: »Das Objekt bleibt für ca. 30 Sekunden« (handschriftlich geändert auf 10 Sekunden) »unbeweglich in der Luft stehen. Bei 7 der insgesamt 8 Stopps werden die Fotoaufnahmen geschossen. Die Zeitspanne zwischen dem ersten und letzten Bild beträgt ca. 5 Minuten.«

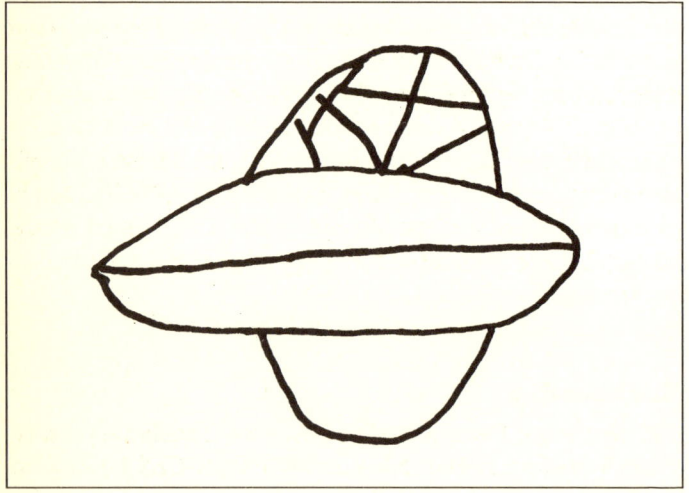

Abb. 2 Skizze von Karsten T.

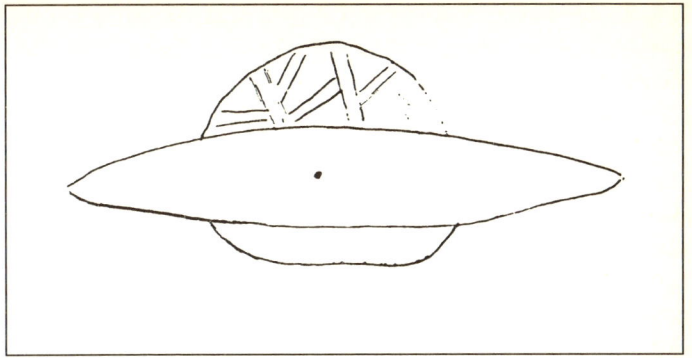

Abb. 3 Skizze von Sascha W.

Die Untersuchung durch MUFON-CES

Bereits unmittelbar nach dem Vorfall setzten sich die MUFON-CES-Mitarbeiter Thomas M., er wohnt im nahe gelegenen Suhl, und Hubert S. aus Ebersdorf bei Coburg mit den Zeugen in Verbindung. Herr S. erhält die Fotos, da die MUFON-CES die entsprechenden Leute habe, »um solchen Phänomenen sehr präzise auf die Spur zu gehen«. (*Freies Wort,* Suhl) Zudem wolle er die Fotos einem Fotoanalytiker (gemeint ist Herr Rolf-Dieter Klein von der MUFON-CES) übergeben, der sie prüfen würde. Danach, so S., »wissen wir, ob die Bilder Fälschungen sind oder nicht«. (*Freies Wort,* Suhl)

Der Großvater des Zeugen Sascha W. war so freundlich, mir das Ergebnis der von Herrn Klein von der MUFON-CES durchgeführten Fotoanalyse zur Verfügung zu stellen. Auch daraus möchte ich die wesentlichen Textpassagen zusammenfassen und zitieren.

Die Fotoanalyse

In dem am 5. Dezember 1994 verfaßten Bericht (als verantwortlich zeichneten Herr Klein und MUFON-CES-Leiter Herr von Ludwiger) heißt es, daß man in der Untersuchung keine Hinweise dafür gefunden habe, daß sich die »Erscheinungsweise des Objektbildes« nicht mit den Beschreibungen der beiden Jungen decke. Weiter heißt es: »Bei dem Objekt muß es sich um einen größeren Gegenstand gehandelt haben, der uns unbekannt ist.«

Bei der Analyse der Randunschärfen stellten Herr Klein und Herr von Ludwiger auf einigen Fotos fest, daß die Ränder der Zweige im Vordergrund unschärfer sind als die des fotografierten Objekts. Als Grund gaben sie an, daß die Optik auf eine große Entfernung eingestellt gewesen sei. Unmittelbar danach heißt es aber auch, daß der »Hintergrund-Rand (Wald)« ebenfalls unschärfer sei als der des Objekts. Schlußfolgerung: »Das Objekt muß daher weiter als etwa 10 m von der Kamera entfernt gewesen sein.«

Bei der Untersuchung der Bewegungsunschärfe zeigt sich beim Foto 1, Zitat: »ein starkes motion blurr. Der Gegenstand muß sich im Fluge befunden haben. Die Aufnahmen, welche das Objekt im geringen Abstand zeigen, weisen überhaupt keine Bewegungsunschärfe auf.« Diese Tatsache schließe aus, daß die beiden Jungen für ihre Aufnahmen ein Modell benutzt hätten. Begründet wird dies zudem damit, daß bei der relativen Dunkelheit zu jener Tageszeit eine große Blende und eine Verschlußzeit von $<1/125$ sec verwendet worden sein muß. Weiter heißt es:

»In diesem Fall würde die Bewegung eines kleinen Gegenstands von wenigen Metern pro Sekunde aber als Randunschärfe sichtbar werden, was nicht der Fall ist. Die beiden letzten Aufnahmen zeigen das Objekt in derselben Schräglage, und der Scheinwerfer befindet sich in 2 Fotos an derselben Stelle, was beim Hochwerfen eines kleinen Tellers kaum hintereinander erreicht werden kann.«

Zum allgemeinen Bildinhalt schreiben Herr Klein und Herr von Ludwiger, daß das Objekt in relativ unwegsamem Gelände aufgenommen worden sei und von einem Zweig fast vollständig bedeckt wurde. Danach argumentieren sie, es würde für die Ehrlichkeit der Zeugen sprechen, daß die beiden auch die ersten, weniger gelungenen Aufnahmen vorgelegt hätten. Zudem hätten sie in ihren Skizzen kein Licht an der Wulst-Seite des Flugkörpers eingezeichnet, obwohl es auf einem der Fotos deutlich zu erkennen sei. Nach Ansicht der beiden MUFON-CES-Mitarbeiter hätte ein Fotofälscher sicherlich dieses Licht mit eingezeichnet, da er ja ein Modell mit eingebauter Lampe gebaut und fotografiert habe. Abschließend schreiben sie: »Alles dies spricht gegen die Annahme, daß die Zeugen ein Modell gebaut und fotografiert hätten.«

MUFON-CES-Mitarbeiter Hubert S. äußerte sich gegenüber der örtlichen Presse dann auch wie folgt: »Wir gehen davon aus, daß auch die Größenangabe der Jungen von sieben bis acht Metern stimmt. Möglicherweise war das Objekt sogar größer.«[2]

Der n-tv-Filmbeitrag

Am 3. Februar 1995 war Rolf-Dieter Klein zur täglichen Talksendung *Bei Schweizer* eingeladen, die der Nachrichtensender n-tv ausstrahlt. Herr Klein stellte hier u.a. seine Fotoanalyse vor und bestätigte in etwa das Analyseergebnis vom 5. Dezember 1994: »Bisher haben wir also nichts feststellen können, was auf eine Fälschung hindeutet.« Auf die Nachfrage, was Herr Klein denn nun konkret habe feststellen können, antwortete er: »Wir haben zunächst einmal nichts Falsches erkennen können. Die Randunschärfen stimmen, die Entfernungen stimmen, es kann sich also um ein reales Objekt gehandelt haben, was wirklich in einiger Entfernung zu den Bäumen geflogen ist.«

Zu dem Fotomaterial, insbesondere zu den Aufnahmen 6 und 7, berichtet Herr Klein ergänzend: »Das ist hier auch mit einem Pfeil auf dem Originalmaterial übrigens markiert, das spricht sehr für die Zeugen. Ich würde nie auf einem wertvoll gefälschten Material einen Kringel oder so etwas drum machen.« Zu der Aufnahme 5, die damals bei RTL in Köln ›verschollen‹ war und leider der GEP auch nicht zur Verfügung stand, äußert sich Herr Klein noch folgendermaßen: »Und hier ist das Objekt hinter einem Ast, ..., das heißt weiter entfernt als dieser Ast, und das ist auch sehr schwierig zu fälschen.«

Zusammenfassend läßt sich sagen, daß die Mitarbeiter vom MUFON-CES keine Hinweise fanden, um an den Aussagen der

Zeugen zu zweifeln. Die Fotoanalyse ergab, daß es sich um einen größeren Flugkörper gehandelt hat.

Die Untersuchung durch die GEP

An der Untersuchung war auch GEP-Mitarbeiter Gerald Mosbleck beteiligt, der insbesondere seine Kenntnisse zu fotografischen Aspekten einbringen konnte.

Bereits am 23. November 1994 bat ich den an der MUFON-CES-Falluntersuchung beteiligten Herrn Thomas M. per Fax um nähere Informationen. Schon zu diesem Zeitpunkt teilte ich ihm meine Vermutung mit, daß es sich, so wie die Fotos aussehen, wohl um einen Schülerstreich handle. Ich erhielt leider keine Antwort, es wurde auch nicht nach den Gründen meiner Vermutung gefragt.

Aufgrund der Kooperationsbereitschaft des Großvaters von Sascha W. erhielt ich nicht nur das wesentliche Material zu dem Fall, sondern auch die Originalfotos. Bei der ersten Betrachtung gingen wir zunächst einmal von der Arbeitshypothese aus, daß hier ein Modell verwendet worden sein könnte, insbesondere in Anbetracht der Tatsache, daß ausgerechnet einen Tag vor dem Ereignis im Fernsehen die Dokumentation *UFOs – Und es gibt sie doch* gelaufen war. Die Modell-Hypothese galt es nun zu begründen. Anfangs verzichteten wir auf eine zeitaufwendige Computeranalyse, da es sich bei den Aufnahmen um Polaroidfotos handelte, die von nicht besonders guter Qualität waren. Die Auflösung von Polaroidfotos ist einfach zu gering. Hier nach einem Faden zu suchen (es sei denn, man hätte eine Kordel verwendet) erschien uns zwecklos.

Statt einer Computeranalyse versuchten wir zunächst, die Ermittlungen in eine andere Richtung zu lenken. Wir überlegten uns, um welch ein Modell es sich hätte handeln können, sollte eines verwendet worden sein. Welche geeigneten Produkte oder Möglichkeiten stehen 14- bis 15jährigen Jungen zur Verfügung? Eine einfache Möglichkeit wäre es gewesen, ein Modell in die Luft zu werfen oder an einem Faden aufzuhängen. Es galt nun zu klären, um welch ein Modell es sich hätte handeln können. Für einen Topfdeckel oder eine Frisbee-

Scheibe war das fotografierte Objekt untypisch und im Kuppel-
bereich zu strukturiert. Es mußte sich, wenn überhaupt, schon
um einen raumschiffähnlichen Körper gehandelt haben – ein
Modellraumschiff oder ein entsprechendes Spielzeug. Es gibt
auf dem Modellbaumarkt einige Raumschiffe, von der Enter-
prise bis zum Lazar-UFO. Auch auf diesem Sektor versuchen
wir einen Überblick zu behalten. Ein passendes Modell war uns
aber nicht bekannt. War es vielleicht ein selbstgebautes Modell
oder ein Spielzeug? Da der Selbstbau solcher Modelle zeitaufwendig sein kann und nicht immer von den Eltern unbemerkt
bleibt, wollten wir zunächst die Spielzeug-Hypothese überprüfen und fragten uns, mit welchem Spielzeug Jungen so spielen,
also Weltraum-Action-Figuren und ähnliches. Was lag näher,
als in Spielzeugläden nach geeigneten Exponaten Ausschau
zu halten, insbesondere nach dem vermuteten Fehrenbach-
Modell? Und tatsächlich, ich wurde fündig.

Das Modell

In einer Ramschkiste fand ich das Fehrenbach-UFO und
konnte es zu einem Sonderpreis erstehen.

Abb. 4 Das an einem Faden hängende UFO-Modell

Foto: H.-W. Peiniger

Es handelt sich um die sogenannte *Robo-Saucer* aus der Serie *Galaxy Space Pocket,* die in China von der Firma *Hinstar* hergestellt und von einer Fürther Firma in Deutschland vertrieben wird.

Das Modell hat einen Durchmesser von 12 cm und eine Höhe von 6 cm. Es wiegt 125 Gramm und ist aufklappbar. Als Zubehör erhält man kleine Roboter. Das Modell ist braun, nur die Kuppel ist violett und hat schwarze Verstrebungen. Schon ein erster Vergleich mit dem UFO von Fehrenbach zeigte, daß es sich um den gleichen Körper handelte. Die Form und die Abmessungen des UFOs auf den Fotos entsprachen maßstabsgerecht genau denen des Modells. Normalerweise ist das Modell mit zwei Bordkanonen bestückt, die als Stifte aus dem Wulst des Modells herausragen. Diese waren jedoch bei meinem Modell abgebrochen. Die Bruchstellen zeigen weiße, reflektierende Flächen, die sich deutlich von dem braunen Körper abheben.

Mit dem Modell machte Gerald Mosbleck Vergleichsaufnahmen, die den Fehrenbach-Aufnahmen entsprachen. Auch hier gab es eindeutige Übereinstimmungen.

Was mir nun letztendlich fehlte, war ein Geständnis der Jungen. Der Zeuge Karsten T. konnte nicht mehr befragt werden, weil die Eltern es nicht mehr erlaubten, sie hatten den Medienrummel satt. So rief ich am 1. Juni 1995 den Zeugen Sascha W. an.

Zu Beginn meines Telefongespräches war Sascha W. recht gesprächig. Er erzählte sein Erlebnis, wie er es wohl schon dutzendemal vorher den Zeitungen und Rundfunksendern erzählt hatte:

»Früh, um 7 Uhr, kam mein Freund Karsten und hat gesagt, daß er ein UFO gesehen hätte. Der hat mich aus dem Bett geklingelt, ich hab noch geschlafen. Da habe ich das zuerst nicht richtig geglaubt und da hat er gesagt, ich solle eine Fotokamera mit rausbringen. Wir wollten das dann fotografieren, wenn es wiederkommt. Da bin ich halt raus, habe ein bißchen geguckt und nichts gesehen.

Plötzlich hat er gerufen: ›da kommt's wieder‹. Und da habe ich es halt auch gesehen. Erst habe ich gedacht, es sei irgend etwas anderes, und wo es dann näher dran war, da habe ich es richtig erkannt. Dann haben wir es halt siebenmal fotografiert.«

Als ich ihn jedoch damit konfrontierte, daß wir wüßten, daß es sich um ein Modell handele, hörte die Gesprächsbereitschaft schlagartig auf. Vermutlich fühlte er sich ertappt und wußte nun nicht, wie er sich aus dieser Zwangslage befreien sollte. Das weitere Gespräch verlief jedenfalls äußerst schleppend. Er antwortete vielfach nur mit einem verneinenden »Ää-ää« oder bestätigendem »Mmhh«. Trotzdem teilte er mir wichtige Details mit, nachdem er den Schwindel gestanden hatte.

Nach seinen Aussagen hat es sich tatsächlich um das von mir gefundene Spielzeug-Raumschiff gehandelt. Auch bei dem Fehrenbach-Modell waren die Bordkanonen abgebrochen, so daß die reflektierenden Flächen sichtbar waren. Das Modell hatten die beiden Jungen einfach nur in die Luft geworfen und fotografiert. Auf die Idee kamen sie, als am Tag zuvor die Dokumentation *UFOs – Und es gibt sie doch* im Fernsehen lief. Nach dem Motto: So etwas können wir auch, verwendeten sie das Spielzeugraumschiff von Karsten T.

Unmittelbar nach dem Ereignis ging der Großvater von Sascha W. in dem Glauben, daß die Fotos echt seien und dieser Vorfall wissenschaftlich dokumentiert und untersucht werden müsse, mit den Fotos zur örtlichen Presse, die einen größeren Bericht über den Vorfall veröffentlichte. Damit kam der Stein ins Rollen. Es meldeten sich weitere Zeitungen, Rundfunkstationen, die MUFON-CES und schließlich auch die GEP. Die ganze Sache hatte sich also, für die beiden Jungen nicht voraussehbar, verselbständigt. Sie trauten sich nicht mehr, ihren Jungenstreich zuzugeben.

Für die Aufnahmen warfen die Jungen das Spielzeugraumschiff wie eine Frisbee-Scheibe in die Luft. Die ersten Male warfen sie es etwas weiter, bei den anderen Aufnahmen war das Modell nach Saschas Schätzung etwa fünf Meter entfernt. Die Aufnahmen wurden mit der immer betriebsbereit stehenden Polaroidkamera mit eingeschaltetem Blitz gemacht.

Ich habe dem Jungen schließlich mehrmals eindringlich empfohlen, den Jungenstreich zumindest seinem Großvater gegenüber zuzugeben.

Diskussion und Bewertung

Die Untersuchung durch MUFON-CES

Die Mitarbeiter der MUFON-CES haben vor Ort recher-
chiert, die Zeugen persönlich befragt und die Fotos einer
Computeranalyse unterzogen. Sie kamen zu dem Schluß, daß es
sich um einen recht großen Flugkörper handeln müsse. Daraus
folgerten sie, daß die Fotos echt seien. Mit diesem (vorläu-
figen?) Untersuchungsergebnis lagen die Mitarbeiter der
MUFON-CES völlig falsch.

Einen ganz besonders amüsanten Aspekt gewinnt die Sache
noch, weil Herr S., Mitarbeiter der MUFON-CES, dem Großvater von Sascha W. empfohlen hatte, keine Originalfotos an
uns weiterzugeben und nicht auf unsere Anfrage zu antworten.
Ich hatte Herrn Illobrand von Ludwiger von der MUFON-CES
daraufhin auf diesen Aspekt angesprochen. Er antwortete mit
Fax vom 1. April 1995: »Weder ich noch Herr Klein haben den
Zeugen in Fehrenbach empfohlen, Ihnen keine Fotos auszuhändigen. Wenn dies die Herren M. oder S., die die Zeugen persönlich befragt haben, taten, dann nehme ich an, daß sie gesagt
haben, daß weder CENAP noch GEP die Fotos adäquat analysieren könnten, und daß sie deshalb die Fotos nur uns geben
sollten.«

Zu dumm, daß die adäquate Fotoanalyse durch MUFON-
CES zu einem völlig falschen Ergebnis geführt hat. Da muß
man sich natürlich zwangsläufig einige Fragen stellen:

• Inwieweit ist die UFO-Forschungsorganisation MUFON-
CES tatsächlich in der Lage, Fotos »adäquat analysieren« zu
können?

• Führen derartige Fotoanalysen zwangsläufig zu gesicherten
Erkenntnissen, oder sind die erzielten Ergebnisse interpretierbar?

Zunächst einmal finde ich es doch recht erstaunlich, daß die Analyse der Fotos bereits sehr frühzeitig abgeschlossen war (das Analyseergebnis der MUFON-CES stammt vom 5. Dezember 1994). MUFON-CES ging an die Öffentlichkeit, ohne den Versuch zu unternehmen, diesen spektakulären Fall mit anderen Kollegen und Gruppen zu diskutieren oder sich deren langjährige Erfahrungen zunutze zu machen bzw. zu berücksichtigen. Bezeichnend finde ich auch, daß die Fotos einen Tag nach Ausstrahlung der UFO-Dokumentation im Fernsehen gemacht wurden und MUFON-CES aufgrund dieser Tatsache scheinbar nicht mißtrauisch geworden war. Zumindest hätte man vor Ort die Zeugen statt mit gutgläubigen Methoden nach bestimmten kriminalistischen Kriterien befragen müssen, was offensichtlich nicht erfolgt ist.

Daß die von MUFON-CES durchgeführte Fotoanalyse zu einem falschen Ergebnis führte, mag möglicherweise daran liegen, daß die in der Analyse erzielten Ergebnisse interpretierbar sind. Der UFO-Befürworter sieht anhand bestimmter Merkmale seine Vermutung bestätigt, daß es sich um einen großen Flugkörper handelt, der UFO-Kritiker wird infolge gleicher oder anderer Kriterien seine Modell-Hypothese bestätigt finden. Vielleicht sollte man diesen Aspekt, bevor mit derartigen Computeranalysen in der Öffentlichkeit geworben wird, zunächst einmal mit Kollegen oder anderen Gruppen, die die gleiche oder eine ähnliche Hard- und Software zur Verfügung haben, diskutieren und Erfahrungen austauschen. Doch wer sich abgrenzt, verhindert diesen notwendigen Erfahrungsaustausch.

Die MUFON-CES-Fotoanalyse im Detail
An dieser Stelle möchte ich die wesentlichsten Details der MUFON-CES-Fotoanalyse herausstellen.

Bei der Untersuchung der Randunschärfen stellte Herr Klein von der MUFON-CES fest, daß »die Ränder der Vordergrundobjekte (Zweige) unschärfer als die des Objekts« sind. Gleich im nächsten Satz weist er aber darauf hin, daß der »Hintergrund-Rand (Wald)« unschärfer ist als der des Objekts. Daraus folgert er, daß sich das Objekt weiter als zehn Meter vor der Kamera befunden haben muß. Verstehe ich hier etwas falsch?

Die Optik der Kamera war laut Aussage Kleins auf eine große Entfernung eingestellt (an der verwendeten Kamera läßt sich nichts einstellen, sie arbeitet automatisch und ist mit einem Fixfocus-Objektiv [f 14/109 mm] ausgestattet, das einen festen Schärfebereich von 1,2 Meter bis ∞ [= unendlich] aufweist). Hätte man da nicht erwarten müssen, daß der Hintergrund-Rand und der des Objekts (wenn man von einem größeren, entfernten Objekt ausgeht) scharf abgebildet worden wäre? Tatsächlich ist es aber so, daß der Objektrand und auch einige der Vordergrundzweige und ein Ast relativ scharf sind. Wie auch immer; bei diesem Kameraobjektiv kann man wohl kaum anhand von Randunschärfen Rückschlüsse auf die Größe eines Körpers ziehen (es sei denn, das Objekt habe sich in einer geringeren Entfernung als 1,2 Meter befunden).

Im Sachabschnitt ›Bewegungsunschärfen‹ heißt es zum Foto 1, daß das Objekt starke Bewegungsunschärfen zeigt. Die MUFON-CES-Mitarbeiter schließen daraus, daß es sich deshalb im Fluge befunden haben muß. Die anderen Fotos, die das Objekt in geringem Abstand zeigen, wiesen dagegen keine Bewegungsunschärfen auf. Daraus folgerten sie, daß demnach ein in die Luft geworfenes Modell nicht in Frage komme. Nach Ansicht der Herren von Ludwiger und Klein mußte zudem bei dieser Tageszeit eine große Blende und eine Verschlußzeit von <1/125 sec verwendet werden. Doch dann würde die Bewegung eines kleinen Modells auf den anderen Aufnahmen ebenfalls Randunschärfen zeigen, so MUFON-CES.

Die beiden Jungen haben nun mal bewiesen, daß es eben doch möglich ist, ein Modell in die Luft zu werfen, ohne erwartete Randunschärfen zu fotografieren. Man sollte also in Zukunft wegen fehlender Randunschärfen nicht die Modell-Hypothese ausschließen.

In ihrer Fotoanalyse ist Klein und von Ludwiger noch ein weiterer Patzer unterlaufen. In ihrer Analyse heißt es, daß bei der zu dieser Tageszeit herrschenden Lichtverhältnissen eine große Blende und eine Verschlußzeit von <1/125 sec verwendet werden mußte. Eine Verschlußzeit, die kleiner als 1/125 sec ist, wäre z.B. 1/200 sec. Jedoch wäre das Foto mit dieser Verschlußzeit bei gleicher Blendenöffnung wohl sehr viel dunkler geworden. Gemeint ist vermutlich eine größere Verschlußzeit als 1/125 sec, z.B. 1/60 sec.

Dann heißt es in der Analyse, daß die beiden letzten Fotos das Objekt in gleicher Schräglage zeigen und daß sich der Scheinwerfer in zwei aufeinanderfolgenden Aufnahmen an derselben Stelle befinde. Daraus wird abgeleitet, daß dies wohl kaum möglich gewesen wäre, wenn man ein kleines Modell in die Luft geworfen hätte. Auch hier haben die beiden Jungen gezeigt, daß dies offensichtlich problemlos möglich ist. Wie die MUFON-CES-Mitarbeiter die helle Stelle im Wulstbereich des Objekts als »Scheinwerfer« identifizieren konnten, ist mir schleierhaft. Auf die Idee, daß es sich hierbei auch um eine reflektierende Fläche handeln könnte, sind sie jedenfalls nicht gekommen.

Im Sachabschnitt ›Bildinhalt‹ lesen wir noch, daß der Flugkörper »in relativ unwegsamen Gelände aufgenommen worden« sei. Haben sich Herr von Ludwiger und Herr Klein nicht das Protokoll ihres eigenen Mitarbeiters S. durchgelesen? Danach wurden doch alle Aufnahmen vom Balkon aus gemacht.

Abschließend heißt es noch, daß die Blätter an den Sträuchern das Aussehen zeigten, »wie man es genau zu diesem Datum erwartet«. Diese Aussage bezieht sich auf den herbstlichen Zustand der Blätter. Wenn man das Datum betrachtet, ist sie sicherlich richtig. Das Aussehen der Blätter auf Aufnahme 6 deckt sich jedoch nicht mit der behaupteten Uhrzeit. Die Fotos sollen kurz nach 7:00 Uhr aufgenommen worden sein. Zu diesem Zeitpunkt ging gerade die Sonne auf. Doch auch unabhängig davon gaben die Zeugen an, daß der Himmel vollständig bewölkt war. Die Aufnahme 6 zeigt jedoch, daß die im Vordergrund befindlichen Blätter stark aufgehellt sind. Da hätten sich die MUFON-CES-Mitarbeiter sofort fragen müssen, ob hier nicht, entgegen den Aussagen der Zeugen, ein Blitzlicht verwendet wurde oder ob die Fotos vielleicht doch zu einem anderen Zeitpunkt aufgenommen wurden.

Auch die Aussagen von Herrn Klein im *n-tv*-Beitrag sollten wir uns noch einmal vor Augen führen. Er argumentiert, daß das Einzeichnen eines Pfeiles in ein Originalfoto »sehr für die Zeugen spricht«. Diese Argumentation ist kaum verständlich. Ich würde sogar zu einer gegenteiligen Einschätzung kommen.

Wer meint, er habe tatsächlich einen unbekannten Flugkörper oder gar ein außerirdisches Raumschiff fotografiert, wird sehr viel vorsichtiger mit seinen Aufnahmen umgehen als jemand, der nur ein Modell fotografiert hat. Letztere Aufnahmen könnte man nämlich bei Bedarf wiederholen.

Die der GEP vorgelegten Originalaufnahmen waren jedenfalls ohne entsprechende Markierungen. Die Pfeile wurden nach Aussage des Großvaters von Sascha W. von der Redaktion der örtlichen Zeitung *Freies Wort* angebracht. Herr K. übergab die Originalaufnahmen ohne Markierungen an den zuständigen Redakteur, erhielt sie ohne Markierungen wieder zurück und gab sie auch ohne Markierungen an MUFON-CES weiter. Ich frage mich, ob Herr Klein für seine Analyse überhaupt die Originalaufnahmen vorliegen hatte.

Im übrigen haben wir keine Oberflächendetails auf den Originalaufnahmen feststellen können, die auf irgendwelche Markierungen hingewiesen hätten. So können wir davon ausgehen, daß die Zeitung die Markierungspfeile beim Reproduktionsvorgang nur aufgelegt hatte. Auf den Zeitungsfotos sind auch deutlich die Schnittkanten der Papierschnipsel der Markierungspfeile zu erkennen. Uns erscheint jedenfalls die Argumentation Kleins sehr fragwürdig.

Weiterhin hebt Klein besonders hervor, daß auf der ›verschollenen‹ Aufnahme 5 das Objekt hinter einem Ast zu sehen ist. Gerade dieses Merkmal sei »sehr schwierig zu fälschen«. Hier merkt man, daß der Theoretiker Klein scheinbar noch nie Feldversuche mit einem Modell durchgeführt hat. Was soll dabei schwierig sein? Der Schärfebereich der Polaroidkamera lag ab 1,2 Meter bis ∞ (= unendlich). Befanden sich Ast und Objekt weiter als 1,2 Meter entfernt, wurden sie auf jeden Fall einigermaßen scharf abgebildet. Und daß das Modell beim Hochwerfen auch schon mal hinter einem Ast fliegt und abgelichtet wird, ist doch nicht ungewöhnlich.

Versäumnisse von MUFON-CES

Auch unabhängig von der Analyse der Fotos hätten die vor Ort ermittelnden MUFON-CES-Mitarbeiter die Aussagen der beiden Jungen eingehender prüfen müssen.

So treten einige Ungereimtheiten in dem der GEP vorliegenden Protokoll auf. Bestimmte Werte wurden handschriftlich nachträglich geändert. So z.B. der Stillstand des Objekts von 30 in 10 Sekunden oder die gesamte Zeitspanne zwischen dem ersten und letzten Bild von 5 auf 10 Minuten (im Fragebogen der GEP gab Sascha W. als Gesamtbeobachtungszeit 10 bis 15 Minuten an). Vermutlich ist den Zeugen die fehlende Plausibilität im Ablauf des Ereignisses selbst aufgefallen, sie haben dann die Daten geändert. Wahrscheinlich kannten die MUFON-CES-Mitarbeiter diese handschriftlichen Änderungen nicht. Aber trotzdem wären sie möglicherweise bei einer sorgfältigeren Befragung auf einige Punkte gestoßen, die einer weiteren Klärung bedurft hätten.

Selbst wenn man zugunsten der Zeugen von der angegebenen Gesamtbeobachtungszeit von 15 Minuten ausgeht, ist der Ablauf des Ereignisses nur schwer in dieser kurzen Zeit möglich. Schließlich mußte Karsten T., nachdem er das Brummen gehört hatte und durch sein Fenster das Objekt am Himmel sah, zunächst seine Kamera nehmen, um dann festzustellen, daß sie defekt war. Er mußte sich anziehen, aus dem Haus gehen, 100 Meter laufen, bei Sascha W. klingeln, warten, bis dieser öffnete, die Beobachtung mitteilen, die Kamera übergeben usw. Vielleicht hätte schon eine minuziöse Rekonstruktion des Ereignisses vor Ort gezeigt, daß das Geschehen nicht so abgelaufen sein kann, wie es beschrieben wurde. Zumindest hätte man sich aber dadurch Klarheit verschaffen können. Weiterhin stellt sich die Frage, warum die beiden Jungen nicht weitere Zeugen (z.B. die Eltern von Sascha W.) gerufen haben. Karsten T. lief an mehreren Häusern vorbei, bis er das Haus von Sascha W. erreichte. Dabei hätte er Gelegenheit gehabt, weitere Zeugen herauszuklingeln. Selbst das Haus, in dem der Großvater von Sascha W. wohnt, liegt unmittelbar vor dem Haus Saschas.

Aus dem MUFON-Protokoll geht eindeutig hervor, daß alle Aufnahmen vom Balkon dieses Hauses aus gemacht wurden. Im GEP-Fragebogen gab Sacha W. jedoch an, daß er sich zur Zeit der Beobachtung im Garten befand. Ein nicht unerheblicher Widerspruch, von dem die MUFON-Mitarbeiter aber vermutlich nichts wissen konnten.

Vielleicht wäre MUFON-CES auch bei einer erneuten Befragung der beiden Jungen auf Widersprüche gestoßen. Gerade bei diesem spektakulären Fall wäre es sicherlich sinnvoll gewesen, die Zeugen nach einigen Monaten das ganze Geschehen noch einmal schildern zu lassen. So erzählte mir Sascha W. fünf Monate nach dem Ereignis einen etwas anderen Ablauf des Geschehens. Einmal sagte er, er habe, als er nach draußen ging, vier Fotos geschossen, während sein Freund schon vorher drei Aufnahmen gemacht habe. In einem Telefongespräch sagte er, daß er zusammen mit seinem Freund alle sieben Fotos schoß. Auch bei einem derartigen Widerspruch hätte man dann nachhaken müssen.

Doch eine Tatsache hätte den MUFON-CES-Mitarbeitern auch ohne aufwendige Computeranalyse auf der Aufnahme 6 auffallen müssen: die frontale Aufhellung der Vordergrundblätter. Zudem erkennt man an einer Stelle, die klar und deutlich schon bei oberflächlicher Betrachtung zu sehen ist, daß ein Ast einen Schatten auf ein Blatt wirft. Auch andere Blätter zeigen Schatten von Zweigen. Wir haben also zum einen eine starke Aufhellung der Vordergrundblätter und zum anderen Schatten. Daraus lassen sich folgende Schlußfolgerungen ziehen:
1. Entweder wurde die Aufnahme mit Blitzlicht geschossen, oder
2. die Sonne stand hoch am Himmel, oder
3. die Szenerie wurde mit einem starken Scheinwerfer ausgeleuchtet.

Zu 1. Zur Klärung dieses Punktes hätten die MUFON-CES-Mitarbeiter die Kinder fragen müssen, ob die Aufnahmen mit Blitz gemacht wurden. Die starke Aufhellung der Vordergrundblätter ist meiner Meinung nach nur mit Verwendung eines Blitzes möglich, der bei der benutzten Kamera nur wenige Meter weit aufhellt. Während meiner Ermittlungen teilte mir der Großvater des Sascha W. mit, daß die Aufnahmen nicht mit eingeschaltetem Blitz gemacht wurden. Die Information »ohne Blitz« hätte unweigerlich zu der Frage geführt, wie denn nun die Aufhellung und die Schatten zustande gekommen seien. Entweder ist die Angabe »ohne Blitz« falsch, oder eine andere Lichtquelle verursachte die Schatten.

Zu 2. Wäre man davon ausgegangen, daß die Sonne für die Aufhellung und die Schatten verantwortlich gewesen sei (eigentlich nicht wahrscheinlich, da die im Hintergrund befindlichen Blätter keine Aufhellung aufweisen), so hätte man auch einen groben Widerspruch in den Aussagen der Zeugen annehmen müssen. Die Aufnahmen sollen nämlich morgens kurz nach 7:00 Uhr gemacht worden sein. Eine von mir durchgeführte Computerrekonstruktion der astronomischen Situation ergab, daß zu diesem Zeitpunkt in Fehrenbach die Sonne gerade aufging. Sie stand knapp über dem Horizont und hätte unmöglich einen derartigen Schatten erzeugen können. Zudem sagten die Zeugen, daß der Himmel vollständig bewölkt war. Auch hier hätte sich MUFON-CES fragen müssen, ob die Fotos nicht zu einem späteren Zeitpunkt gemacht wurden.

Zu 3. Diese Möglichkeit konnte zunächst ausgeschlossen werden, da zu unwahrscheinlich.

Allein die auf Aufnahme 6 zu sehende starke Aufhellung der Vordergrundblätter und die Schatten, wie auch immer sie zustande gekommen sind, hätten eigentlich Anlaß zu eingehenderen Ermittlungen geben müssen. Vielleicht hätten die Jungen, mit dieser Erkenntnis konfrontiert, der MUFON-CES den Streich gestanden.

Später gab Sascha W. übrigens zu, daß die Aufnahmen etwa gegen 10 Uhr mit dem eingebauten Automatikblitz gemacht wurden.

Die Radkappe von Wedel
Rudolf Henke

Gibt es denn tatsächlich Menschen, die sich einen derartigen Unsinn ernsthaft ansehen und für ›bare Münze‹ nehmen? Diese geistig Verwirrten sind auf jeden Fall zu bedauern...

H.-W. Peiniger, GEP [1]

Es ist wichtig, zu bedenken, daß bei UFO-Aufnahmen die Fotografie nicht verläßlicher ist als der Fotograf.

J. A. Hynek, Astronom und UFO-Forscher[2]

125

Die Aufnahme von Wedel

Abb. 1
Das Wedel-Foto   *Foto: Walter Sch.*

Man sollte meinen, daß auf jeden Fall jeder zustimmen müßte, daß kein Foto glaubwürdiger als sein Fotograf sein kann. Dennoch ist es – wohl mangels Beweisen – innerhalb der Ufologie gang und gäbe, UFO-Fotos auch und gerade von völlig unglaubwürdigen Fotografen in Büchern und Artikeln als »authentisch« zu präsentieren.

Ein Beispiel dafür, wie dieselben UFO-Experten einen Zeugen zuerst als »Spinner und Betrüger« einstufen[3], um ihn Jahre später in den Medien plötzlich zu »rehabilitieren«, bot die ARD/NDR-Sendung *UFOs – es gibt sie doch* am 24. Oktober 1994. Gezeigt wurde dort ein angebliches UFO-Foto, das ein Walter Sch. am 7. März 1977 um 14 Uhr auf einer Weide in Wedel in der Nähe von Hamburg geschossen haben wollte (Abb. 1).

Dieses UFO-Foto unterscheidet sich mit einer scheinbaren Ausnahme in nichts von zahlreichen anderen UFO-Fotos. Wie bei unzähligen anderen UFO-Aufnahmen

- ist auch hier eine typische »fliegende Untertasse« zu sehen,
- hängt die »Untertasse« schräg in der Luft, als handelte es sich um ein Modell, das von Hand hochgeworfen wurde,
- weist sie deutliche Unschärfen auf, so als wäre der Fotograf dem herabfallenden Modell rasch mit der Kamera gefolgt (Verwisch-Unschärfe),
- handelt es sich um eine Einzelaufnahme,
- lehnte es der Fotograf ab, mit kritischen Organisationen zu kooperieren,
- waren wieder einmal keine weiteren Zeugen anwesend bzw. ausfindig zu machen.

Es bestünde also bis jetzt nicht der geringste Grund, das Foto des Herrn Walter Sch. besonders hervorzuheben. Dennoch war die deutsche UFO-Forschungsgruppe MUFON-CES dieser Meinung.

1992 stellte der MUFON-CES-Leiter Illobrand von Ludwiger das Foto in einem Buch wie folgt vor: »Foto eines mehr als 10 Meter großen Objektes ... Rechts im Bild befindet sich der Schatten, den ein Objekt an diesem Tage zur Zeit der Beobachtung um 14 Uhr hätte werfen müssen«.[4] Es war nichts als dieser »Schatten«, der von Ludwiger und seine Kollegen dazu veranlaßt haben dürfte, die ehemals vernichtende Einschätzung des Fotografen als »Spinner« und »Betrüger« in späteren Publikationen unerwähnt zu lassen.

Anhand dieses Flecks berechneten die Forscher die Größe des UFOs auf zehn Meter. Eine 1993 von ihnen veröffentlichte Skizze suggerierte einen Zusammenhang zwischen der Stellung des UFOs im Raum und dem angeblichen Schatten.[5] Doch das kleine Einmaleins der Fotoanalyse sagt uns, daß wir, um die absolute Größe eines Objektes feststellen zu können, nicht nur dessen Bildwinkel kennen müssen, sondern auch seine Entfernung. Die läßt sich jedoch anhand eines zweidimensionalen Bildes, bei dem das Objekt frei am Himmel hängt, kaum bestimmen. Man kann nun natürlich das Objekt so lange im Raum verschieben, bis sein »Schattenwurf« zu seiner Lage und

Entfernung zu passen scheint. Dieses Vorgehen ist jedoch reine Willkür.

Der Zeuge

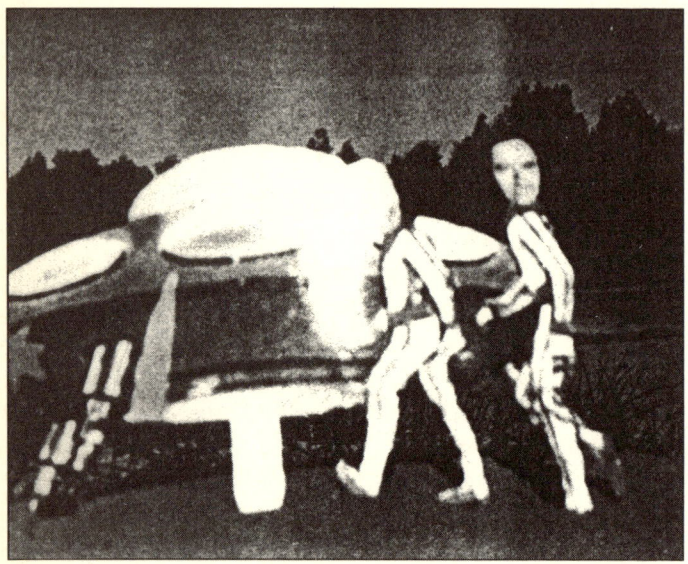

Abb. 2   *Foto: Walter Sch.*

Nach dem amerikanischen UFO-Forscher J. A. Hynek kann kein Foto glaubwürdiger als der Fotograf sein. Das wußte vor elf Jahren auch noch Herr von Ludwiger:

>»Obwohl der Zeuge anfangs (1977) einen vernünftigen Eindruck machte..., hat sich dessen Persönlichkeit inzwischen stark verändert. Er muß nach Aussagen vieler Korrespondenzpartner und einiger Personen, die direkten Kontakt mit ihm hatten, heute als ›Spinner‹ oder gar als ›Betrüger‹ eingestuft werden, der mehrfach Collagen und Ähnliches zur Dokumentation seiner phantastischen Ideen angefertigt hatte (Abb. 2) ... Solche Veränderungen sind bei UFO-Zeugen

oftmals zu beobachten, wobei im nachhinein kaum mehr zu unterscheiden ist, wie ›echt‹ ein originäres Erlebnis tatsächlich gewesen sein mag. Aus diesen Gründen ist es angebracht, sich von weiteren Untersuchungen zu distanzieren«.[3, 6]

Wenn man dieses Zitat aufmerksam liest, möchte man meinen, es mit zwei völlig verschiedenen Herren von Ludwiger zu tun zu haben: Damals mit einem kritischem Forscher, der trotz eines gewissen Wohlwollens, das in seinen Worten gegenüber dem Zeugen noch mitschwang, auf kritische Distanz ging – zehn Jahre später mit einem Autor, der den Fall wieder ausgrub und mediengerecht aufbereitete.

Dabei sind ja die objektiven Daten des Fotos dieselben geblieben: Damals wie heute ist auf dem Foto etwas zu sehen, das man als Schatten interpretieren kann, und damals wie heute kann man die gleichen Schätzrechnungen mit dem Bild durchführen.

Allerdings sollte von Ludwiger bereits 1983 gewußt haben, daß der Zeuge schon Jahre vor dem (angeblichen) Zeitpunkt der Entstehung des Wedel-Fotos mit abstrusen Ideen hausieren ging. Verharmlosend war es auch, wenn von Ludwiger vage nur von »phantastischen Ideen« sprach und verschwieg, daß der Fotograf sich als Kontaktler ausgab und spätestens seit 1980 Schriften über seine angeblichen Begegnungen mit Wesen aus der Adromeda-Galaxis an alle möglichen UFO-Forscher versandte. Die GEP hatte bereits im Juli 1982 Auszüge aus den von Walter Sch. als *Tatsachenbericht* bzw. *W. Sch.-Report* bezeichneten skurrilen Schriften veröffentlicht. Da MUFON-CES damals eng mit der GEP kooperierte, hätte den Forschern diese Publikation eigentlich bekannt sein müssen.

Nach eigener Aussage besitzt Walter Sch. einen Intelligenzquotienten von 570. Keine Sorge, diese Zahl bezieht sich auf die Meßskala der Andromedaner. Doch umgerechnet in irdische Einheiten entspräche sie, so Walter Sch., immerhin einem IQ von 180. Doch wenn man die Kontaktberichte von Walter Sch. liest, hat man ganz und gar nicht den Eindruck, es mit einem Menschen mit einem IQ von 180 zu tun zu haben. Wenigstens bescheinigten die Außerirdischen dem UFO-Fotografen »zeitweise stark realvisionäre Erkennungsphasen des Seins«.

Seine erste Begegnung mit den Außerirdischen will Walter Sch. 1979, also zwei Jahre nach dem vorgeblichen Zeitpunkt der Wedel-Aufnahme, gehabt haben, wie er in seinem Pamphlet *Mein Raumflug – Tatsachenbericht* vom 20. Juli 1980 schilderte (woraus übrigens auch obige Zitate stammen):

Auf dem Bahnhof Altona sei er von einem großen dunkelhaarigen Mann angesprochen worden, der sich, wie so oft in frühen Kontaktlergeschichten, kaum von einem Menschen unterschied und auch die deutsche Sprache »sehr gut« beherrschte. Da Sch., wie aus diesem Traktat ebenfalls hervorgeht, zu jener Zeit bereits mit der Glaubensgemeinschaft DUIST (Deutsche UFO/IFO-Studiengesellschaft) in Kontakt stand, ist anzunehmen, daß er mit dem Gedankengut der DUIST vertraut war und sich daraus Anregungen für seine eigenen Phantasien mit menschenartigen ETs holte. (Die DUIST verehrt den Amerikaner George Adamski, Imbißrestaurantbesitzer und Hobbyastronom, der einer der ersten UFO-Kontaktler in den fünfziger Jahren war. Er gab vor, in Raumschiffen zum Mond und zu den Planeten des Sonnensystems geflogen zu sein. Seine astronomischen Beschreibungen standen allerdings bereits damals im krassen Widerspruch zu den Erkenntnissen der Planetenforschung.)

Der ET stellte sich als »außerirdischer Agent« namens Santoran vor. Er erklärte, daß sein »Raumkommandant« unseren UFO-Fotografen gern sprechen wolle. »Als Grund nannte er eine von meinen Visionen, und zwar die ›Theorie vom Ineinanderleben aller Körper‹.«

Es ist wichtig festzuhalten, daß Sch. diese Theorie bereits fünf Jahre vor dem angeblichen Zeitpunkt der Wedel-Aufnahme in einem Traktat, das auf den 10. September 1972 datiert ist, ausgesponnen hatte. Demnach sind erhebliche Zweifel an von Ludwigers Aussage angebracht, wonach der Zeuge erst nach seinem Erlebnis von Wedel zum »Spinner« wurde. Mit der These, daß Zeugen »oftmals nach originären Erlebnissen« einen Wandel hin zum Negativen vollzögen, kann man natürlich jeden Schwindel rechtfertigen. Es ist im übrigen nicht einzusehen, warum die Begegnung mit einem seltsamen Flugobjekt einen Zeugen zum »Spinner« oder gar »Betrüger«

werden lassen sollte. Tagtäglich machen unzählige Menschen
weit intensivere Erfahrungen – man denke nur an Kriegserleb-
nisse, Geiselnahmen oder Folterungen – ohne anschließend
Visionen zu bekommen oder zum »Betrüger« zu werden.

Bevor ich mit dem Kontaktbericht fortfahre, soll die »Theo-
rie vom Ineinanderleben der Körper« kurz dargestellt werden.
Die ganze »Theorie« findet übrigens auf einer einzigen Seite
Platz: »All diese unzählig vielen Universen um unser eigenes
UNIVERSUM herum ... leben, bilden zusammen mit großer
Wahrscheinlichkeit wiederum die lebenden Körperzellen für
ein unvorstellbar großes Lebewesen, das mit noch vielen seiner
Artgenossen und anderen Lebensformen zusammen auf dem
Planeten eines Supersonnensystems existiert...«.

Ich denke, diese kurze Textpassage sollte genügen, um die
bizarren Gedanken des Fotografen zu verdeutlichen. Wem dies
nicht genügt, kann sich eine der Skizzen ansehen, die Sch. 1972
zur Illustrierung seiner Vorstellungen anfertigte (Abb. 3).

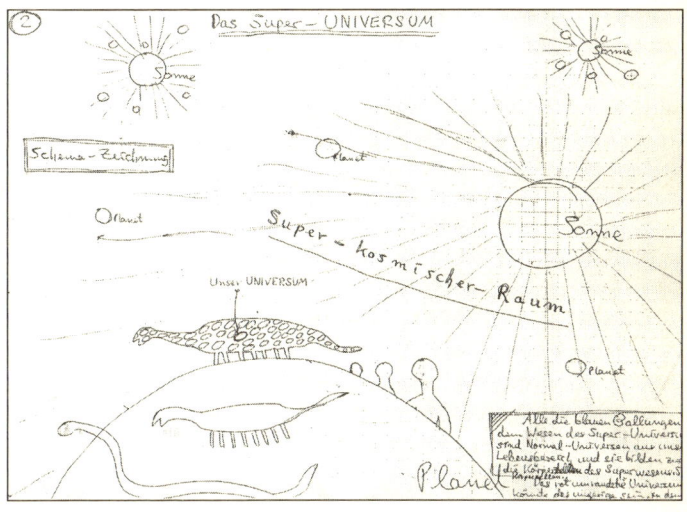

Abb. 3

Man muß wohl kein Psychologe sein, um angesichts derartiger Konstrukte zu dem Schluß zu gelangen, daß Sch. bereits

fünf Jahre vor Anfertigung des Wedel-Fotos ein gestörtes Verhältnis zur Realität hatte. Es ist daher zu bezweifeln, daß er ein Betrüger im engeren Sinn ist. Sicher scheint dagegen, daß er bizarre Vorstellungen mit sich herumtrug, denen er durch seine Pamphlete, Fotos und Geschichten Gestalt gab.

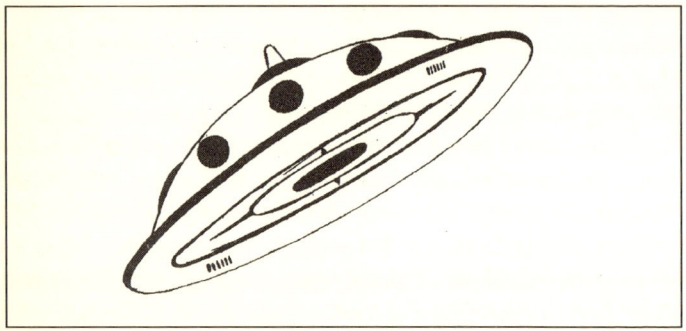

Abb. 4

Doch zurück zum Raumflug des Herrn Sch. Der außerirdische Agent Santoran lud Sch. zu einem zweitägigen Raumflug ein. Der ET kutschierte Sch. im BMW nach Großhansdorf, wo eine Viertelstunde Fußweg entfernt nach einem kurzen Funkruf am sonnigen Himmel auch schon ein »kleines flaches Raumboot« vom Himmel sank. Offenbar handelte es sich noch um ein älteres Baujahr, denn statt eines »Beamstrahls« aus moderneren Kontaktlergeschichten fuhr nur eine ordinäre Treppe aus. Als unser Kontaktler die Treppe hochstieg, fühlte er sich wie »unter einem hypnotischen Bann«. Auffällig ist, daß dieses »Raumboot« in einer Zeugenskizze exakt dem von ihm fotografierten UFO bei Wedel gleicht (vgl. Abb. 4 mit Abb. 1b).

Die Beschreibung des Raumschiffes ersparen wir uns, zumal sich sein Innenleben nicht von dem Inventar eines Science-fiction-Filmraumschiffes unterschied. Daß es sich um keinen modernen Raumschifftyp handeln konnte, sondern wohl eher um den Typ des mit Bügeleisenschaltern bestückten Raumkreuzers Orion, wird noch deutlicher, wenn wir von »grünen Bildschirmen« erfahren. Black-Trinitron-Bildröhren oder gar LCD-

Flachbildschirme kannten auch die Außerirdischen damals eben noch nicht.

Was dann passierte, kann sich jeder denken: Das altertümliche Vehikel brauste hinein ins All, um vom Mutterschiff, das nicht weniger altmodisch als das Beiboot war, aufgenommen zu werden. Dieses Mutterschiff besaß Raketenform, ein großer Stern im Heckbereich erinnerte sogar stark an die sowjetischen Sojus-Raketen. Steuerflügel dienten offenbar nur zum Schmuck, denn wozu sonst benötigen Mutterschiffe im Vakuum des Alls aerodynamische Hilfsmittel?

Sicher auch keine Überraschung bot die Kleidung der ETs: Wie in Science-fiction-Filmen waren sie mit glänzenden Overalls bekleidet. Und daß der Kommandant, zu dem Sch. mittels schalenförmigem Schwebegleiter befördert wurde, nur ein »scharf und kühn geschnittenes Gesicht« wie der Romanheld *Perry Rhodan* besitzen konnte, dürfte auch klar sein.

Ein von einem »schwebenden Kugelroboter mit Plastikarmen« serviertes Zitronen-Ananas-Bananen-Getränk lockerte die Stimmung auf. Der Kommandant hatte dann nichts Besseres zu tun, als mit Sch. »lange über Gott und die Welt zu sprechen«. Schon bald verriet er ihm seinen Herkunftsort, der natürlich nicht gleich um die Ecke lag. Der ET war eigens aus der lächerlichen Entfernung von zwei Millionen Lichtjahren angereist, nur um mit Sch. über dessen Theorien zu plaudern. Er kam nämlich aus der Andromeda-Galaxis, und zwar offenbar auch noch aus einem Schwarzen Loch, gab er doch vor, im Zentrum jener Galaxis zu wohnen ...

Für Leute, für die zwei Millionen Lichtjahre nur einen Katzensprung bedeuten, ist es natürlich auch kein Problem, mal eben die »Grenzen des Universums« anzusteuern. Es versteht sich von selbst, daß Sch. zu diesem »interstellaren Fernraumflug« vom Kommandanten eingeladen wurde – und zwar für das Jahr 1984. Was daraus wurde, wissen wir leider nicht.

»Viele Stunden später« war man dann der Andromeda-Galaxis auch schon »kosmisch nahe gekommen«. »Je mehr« Sch. »den Andromedaner ... ansah, desto mehr gewann« er »den starken Eindruck, daß er dem Bildnis von Jesus Christus sehr ähnlich sah. Vor allem seine Gesichtszüge erinnerten daran«.

Über den Rückflug gibt es nicht viel zu berichten; er war von der gleichen gähnenden Langeweile wie der Hinflug erfüllt. Ach ja, für Hin- und Rückflug benötigte das Schiff mit der »hohen Technologie« ganze zwei Tage. Einmal Andromeda und zurück in zwei Tagen – das muß ja High-Tech sein!

Logisch, daß Sch. nach der Rückkehr gleich die DUIST-Chefin kontaktierte. »Am nächsten Tage war ich auch bei der *Bildzeitung*-Hamburg, doch die Leute da konnten es nicht fassen. Deshalb auch wollte ich zuerst mein Erlebnis vergessen, doch ich konnte es nicht ganz vergessen. Der Welt zum Trotz«.

Wie viele Kontaktlergeschichten hat auch diese Story eine Fortsetzung. In einer nur zweieinhalbseitigen Abhandlung vom 26. April 1982 wurde sie uns nahegebracht. Diesmal meldete sich ein außerirdischer Agent namens Scantoon per Telefon. Der ET machte Sch. den Vorschlag, dessen »Parafähigkeiten« zu testen. Sch. hatte dieses Angebot schon mehrmals, darunter auch brieflich, erhalten, doch stets abgelehnt. Man möchte meinen, daß Herrn Sch.s Parafähigkeiten nicht sehr ausgeprägt waren, denn sonst hätte der Agent sich ja auch zum Beispiel telepathisch bei ihm melden können. Aber damals war eben auf die Post noch mehr Verlaß.

Gleich nach dem Anruf informierte Sch. die DUIST und den Vater des UFO-Forschers Michael Hesemann. Warum beide nicht mitfliegen durften, verriet uns Sch. allerdings nicht.

Abermals wartete eine Nobelkarosse auf unseren Abenteurer; nun war es ein Opel Commodore. Diesmal ging's bei der Ankunft an Bord des Raumschiffes nicht ganz so abstinent zu, denn es gab »einige Gläser Martini« und für den Magen ein saftiges Steak mit weißen Bohnen.

Daß Herr Sch. ufologisch ganz gut informiert war, läßt sich aus einer Szene schließen, in der ihm »die Lichtscheiben« über dem »Weißen Haus in Washington« gezeigt wurden. Man erklärte ihm, »die Lichtscheiben wären nur einfache Lichtelektron[en]«. Was ein »Lichtelektron« sein soll, verrieten ihm die ETs allerdings nicht. Nur zu dumm, daß die ETs zu erwähnen vergaßen, daß die »Lichterscheiben« auf dem berühmten »UFO«-Foto nur auf Linsenreflexionen von vor dem Gebäude stehenden Lampen beruhten.[7]

Dann wurde Herrn Sch. ein Kuppelhelm über den Kopf gestülpt – und schon spuckte der Computer eine silbrige (Loch-?) Karte aus, auf der die Meßwerte verzeichnet waren: »Intelligenzquotient 570 (ird. 180) plus I. Quot. 980 (ird. 320) für die Strukturerfassung der kosmischen Grundwahrheiten. Parageistiges Gehirnvolumen: 3 000 positive Zellsektoren. Zeitweise stark realvisionäre Erkennungsphasen des Seins.«

Wie bei anderen UFO-Träumern fällt auch bei Herrn Sch. die Verquickung von trivialen Science-fiction-Vorstellungen mit konfusen religiösen Inhalten auf. In einer eine Seite langen Niederschrift vom 10. November 1975 mit der Überschrift *Vision durch Meditation – Jesus Christus, wer war das* grübelte der spätere Wedel-Fotograf buchstäblich über Gott und die Welt. Bereits damals hielt er Jesus für einen Raumfahrer. Und wie wir ja inzwischen wissen, tauchte das Jesus-Bild im buchstäblichen Sinn dann auch während seines »Raumflugs« auf. Mit folgenden schwülstigen verworrenen Worten beendete Sch. seine »Meditation«:

»Ewiges Weltall, zeitlos und vielleicht auch nur ein sehr materieller Traum des Lebens. Eine hyperastrale Fiktion aus Raum, Zeit und Materie, denn das Licht ist das Leben, die Macht im All. Die kosmische Macht, die jenseits aller irdischen Realität liegt und irgendwo in einer fremden Dimension.«

Ein handgezeichneter »Stempel« mit dem Aufdruck »Sie kommen aus Raum und Zeit« markierte die eben zitierten Schlußsätze.

Bereits der GEP fiel auf, daß Sch. Fotokopien eines Fotos in Umlauf brachte, das angeblich ein »Sonnensystem aus einer fernen Galaxis« zeigte. Doch in Wahrheit handelte es sich dabei um eine Aufnahme des Sternbildes der Plejaden, auch »Siebengestirn« genannt. Angesichts dieser Täuschung ist man rasch versucht, an bewußten Betrug zu denken. Dem widersprechen jedoch die enorm naiven Darstellungen (Abb. 3), die offenbar noch nicht einmal die gutgläubige DUIST zu überzeugen vermochten. Noch mehr gilt dies für eine Reihe von Fotocollagen, die zum Teil derart plump in Szene gesetzt sind, daß nur schwer vorstellbar ist, daß ein auf dem Boden der Realität stehender Mensch annehmen könnte, andere damit zu täuschen.

Man gewinnt daher eher den Eindruck, daß Herr Sch. sich zumindest zeitweise von seiner Phantasie beherrschen ließ, er sprach ja selbst von Visionen, und dann die Realität von Phantasie und Wunschdenken verdrängt wurde.

Nachdem von Ludwiger seinerzeit von den bizarren Geschichten und eindeutigen Fotofälschungen des Fotografen erfahren hatte, schrieb er 1983, »daß eine Fotoanalyse im Prinzip nur dann gerechtfertigt ist, wenn der oder die Zeugen auch ausreichend glaubwürdig sind«.[3] 1994 erklärte er demgegenüber allen Ernstes: »Fotoanalysen sind eine Sache. Der Zeuge und dessen Glaubwürdigkeit eine andere. Gelegentlich liefern auch unglaubwürdige Informanten mit Registrierapparaten (Fotoapparate), auf die sich die ›Unseriosität‹ nicht automatisch überträgt, Belege für das Gesehene«.[8]

Durfte man nun wirklich annehmen, daß Sch. vor der Wedel-Aufnahme Realitätsprobleme hatte, dann bei Wedel ein echtes UFO fotografierte, um sich kurz darauf erneut in Phantasien und »Betrügereien« zu flüchten? Eine derartige Logik entspringt eher ufologischem Wunschdenken als der Realität.

Der Fotograf gesteht

Michael Hesemann

Eine der größten Überraschungen in dem Buch *Der Stand der UFO-Forschung* von Illobrand von Ludwiger war die Präsentation des Walter-Schilling-Fotos vom 7. März 1977 als authentische Aufnahme »eines mehr als 10 Meter großen Objektes«.[1] Stolz zeigte Herr von Ludwiger das Foto 1993 auf dem MUFON-Kongreß in Richmond, Virginia, und in einer ARD-Sendung vom Oktober 1994. Sein Beweis für die Echtheit der Aufnahme: Ein dunkler Fleck auf der Wiese, für von Ludwiger

136

der Schatten, den das »9,5 ± 3 m« große UFO »an diesem Tage zur Zeit der Beobachtung gegen 14 Uhr hätte werfen müssen«.[2] Auch ich war erst einmal von seiner Analyse, die der Computer-experte Rolf-Dieter Klein in Richmond präsentierte, beeindruckt und entschied mich, das Foto auch in mein Buch *Geheimsache UFO* als deutsche UFO-Aufnahme aufzunehmen.

Ich kannte das Foto natürlich, denn ich hatte mit Schilling von 1981 bis 1983 eine ausgedehnte Korrespondenz geführt. Er hatte mir Dutzende primitiver Fotocollagen als »echte UFO-Dokumente« übersandt, mir die unglaublichsten Science-fic-tion-Geschichten als »reale Kontakterlebnisse« geschildert und mir sogar Briefe seiner außerirdischen Freunde kopiert, die natürlich auf seiner Schreibmaschine in seinem charakteristi-schen Schreibstil getippt waren. Nur ein Zitat aus einem dieser Schreiben von »Scantoon von Antamoon, intergalaktischer Raumsektor Dantrowen I (Andromeda)«:

»Sehr geehrter Herr Schilling! Seit gestern bin ich wieder von Antamoon zurück und soll Ihnen die besten Grüße von meiner dritten Schwester Alina ausrichten, die von Ihnen sehr angetan ist. Vor allem die parageistigen Visionen gefallen ihr sehr gut und auch Ihre Idee von dem atomar elektromagn. Raumsch. Antrieb. Anfangs war meine Schwester ganz erstaunt, als ich ihr mitteilte, das diese Unterlagen von der Erde stammen. Von einer noch zu barbarischen Welt. (...) Die planetare Basis II bei Kingstown (Jamaica) erteilte mir den Spezialauftrag unserer Regierung, die Ihnen ein ganz außer-gewöhnliches Angebot machen will, in Bezug auf ihren Mitflug nach Antamoon, denn wir sind noch immer sehr interessiert an einem mikrotronischen Computer-Test ihrer erstaunlichen Parakräfte. Unter anderem könnten Sie ein Ehrenbürger unserer Welt werden, mit allen persönlichen Privilegien unserer hohen Kultur, Zivilisation und Techno-logie.«[3]

Bedauerlicherweise konnte Schilling diese Einladung nicht mehr annehmen, da er sich seit 1984 infolge eines Sexualdelik-tes in einer psychiatrischen Klinik aufhält. Natürlich ist es mög-

lich, daß ein echtes UFO-Erlebnis Schillings Phantasie beflü-
gelte, doch wenn wir Allen Hyneks Grundsatz folgen, demzu-
folge »bei UFO-Aufnahmen die Fotografie nicht verläßlicher
ist als der Fotograf«, dann eignet sich das Schilling-Foto gewiß
nicht zum Paradefall der deutschen UFO-Forschung. Das wußte
von Ludwiger, schrieb er doch bereits 1983 über Schilling: »Er
muß ... heute als ›Spinner‹ oder gar als ›Betrüger‹ eingestuft
werden.«[4]

Um Klarheit zu gewinnen, hatte ich von Schilling Anfang
1982 zwei Abzüge vom Originalnegativ angefordert und im
Mai desselben Jahres der US-UFO-Forschungsgruppe Ground
Saucer Watch (GSW) übersandt, die damals die ersten Computeranalysen von UFO-Fotos durchführte. In seinem zweisei-
tigen Bericht vom Juni 1982 kam GSW-Leiter William Spaulding zu der Schlußfolgerung, daß es sich um »ein kleines
Objekt, weniger als 30 cm im Durchmesser« handelte, das sich
im »extremen Nahbereich vor der Kamera« befand.[5] Spaul-
dings Bericht und Computerbilder übersandte ich damals sofort
Herrn von Ludwiger, der mir sogar kurzfristig die Mitglied-
schaft bei MUFON-CES anbot. Das dokumentierte von Ludwiger ein Jahr später in seinem Tagungsbericht. Zitat: »1982
sandte Michael Hesemann ein Farbbild des Wedel-Fotos ... an
die auf UFO-Fotoanalysen spezialisierte Gruppe GSW.« Während also all diese Tatsachen von Ludwiger bekannt waren,
behauptete er 1993, es sei nur ein »kleiner Ausschnitt des
Wedel-Fotos durch von Keviczky an William H. Spaulding von
Ground Saucer Watch zur Analyse gegeben worden«.[6] Dieser
Satz enthält gleich zwei Fehler: Zuerst einmal ist kein Bildausschnitt an GSW gegeben worden, sondern ein Originalabzug
vom Originalnegativ, und zweitens hat diesen nicht von
Keviczky – ein amerikanischer Forscherkollege – an GSW
geschickt, sondern meine Wenigkeit. Eigentlich spielte dies
keine Rolle, wenn nicht dadurch etwas ganz Bestimmtes impli-
ziert würde: Während ein deutscher Forscher sehr viel eher an
einen Originalabzug direkt vom (deutschen) Zeugen kommen
kann, ist es bei einem Amerikaner eher denkbar, daß er tatsächlich nur über Kopien der x-ten Generation verfügt. Daß die
GSW-Computerbilder nur Ausschnitte zeigen, hat einen sim-

plen Grund: Das Negativ (und damit der Abzug) war quadratisch, der Computerbildschirm aber rechteckig. Das müßte auch von Ludwiger bekannt sein.

Wie steht es aber mit dem angeblichen »Schatten«, der laut von Ludwiger die Echtheit der Aufnahme beweist? Der dunkle Fleck auf dem Foto ist aller Wahrscheinlichkeit nach ein Busch, ein Schatten jedenfalls kann es nicht gewesen sein, denn zum Schattenwurf fehlte die Sonne. Das jedenfalls geht aus einem Schreiben des Deutschen Wetterdienstes/Seewetteramt vom 26. Oktober 1981 an MUFON-CES-Mitglied Adolf Schneider hervor, der die Wetterdaten vom 7. März 1977 gegen 14.00 Uhr erfragte.

Die Flugwetterwarte Hamburg-Fuhlsbüttel notierte an diesem Nachmittag einen »Bedeckungsgrad 6/8« mit »dünnen Cirren (Sonnenlicht durchscheinend)« bei einer Wolkenhöhe von 6500–7000 Metern.[7] Das heißt: Es war bedeckt, keine direkte Sonneneinstrahlung, also diffuses Licht und kein Schattenwurf, übrigens ganz wie es auf dem Foto zu sehen ist. Diese Wetterdaten waren MUFON-CES schon 1981 bekannt, sie widerlegten Schneiders Hypothese von 1977, der Fleck auf der Wiese könnte ein Schatten sein, doch trotzdem wurde diese 1992 wieder »aufgewärmt« und 1993 durch Klein per Computeranimation medienwirksam präsentiert, damit sie auch ja die UFO-Gemeinde von Richmond und das ARD-Publikum beeindruckte.

Doch ebenso wie im Fall Fehrenbach liegt auch von Schilling ein Geständnis vor, das von Ludwiger und Klein entlarvt. Und wie das Leben so spielt, lag dieses Schreiben unbemerkt 12 Jahre lang in einer Schublade in meinem Elternhaus. Die Geschichte mag unglaubwürdig klingen, aber sie ist wahr. Der Brief blieb unbeachtet, weil ich damals jede Woche einen Brief von Schilling mit neuen Phantastereien und Collagen erhielt. Nach meinem Abitur im Mai 1983 flog ich Ende Juni für drei Monate in die USA, um etwas »große, weite Welt« zu schnuppern, bevor im Oktober mein Studium in Göttingen begann. Als ich zurückkam, hatte ich genug mit dem Umzug zu tun und schenkte dem Schilling-Brief keine Beachtung. Erst als ich für mein Buch *UFOs über Deutschland* meine alte Korrespondenz durchsuchte, fand ich den ungeöffneten Umschlag – und in ihm Schillings Geständnis. Ich hatte ihm irgendwann die GSW-Analyse geschickt, und da nicht gleich eine Antwort eintraf, gedacht, er drücke sich um diese. Wohl in Anspielung auf die englischsprachige Analyse war Schillings (handschriftliches) Schreiben vom 11. August 1983 in – einem äußerst abenteuerlichen – Englisch abgefaßt. Nachfolgend meine Übersetzung:

»Sehr geehrter Herr Hesemann: Hallo, Michael, ich habe eine gute Nachricht für Sie: das Mini-UFO von Wedel Anno 1977. Ich habe es selbstgemacht, fliegen gelassen und dann bloß noch ein Foto gemacht: Ein großes UFO in der BILD-Zeitung.

Details: Habe es in Feinarbeit daheim gebaut und es flog aus meiner Hand über der Wedeler Marsch. UFO-Starts aus meiner Hand. Okay. Das ist eine sehr gute Geschichte. Oh ja.

Technische Daten: 1. Ein kleiner Mini Rolls-Royce-Impuls. 2. Mini-Helikopter-Rotor. 3. Elektronische Instrumentenkontrolle. 4. Fernsteuerung in meiner Hand. Wie beim Fernsehgerät. Okay. So ist das Leben auf der Erde. Hitze und Benzin überall.

Meine Intention: Es gibt andere Zivilisationen in der Weite des Weltraums. Die Anderen fliegen zu dieser Welt und machen Beobachtungen. Außerdem gibt es sehr viele UFO-Geschichten in dieser Welt. Ich wollte durch die Wedel-Aktion in Kontakt mit den Fremden aus anderen Sonnensystemen kommen. Das war meine Grundidee, als ich das Mini-UFO baute.

Verstehst Du, Freund Michael? Das ist gut. Ein sehr guter Witz. Okay.«[8]

Damit steht fest: Ein weiterer von MUFON-CES beglaubigter Foto-Fall ist eine Fälschung. Rolf-Dieter Kleins extrem hohe Fehlerquote läßt ernsthafte Zweifel am Wert seiner Methodik aufkommen.

Zwei klassische Fälle
Einleitung

Wenn Sie die populäre UFO-Literatur lesen, werden Sie immer wieder auf die gleichen UFO-Fälle stoßen, die die Argumentation des jeweiligen Autors untermauern sollen. So beispielsweise auf den Fall des tragischen Tods eines jungen Captains der amerikanischen Nationalgarde, Thomas Mantell. Er erhielt am 7. Januar 1948 den Auftrag, ein helles Objekt zu identifizieren, das die Kontrollturmbesatzung des Godman-Flugplatzes in Kentucky, USA, beobachtete. Mit vier P-51-Mustang-Übungsflugzeugen unter der Leitung von Thomas Mantell wollte man der Sache auf den Grund gehen. Drei seiner Begleiter mußten jedoch in einer Höhe von 4 500 Meter umkehren, da sie nicht über die erforderlichen Sauerstoffanlagen verfügten. Nur Mantell stieg höher. Seine letzte Durchsage zum Kontrollturm besagte, daß er Sichtkontakt zum Objekt habe. Dann muß seine Maschine explodiert sein, da der Funkkontakt abbrach und man später auf einer Länge von etwa zwei Kilometern die Wrackteile seiner Maschine fand. Einer Untersuchung zufolge muß Mantells Maschine bei einem extremen Sturzflug auseinandergeborsten sein. Vermutlich war Mantell bewußtlos, offenbar aufgrund von Sauerstoffmangel. Viele UFO-Befürworter spekulieren noch heute darüber, ob Mantell einer feindlichen Attacke außerirdischer Intelligenzen zum Opfer fiel. Sicherlich kann man Mantell als das erste bekannte UFO-Opfer bezeichnen, schließlich jagte er einen unidentifizierten Flugkörper. Wie wir heute jedoch wissen, handelte es sich bei dem Objekt höchstwahrscheinlich um einen sogenannten Skyhook-Ballon, der sich zu Forschungszwecken in höheren Atmosphärenschichten befand. Belegt wird diese Annahme durch die Beobachtung eines unabhängigen Zeugen, der vom Boden aus das UFO mit einem Fernglas verfolgte und es als fallschirmartiges Objekt beschrieb, dessen Oberseite das Sonnenlicht leuchtend reflektierte.

Die wenigsten Populärautoren machen sich die Mühe, kritisches Material zu berücksichtigen oder bis zur Originalquelle zurückzugehen, um sich die aus der Literatur entnommenen

Fallbeschreibungen bestätigen zu lassen. So wird das gleiche Material ständig wiedergekäut, auch wenn es fehlerhafte Daten enthält. Die UFO-Begegnungen, die ständig als beweiskräftige Ereignisse zitiert werden, zählen wir zu den klassischen Fällen. Es würde sicherlich den Rahmen dieser Veröffentlichung sprengen, alle wichtigen Fälle ausführlich zu behandeln. Oft wäre ein ganzes Buch nötig, um einen Vorfall im Detail zu beschreiben. Deshalb haben wir uns auf zwei Fälle beschränkt und diskutieren nicht nur die allgemein bekannten Daten, sondern hinterfragen auch kritisch einige Ungereimtheiten. Zudem macht der Autor deutlich, daß es zu einem Fall immer auch eine zweite Meinung gibt, offene Fragen also, die UFO-Befürworter nur ungern ansprechen. Die Beiträge vermitteln Ihnen außerdem einen kleinen Einblick, wie solche Fälle in der deutschen UFO-Szene diskutiert werden, und sie zeigen, daß grundsätzlich bei allen klassischen Fällen ein gesundes Maß an Skepsis nicht schaden kann.

Kleine Männchen auf Wolkenschiffen

Rudolf Henke

> Ich rief Eric Kodawara und sagte: »Was siehst du da oben?«
> Er sagte: »Da scheint ein Licht zu sein.«
> Pfarrer William B. Gill[1]

Man schreibt den 16. Juni 1959. Auf der kleinen Missionsstation Boianai auf der äußersten Spitze des neugegründeten Staates Papua-Neuguinea ist vor einer Stunde die Sonne untergegangen. Der damals 28jährige anglikanische Priester William B. Gill tritt gerade aus seiner Hütte heraus, als er in West-Nordwest ein helles, weißes Licht entdeckt. Laut J. Allen Hynek, der wiederum Gill zitierte, »wurde diese Position sogar dann eingehalten, als das Objekt auf [geschätzte] circa 1500 Meter herabstieg«. Der Himmel ist weitgehend klar, doch ziehen bereits erste Regenwolken auf.

Gill hatte sich über das UFO-Thema bereits eingehende Gedanken gemacht, zumindest erwähnte er es in einem Brief, den er tags zuvor an einen Freund in einer benachbarten Mission schrieb.

Wenige Minuten später ruft der Missionspriester zwei Papuas. Als der erste von beiden eintrifft, bestätigt er Gill, daß das Objekt kein Stern sei. Gill notiert von Anfang an die gesamten Beobachtungen minutiös in seinem Tagebuch. Hier schätzt er die absolute Objektgröße zunächst auf 150 Meter (später nennt er als Untergrenze 90 Meter). Über die Farbe des Objektes ist er sich schon bald darauf nicht mehr sicher: Sie scheint sich – zumindest zeitweise – von Weiß bis Orangerot zu verändern.

Es sind nun etwa zehn Minuten vergangen. Jetzt sieht der Priester von einer bläulichen Aura umgebene Gestalten auf der Oberseite des Objektes. Nach einiger Zeit ist sich Gill sicher, daß es sich um Menschen handelt. Die Gestalten variieren im Laufe der nächsten Minuten in der Anzahl ständig und unregelmäßig: 1 – 3 – 0 – 2 – 0 – 3 – 4 – 2.

Knapp eine halbe Stunde, nachdem Gill aus seiner Hütte getreten ist, verschwinden die Gestalten im selben Moment, in dem ein »dünner, stahlblauer Strahl« im Winkel von 45 Grad rechts nach oben in den Himmel schießt. Abermals tauchen zwei Gestalten auf der Oberseite auf. Nicht nur die Gestalten, sondern das gesamte »Mutterschiff«, wie Gill es in typischer Ufologen-Manier nennt, strahlt leuchtend (Abb. 1 links unten). Die Wolkendichte hat sich inzwischen verstärkt: Das UFO scheint sich jetzt durch die Wolken zu bewegen.

Die nächste Eintragung in Gills Tagebuch wurde erst rund eine Stunde später verfaßt: Es heißt, daß das erste UFO wiedergesehen wurde. Doch damit nicht genug: »Unmittelbar über uns« taucht ein zusätzliches UFO auf, das jedoch weiter entfernt zu sein scheint. Während Gill das »Mutterschiff« im sogenannten Sonne-Mond-Test Jahre später auf fünffache Vollmondgröße schätzt (im Winkelgradtest erreichte das Objekt bei Gill umgerechnet sogar zwanzigfachen Monddurchmesser), erscheint dem Hauptzeugen das zweite Objekt »nur« etwa halb so groß wie der Mond. Es scheint auf der »Oberseite« fünf hellere Lichtstreifen, auf der »Unterseite«, wie das Primärobjekt auch, vier »Füße« zu tragen.

Es sind inzwischen annähernd zwei Stunden vergangen, und nun tauchen am südlichen Himmel drei weitere UFOs auf. Sie werden größer als die Sterne beschrieben, aber dennoch auf einen viertel Monddurchmesser geschätzt. Für die nächsten zwei Stunden tauchen die nun insgesamt fünf Objekte immer wieder in den Wolken auf, verschwinden wieder, erscheinen erneut usw. »Wenn sie durch die Wolken herabsinken, spiegelt sich Licht

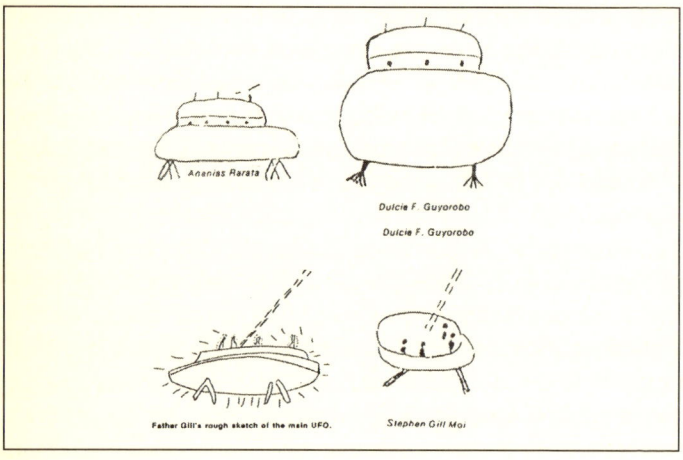

Abb. 1

wie ein großer Strahlenkranz an der Wolke.« Gill hat sogar den Eindruck, daß die Wolken zeitweise von unten beschienen werden.

Laut Pfarrer E. G. Cruttwell – ein UFO-Fall-Sammler, der u.a. die Gill-Sichtung beschrieb – sinkt das Hauptobjekt schließlich in nordwestlicher Richtung nach unten. Einige Einheimische rennen zum Strand, da sie anscheinend glauben, das Objekt wolle landen. Hynek verschweigt dieses Phänomen. Statt dessen erwähnt er in seinen Büchern nur den allerletzten Moment des Verschwindens: Laut Gill scheint es kurz vor dem Unsichtbarwerden und schneller, als das Auge folgen konnte, innerhalb einer halben Sekunde über die Berge zu ziehen, wobei es seine Farbe von Weiß nach Tiefrot und dann nach Blaugrün verändert haben soll. Es ist das erste Mal, daß über eine namhafte Bewegung eines der Objekte berichtet wird.

Eine halbe Stunde später – inzwischen sind fast genau drei Stunden vergangen – taucht das zweite Objekt, das »UFO über den Köpfen«, erneut auf. Auch dieses scheint sich nicht zu bewegen, sondern wird als schwebend beschrieben. Nach einer weiteren Stunde verschwindet das Objekt, und eine Viertelstunde später setzt heftiger Regen ein. Die Wolkendecke ist nun geschlossen. Schien es zuvor noch, als ob die UFOs ab und zu unter den Wolken schwebten, befinden sie sich nun stets oberhalb. Das kann zweierlei bedeuten: Entweder die Objekte stiegen mit zunehmender Bewölkung über die Wolkendecke hinweg, oder sie befanden sich auch zuvor schon über der Wolkendecke. In letzterem Fall wäre Gill einer Täuschung unterlegen.

Es bleibt noch zu erwähnen, daß um 23 Uhr im Osten der Halbmond aufgeht, doch an allen drei Sichtungstagen registriert niemand dieses Ereignis, das einen unmittelbaren Größenvergleich mit den vermeintlichen UFOs erlaubt hätte: Entweder ist der Himmel zu dieser Zeit von Wolken verhangen, oder die Einwohner der Missionsstation sind bereits zu Bett gegangen.

Anscheinend unterschreiben noch am selben Abend die meisten Anwesenden eine von Gill erstellte Erklärung über das Gesehene.

Der zweite und dritte Sichtungstag

Am nächsten Tag ist es zum ersten Mal ein Papua, der Gill auf ein »großes« Objekt aufmerksam macht. Diesmal erscheint es rund eine Dreiviertelstunde früher als am Vortag. Die Sonne ist gerade hinter den Bergen untergegangen, und der Himmel hat sich noch nicht vollständig verdunkelt. Das Objekt befindet sich in gleicher Richtung wie am Vortag; nur scheint es, wie Gill später angab, diesmal etwas höher (in etwa 45 Grad) zu stehen. Es verbleibt für etwa 15 Minuten »abgedunkelt«.

Zu dieser neuen Beobachtung finden sich nur noch etwa ein Dutzend Papuas ein. Wieder werden vier Gestalten wahrgenommen. Gill: »Es gab keinen Zweifel daran, daß sie menschlich waren.«

Später tauchen zwei »kleinere UFOs« auf: das eine im Westen, das andere wieder über den Köpfen. Zwei der Gestalten auf dem »Mutterschiff« scheinen an »Deck« mit irgend etwas zu hantieren. Eine davon blickt offenbar auf die Leute der Missionsstation hinunter. Nun wird es spannend. Wieder ist es Gill, der die Initiative ergreift, denn er beginnt, den Gestalten zuzuwinken. Einer von Gills Begleitern winkt nun ebenfalls – und die beiden »Ufonauten« winken zurück, bis dies schließlich alle vier Wesen tun.

Nachdem die Dunkelheit vollständig hereingebrochen ist (was in Äquatornähe bekanntlich schnell geht), läßt sich Gill eine Stablampe holen und gibt Lichtsignale auf das Hauptobjekt ab. Nach ein, zwei Minuten scheint das UFO die Signale durch mehrmaliges leichtes Hin- und Herpendeln zu erwidern. Nach weiteren Lichtzeichen wird das Objekt allmählich größer und scheint in Richtung der Beobachter herabzusinken. Kurze Zeit danach kommt es zum Stillstand. Nach weiteren Minuten verschwinden die Gestalten, obwohl die Menschengruppe zu schreien beginnt und die UFOnauten mit Gesten zum Landen auffordert.

Inzwischen ist es 18:30 Uhr, und Gill geht in aller Ruhe zum Abendessen. Eine halbe Stunde danach wird das UFO, das nun etwas kleiner wirkt, erneut gesichtet. Doch keiner scheint sich sonderlich darum zu kümmern, denn alle gehen widerstandslos zur Abendmesse in die Kirche.

Nach der Messe ist der Himmel wolkenverhangen, und die UFOs sind nicht mehr zu sehen. Um 22:40 Uhr werden die Leute in der Station durch eine »heftige Explosion« geweckt.

Auch am nächsten Tag werden wieder UFOs gesichtet: Eines erscheint um 18:45 Uhr in nördlicher Richtung ziemlich hoch am Himmel und bewegt sich langsam in südliche Richtung. Um 21:00 Uhr werden drei weitere hochstehende Objekte wahrgenommen, die in einer Linie am klaren Himmel zu stehen scheinen. Gegen 23:00 Uhr registriert Gill gleich acht UFOs am Himmel.

Zwanzig Minuten später, kurz bevor Gill zu Bett geht, wird über dem Missionshaus ein scharfer Knall registriert. Vor dem Einschlafen sieht Gill die letzten UFOs: Es sind vier an der Zahl, die später auf halbe Vollmondgröße geschätzt werden.

Die Deutung der Behörden und Kritiker

Sowohl die australische als auch die amerikanische Luftwaffe kommen ohne nähere Begründung zu dem Schluß, daß helle Sterne und Planeten für die Beobachtungen verantwortlich waren.

Auch der Kritiker Donald Menzel schließt sich dieser Deutung an, ohne sich jedoch um konkrete Daten zu bemühen: Obwohl ihm keinerlei Hinweise bekannt sind, daß Gill und sein engster Vertrauter Moi an einer Augenkrankheit leiden, steht für ihn von vornherein fest, daß beide stark kurzsichtig sein müssen, an Astigmatismus leiden und zum Zeitpunkt der Beobachtung keine Brille trugen. Diese Spekulationen haben selbst bei kritischen UFO-Phänomen-Untersuchern, wie etwa A. Hendry, Kopfschütteln hervorgerufen.

Die Untersuchung von CUFOS

Interessant ist, daß sich auch Hynek zumindest teilweise den Deutungen der australischen und amerikanischen Luftwaffe anschließt: Im *International UFO Reporter* (IUR) vom Dezember 1977 (S.6) heißt es: »...aber IUR neigt dazu, mit der Meinung der Königlichen Australischen Luftwaffe übereinzustimmen, daß die ›kleineren UFOs‹ hellen Sternen und Planeten zuzuschreiben sind«, und das trotz der respektablen Größenschätzung Gills. Doch im selben Satz betonte Hynek, daß diese Schlußfolgerung nicht für das Hauptobjekt zuträfe.

Das Venus-Problem

Bevor wir Hyneks Begründung unter die Lupe nehmen, bleibt uns nichts anderes übrig, als zu versuchen, den

Sternenhimmel zu jener Zeit an den angegebenen Himmels-
orten zu überprüfen und die so gewonnenen Daten mit Gills
Aussagen zu vergleichen. Mit dem Computer ist das kein
Problem. Natürlich hat auch Hynek die aktuellen Sternen- und
Planeten-Positionen bestimmt. Wir können seine relativ grobe
Darstellung mit unseren viel genaueren Computerberechnun-
gen gut zur Deckung bringen.

Betrachten wir zunächst die Positionen zu Beginn der ersten
Sichtung: In NNW-Richtung sind gleich zwei helle Planeten
auszumachen: Da ist einmal Venus, die nach eigenen Erfahrungen mit Hunderten Falluntersuchungen von allen astronomischen Objekten am häufigsten als UFO gemeldet wird, und
dicht darunter der in diesen Breitengraden ebenfalls recht hell
scheinende Merkur. Zwar stand direkt unterhalb der Venus noch
der Mars, doch der strahlte zum Zeitpunkt der Beobachtung
derart schwach, daß er sogar von dem ebenfalls roten Stern
Antares überstrahlt wurde und daher kaum viel Aufmerksamkeit auf sich gezogen haben konnte. In der betreffenden Himmelsgegend standen ansonsten noch drei Sterne erster Größe
(Pollux, Procyon und Regulus) am Firmament.

Überprüfen wir nun zunächst die Positionsangaben Gills mit
den Positionen des neben Sonne und Mond astronomisch hellsten sichtbaren Objektes, der Venus (Hyneks Berechnungen
sind in Klammern gesetzt):

	Himmelsrichtung	Venushöhe	Objekt-Aufgang	Objekt-Untergang
Gills Angaben	NNW	30 Grad	–	21:10 / 21:30 im NW
Astronomisch	NNW (-2 Grad)	32 Grad	17:50 (18:07)	21:02 (21:30)* im NW

Hyneks Berechnungen weichen in bezug auf den Venus-
Untergang deutlich von den selbst erstellten Rekonstruktionen
ab. Der UFO-Phänomen-Forscher ist großzügig in Bezug auf
die Untergangszeiten, denn er bemerkt, daß die exakte Unter-

148

gangszeit – je nach atmosphärischen und geographischen Bedingungen – zwischen 21:00 Uhr und 21:30 Uhr hätte liegen können, womit der unterste Wert mit den Computerberechnungen übereinstimmen würde. Da das Hauptobjekt um 19:10 Uhr in den Wolken verschwunden sein soll und wir nicht wissen, ob es dieses oder ein anderes Objekt war, das zehn Minuten später beobachtet wurde, sollte man dieser Diskrepanz nicht allzuviel Bedeutung beimessen.

Könnte es sich am ersten Tag immer noch um einen dummen Zufall gehandelt haben, reduziert sich diese Möglichkeit dadurch, daß auch am nächsten Sichtungstag die Positionsschätzungen Gills wieder exakt mit den Venusdaten übereinstimmen: Gill schätzt die Horizonthöhe diesmal auf 45 Grad; die Venus stand zu dieser Zeit 42 Grad hoch am Himmel. Da die Sichtung am zweiten Tag früher erfolgte und Venus als Abendstern daher auch noch höher und bis zum vollständigen Dunkelwerden noch nicht in voller Pracht am Himmel stand, ist es kein Wunder, daß auch das UFO entsprechend höher am Himmel stand. Je dunkler der Himmel wurde, desto heller und scheinbar größer wurde der Planet, so daß, wie in so manchem Venus-Fall, der Eindruck entstand, das Objekt käme näher.

Der fehlende Planet

UFO hin oder her, eines ist sicher: Da das UFO längere Zeit beobachtet wurde und es niemals als blendend hell beschrieben wurde, hätten in seiner unmittelbaren Nähe zwei Planeten, nämlich Venus und der Merkur, auffallen müssen. Ich betone »müssen« aus der Erfahrung mit Planeten-Mond-Konjugationen, die selbst für astronomisch Uninteressierte ein auffälliges Schauspiel darstellen. Selbst die Zeitungen berichten immer wieder über entsprechende nahe Begegnungen zwischen Mond und hellen Planeten. In manchen Zeitungsberichten heißt es dann: »Was kreist da um den Mond?«

Wenn also der zehntausendmal hellere Mond neben der Venus steht, sticht das nach aller Erfahrung sogar einem astronomisch Uninteressierten noch ins Auge; ja gerade die Kombination zwischen dem Mondriesen und dem dazu vergleichs-

weise kleinen Planetenscheibchen hebt gerade letzteres besonders hervor.

In Gills Tagebuchaufzeichnungen findet sich jedoch kein einziger Hinweis auf irgendein astronomisches Objekt. Weder die
helle Venus, der Merkur, der Jupiter noch ein hervorstechendes
Sternbild wird darin erwähnt. Als zum Beispiel am dritten
Sichtungstag gleich acht UFOs über den gesamten Himmel verteilt zu sehen waren, findet man nirgendwo den Hinweis auf
astronomische Bezüge. Dabei muß das eigentlich unüberseh-
bare südliche Sternbild des Kreuzes gerade dazu aufgefordert
haben, es in bezug zu den angeblichen UFOs zu setzen.

Im *IUR*-Interview des Jahres 1977 wurde Gill nach der Venus
gefragt. Wenn man jemanden, der fest davon überzeugt ist, ein
UFO mit winkender Besatzung gesehen zu haben, fragt, ob er
denn auch die Venus registriert habe, muß das wie ein nasser
Lappen ins Gesicht wirken. Um sich nicht unglaubwürdig zu
machen, bleibt nichts anderes übrig, als die Frage zu bejahen.
Es verwundert daher nicht, daß Gill im Nachhinein angab, die
Venus zusätzlich zum UFO gesehen zu haben. Hynek: »Venus
wurde zur selben Zeit im Westen unterhalb und links des UFOs
bemerkt [und] ging früher unter als das Objekt«.[2] Im *IUR*-
Interview von 1977 sagte Gill: »Ich war da nicht sehr interessiert an der Venus. Sie war zu sehen, bevor es dunkel wurde.«

Beschäftigen wir uns zunächst mit der ersten von Hynek
zusammengefaßten Aussage Gills: Das UFO sei in WNW-
Richtung gestanden. Dort strahlte jedoch, wie unser Positions-
vergleich mittels Computer zeigte, die Venus. Im Westen dagegen stand kein auffälliges sichtbares astronomische Objekt.

Und daß Gill zu jener Zeit nicht sehr interessiert an der Venus
war, ist schwer zu glauben, denn wie die Konjugation Mond –
Venus müßte auch eine Konjugation UFO – Venus ein auffälliges Schauspiel gewesen sein. Und noch etwas: Die Venus war
natürlich auch nach vollständigem Eintreten der Dunkelheit
noch zu sehen.

Doch wollen wir Gill zunächst einmal Glauben schenken. In
diesem Fall würde immer noch ein relativ helles Objekt fehlen
– nämlich der Merkur. Gill hätte also neben dem UFO nicht
eines, sondern zwei Objekte bemerken müssen. Merkur besaß

zum Zeitpunkt der Sichtung etwa die Helligkeit des hellsten Sternes, nämlich des Sirius. Und daß Sirius als UFO-Stimulus in zahlreichen Fällen schon für Verwirrung sorgte, ist erfahrenen Untersuchern bekannt.

Das UFO wäre dann die Venus gewesen und das Objekt, das Gill (nachträglich) für diesen Planeten hielt, der Merkur. Es wäre übrigens nicht das erste Mal, daß UFO-Zeugen im nachhinein die Rollen der Objekte vertauschten – sogar Hynek erwähnte diese Möglichkeit.[3]

Hynek: Es kann nicht die Venus gewesen sein!

Hyneks drei Hauptargumente gegen die Venus-Erklärung lauten wie folgt:

1. Laut Gills Angaben hätte das Haupt-UFO seine Himmelsposition während der gesamten Beobachtungzeit nicht verlassen (das stimmt zwar bis auf wenige Grad für die horizontale, nicht aber für die vertikale Bewegung der Venus).

2. Für Hynek war es unbegreiflich, daß die Venus für Gill fünfmal so groß wie der Vollmond erschienen sein konnte.

3. Da sind die grundsätzlich gleichartigen Zeichnungen weiterer Zeugen.

Besprechen wir im folgenden alle drei Argumente aufgrund der Erfahrung mit ähnlichen Fällen:

Das Positions-Argument

Selbst wenn, was ja theoretisch möglich ist, das Objekt die Venus zeitweise verdeckt hätte, wäre sie spätestens nach wenigen Minuten wieder aufgetaucht: Das Dilemma mit den zwei Planeten bliebe bestehen. Rein prinzipiell ist natürlich noch eine dritte Möglichkeit denkbar: Das Objekt könnte die ganze Zeit die Venus verdeckt haben. In diesem Fall hätte es aber exakt der Venusbahn zum Horizont folgen müssen. Es bedürfte aber schon eines enormen UFO-Glaubens, um dies anzunehmen. Aus erster Hand vertraut mit Zeugenberichten, sind mir eine ganze Reihe von Sternen- bzw. Planetenfällen bekannt, in denen kurz vor dem Verschwinden der Objekte ähnliche Aussagen gemacht wurden: Da heißt es z.B. immer wieder, das UFO sei »plötzlich abgesackt« oder »rasend schnell verschwunden«.

Ich muß gestehen, daß mich diese Angaben ursprünglich befremdeten, doch ist zunächst einmal wichtig, daß sie existieren. Über eine mögliche Erklärung kann man sich streiten. Im Falle Gills mögen ständige Wolkenbewegungen für diesen Wahrnehmungseffekt verantwortlich gewesen sein (in anderen Fällen, bei denen Ferngläser benutzt wurden, mag das unvermeidliche Zittern der Gläser ein Hin- und Herspringen der UFOs erklären). Aus eigener Erfahrung kann ich von einem weiteren Effekt berichten, der insbesondere bei Ermüdung einzutreten scheint: Beobachtet man die Sterne am Himmel, indem man die Pupillen hin- und herwandern läßt, hat man immer wieder den Eindruck, als ob sich die Sterne mit einer wahnwitzigen Geschwindigkeit von links nach rechts bzw. umgekehrt bewegen.

Zum Schluß sei noch darauf hingewiesen, daß zum Zeitpunkt der Beobachtung Sternschnuppen auftreten konnten; möglicherweise lenkten deren rasche Bewegungen vom Objekt (das vielleicht gerade unterging) ab und wurden später mit diesem in Zusammenhang gebracht.

Das Größen-Argument

Aus der GEP-Größenschätzungsstudie wissen wir, daß Größen von Objekten in aller Regel stark überschätzt werden. Ich kenne Planeten-UFO-Fälle, in denen die Größe der Venus auf einen vollen Monddurchmesser geschätzt wurde. Allerdings ist mir kein Fall bekannt, in dem dieser helle Planet auf fünffache Vollmondgröße geschätzt wurde. Vorab sind jedoch schon folgende Ungereimtheiten erkennbar:

• Wenn wir die Größenschätzung Gills ernst nähmen, hätte das Objekt in 20 km Entfernung immerhin noch halb so groß wie der Mond erscheinen müssen. Das hätte entsprechend entfernten Beobachtern ins Auge fallen müssen. Doch obwohl

Pfarrer Cruttwell zahlreiche Leute befragte, wurde nichts dergleichen berichtet. In einem Fall wissen wir, daß ein Händler von Giwa aus am ersten Sichtungstag zwischen 19:15 Uhr und 19:30 Uhr in derselben Richtung wie Gill und seine Gemeinde den Himmel beobachtete. Doch was er für kurze Zeit sah – nämlich ein leuchtend grünes Objekt mit einem Schweif, das eine Zeitlang stillzustehen schien, dreimal ein knallendes Geräusch von sich gab, um dann sehr schnell davonzuziehen –, deckt sich nicht mit Gills Angaben über ein für mehrere Stunden praktisch stillstehendes Objekt, auch wenn der Händler die Größe des Objektes auf immerhin circa 20 Meter schätzte.

Etwa aus derselben Entfernung – nämlich von Baniara – beobachteten am nächsten Tag drei weitere Zeugen zusammen wieder im NNW um 19:40 Uhr ein helles, kugeliges Licht. Darunter stand ein bronzefarbenes Objekt. Beide Objekte bewegten sich kaum merklich in westliche Richtung zum Horizont zu, um dann in einer niedrigen Wolkenbank um 20:45 Uhr zu verschwinden. Diesmal war die Sache für Hynek seltsamerweise klar: Hier seien in der Tat Venus und Mars beobachtet worden.[4]

Doch wo war das Gill-UFO? Wir haben es hier also mit einem doppelten Paradoxon zu tun:

Zum einen fehlen in Gills Tagebuchaufzeichnungen zwei Planeten (sowie Sterne), zum anderen fehlt bei den Angaben der in etwa 25 km Entfernung gemachten Beobachtungen Gills UFO. Aus letzterem Umstand ergibt sich folgendes: Wenn neben der sehr hellen Venus und dem ebenfalls recht hellen Merkur noch ein »richtiges UFO« gestanden hätte, das von Gill als sehr, sehr hell[5] beschrieben wurde, müßte dies wesentlich kleiner gewesen sein, als von Gill angegeben. Wenn es jedoch in Wirklichkeit erheblich kleiner war, rückt auch die Venus-Hypothese wieder in greifbare Nähe.

• Das Auflösungsvermögen unserer visuellen Wahrnehmung ist begrenzt. Es dürfte etwa bei einer halben Bogenminute oder auch noch etwas darunter liegen, denn sehr scharfsichtige Menschen können die Venusphasen und die vier Galileischen Jupitermonde wahrnehmen.

Obwohl ein helles, nur mondgroßes Objekt – und als hell wurde es ja immer wieder beschrieben – ebenfalls noch aus 25 km Entfernung neben Venus und Mars auffallen müßte, kommen wir Gill wieder entgegen und gehen von respektabler Mondgröße aus. Das entspräche einer absoluten Länge von maximal 20 m. Da Gill behauptete, daß das Objekt zeitweise unter der Wolkendecke stand, schätzte er die minimalste Entfernung aufgrund der Wolkenhöhe, die er wiederum anhand der Berge bestimmte, auf etwa 600 Meter. Es darf jedoch bezweifelt werden, daß man aus einer Entfernung, die sechs bis sieben Fußballfeldern entspricht, mit bloßem Auge sehen kann, ob eine menschliche Gestalt herabwinkt oder gar herunterschaut, noch dazu, wenn Grund für die Annahme besteht, daß das Objekt noch kleiner war und wir die durch das Hochschauen bedingte perspektivische Verkürzung berücksichtigen. Würde Gills absolute Größenangabe von etwa 100 Meter Objektdurchmesser stimmen, müßten die angeblichen Wesen nach den Zeichnungen allerdings wahre Riesen von 10 bis 20 Meter Länge gewesen sein. Allein diese Überlegungen zeigen die Inkonsistenz von Gills Schätzungen.

• Stellen wir uns einmal vor, wir würden mitten im Dschungel von einem uns unbekannten Objekt mit fünffacher Vollmondgröße überflogen werden. Ich behaupte, daß jedem von uns augenblicklich die Knie zu zittern begännen. Und dann waren da ja noch die Einheimischen. Einige von ihnen lebten nach Gills Aussagen schon in der dritten Generation nach der Begegnung mit dem weißen Mann, doch ist auch heute – 30 Jahre später – der Ahnen- und Geisterkult unter den Papuas noch weit verbreitet. Und so ist es kaum zu glauben, daß ein derart riesiges Objekt nicht wenigstens den Papuas damals höllischen Respekt eingejagt hätte.

Für ein entsprechend großes Objekt würde jeder gewiß die Worte »riesig« oder »gewaltig« gebrauchen. Doch davon war ursprünglich keine Rede. Statt dessen stellte einer der Einheimischen lapidar fest, er sehe ein helles Licht – nicht mehr und nicht weniger. Genau eine solche Aussage träfe jedoch wieder auf die Venus zu. Dies deutet ebenfalls darauf hin, daß das UFO längst nicht so groß gewesen sein kann, wie Gill nachträglich schätzte. Werden nicht in der Erinnerung die Dinge immer größer und prächtiger, als sie es tatsächlich waren?

• Cruttwell berichtete, daß einige der Papuas kurz nach der Sichtung den obenerwähnten Händler aus Giwa fragten, ob er am Vortag auch die amerikanische Luftwaffe (die in der Nähe eine Basis unterhielt) gesehen habe. Und so ist zu fragen, wie die Einheimischen die Erscheinungen eigentlich selbst einschätzten.

Hynek hält den Fall Gill deshalb für äußerst bemerkenswert, weil er »die höchste Anzahl von Zeugen enthält, die bei einem CE III-Fall bis heute bekannt sind«.[2] Doch stimmt das überhaupt? Unter welchen Umständen kann man von einem Zeugen sprechen?

Fest steht, daß 25 der 38 Beteiligten einen von Gill aufgesetzten Bericht über die Sichtungen unterschrieben. Ob alle Eingeborenen wußten, was sie da unterzeichneten, bleibt bis heute völlig offen. Fest steht weiter, daß neben dem Missionar nur drei weitere Anwesende (das ist wohl ein neutralerer Ausdruck) auf dessen Bitte hin Zeichnungen anfertigten. Weiter ist zu beachten, daß wir es hier mit einer Gruppensituation zu tun haben, bei der sowohl während der als auch nach den Beobachtungen die Anwesenden miteinander in Kommunikation standen. Sicher ist ebenfalls, daß das sehr, sehr helle Objekt mit »fünffachem Monddurchmesser« von nicht zu dieser Gruppe gehörenden Personen aus der relativ nahen Umgebung nicht gesehen wurde.

15 Jahre nach dem Vorfall besuchte Hynek zusammen mit Cruttwell Boianai. Immerhin konnten beide noch sechs der damaligen Zeugen ausfindig machen. Cruttwell fungierte als Dolmetscher. Hynek berichtet: »Nach einiger Zeit flossen die Informationen ungehindert. Wie genau sie waren, kann ich natürlich nicht sagen, aber nach Mimik und Gestik der Eingeborenen war zu erkennen, daß für sie das Ereignis sehr wirklich gewesen war.«[6] Hynek verließ sich bei seinen nachträglichen Vorort-Recherchen also allein auf die Mimik und Gestik der ehemaligen Beobachter und auf Gills Übersetzungen statt auf einen eigenen Dolmetscher. Abgesehen davon müssen eine leb-

hafte Mimik und Gestik noch nicht auf ein UFO-Phänomen hinweisen, denn der Vorfall wäre bei den Papuas vielleicht auch dann in Erinnerung geblieben, wenn Gill nur der Venus zugewinkt hätte. Interessant in diesem Zusammenhang ist, daß die sechs Papuas laut Hynek erst nicht mit der Sprache herausrücken wollten. Angeblich hatten sie Angst vor den Behörden. Oder zögerten sie nur deshalb mit der Antwort, weil ihnen der Vorfall peinlich war und sie den Missionar nicht bloßstellen wollten?

Das Argument der ähnlichen Zeugen-Skizzen

Wir haben es im Gill-Fall nicht mit unabhängigen Beobachtern zu tun, sondern mit einer Gruppensichtung. So darf man davon ausgehen, daß noch während der Beobachtungen ein lebhafter Gedankenaustausch stattfand.

Im Gill-Fall fällt auf, daß sich jeweils zwei der vier Zeichnungen untereinander besonders ähneln, zum Beispiel in der perspektivischen Darstellung. Es sind dies die Skizzen von Gill und seinem engsten Vertrauten Gill Moi (Abb. 2 u.) sowie jene zweier weiterer Papuas (Abb. 2 o.). Doch bei näherem Hinsehen erkennt man mehr Unterschiede als Gemeinsamkeiten: So schwankt die UFO-Form zwischen extrem flach und kugelrund. Auch die Anzahl der Objektsegmente variiert zwischen einem und dreien. Der auffälligste Unterschied besteht jedoch bei der Wiedergabe der angeblichen Gestalten: Nur zwei der Zeugen zeichneten richtige Männlein, während die anderen beiden nur Striche machten.

Da die »Gestalten« laut Gill bläulich leuchteten, fragt man sich, ob es sich dabei nicht ganz einfach um Strahlen gehandelt haben könnte. Ein Hinweis für diese Möglichkeit findet sich bei der Beobachtung des zweiten UFOs des ersten Tages. Denn auf der Oberseite dieses Objektes wurden von allen nur »Lichtstreifen« und keine »Männer« wahrgenommen.

Interessant auch, daß ausgerechnet jene Zeichner, welche die Männer nur als Striche abbildeten, das Objekt mit Luken ausstatteten. Auch die Form und Anzahl der »Landebeine« schwankt von Zeichner zu Zeichner erheblich – nämlich zwischen vier und acht.

Wo liegt der kleinste gemeinsame Nenner der Skizzen? Übereinstimmend wurde ein ovales bis rundes Objekt gezeichnet, bei dem sowohl auf der Unter- als auch auf der Oberseite leuchtende Fortsätze zu sehen sind und bei dem zeitweise ein Strahl im Winkel von etwa 45 Grad rechts nach oben weist. Das ist nicht eben viel, doch decken sich diese Übereinstimmungen mit den beschriebenen Merkmalen des zweiten UFOs.

Es stellt sich nun die Hauptfrage, ob all diese Phänomene auch bei Planeten oder Sternen unter bestimmten Bedingungen gesehen werden können. Doch zuvor wollen wir uns fragen, was es mit dem zweiten »UFO über den Köpfen« auf sich hatte.

Die Natur der übrigen neun UFOs

Lange nach dem Untergang des hellen Planeten erschien ein weiteres, etwas kleineres Objekt, das hoch am Himmel stand. Wenn wir nicht schlüssig zeigen können, daß auch zu dieser Zeit hoch am Firmament ein ähnlich starker astronomischer Stimulus wirkte, würde auch die Venus-Hypothese ins Wanken geraten. Bemerkenswert ist, daß Hynek diese wichtige Frage offenbar nicht beachtete.

Es stand zu jener Zeit tatsächlich ein weiteres helles Objekt hoch am Himmel, das, wie die Erfahrung mit zahlreichen anderen UFO-Meldungen zeigt, die zweite Position hinter Venus als häufigster astronomischer UFO-Stimulus bildet: der Jupiter. Während Venus unterging, stieg im Osten der helle Jupiter in südlicher Richtung immer höher, bis er fast im Zenit stand: Um 21:00 Uhr stand er in 82 Grad Höhe. Da hätten wir also das »UFO über den Köpfen«. In der Tat ist dieses nicht so hell wie die Venus und erscheint schon aufgrund seiner Zenitnähe kleiner, denn horizontnahe Objekte werden größer wahrgenommen, als sie es in Wirklichkeit sind. Wir alle kennen diese Wahrnehmungstäuschung vom Mond.

Und was die acht UFOs am dritten Sichtungstag angeht, so neigte selbst Hynek dazu, diese mit hellen Sternen und Planeten gleichzusetzen. Es ist fast überflüssig zu erwähnen, daß zu jener Zeit neben dem Planeten Jupiter tatsächlich sieben Sterne 1. Größenklasse sichtbar waren (drei weitere in südlicher Richtung konnten wegen der Berge aufgrund ihrer horizontalen Position nicht beobachtet werden). Abermals nur ein gewaltiger Zufall? Wohl kaum.

Eigentlich könnte man an dieser Stelle die Beobachtung Gills als geklärt betrachten. Doch trotz aller überdeutlichen Belege für eine astronomische Erklärung bleibt noch die Frage nach der gewaltigen Größenschätzung, die bei anderen Venus-Fällen keine Parallele hat. Außerdem ist ja noch die Frage zu beantworten, wie die Ähnlichkeiten der Skizzen zu erklären sind.

Mit Brille wär' das nicht passiert ...

Der Anlaß, mich näher mit dem Fall Gill auseinanderzusetzen, lag an der Ähnlichkeit der Zeichnungen mit Skizzen, die sich auf eine Beobachtung in Roßhaupten aus dem Jahre 1980 beziehen.[7] Auch in diesem Fall stand die Venus in UFO-Position. Und da auch hier die Zeugen außer dem UFO kein zweites Objekt – nämlich die Venus – erwähnten, konnte an der Identität von UFO und Venus ebenfalls kaum ein Zweifel bestehen. Obwohl es sich dabei um Fernglasbeobachtungen handelte, fallen einige bemerkenswerte Übereinstimmungen zu den Gill-Sichtungen ins Auge:

Da ist zum einen ein im Winkel von etwa 45 Grad rechts nach oben weisender »Jetstrahl«. Wie im Fall Gill war er dünn und lang und für längere Zeit stabil. Und da sind die kürzeren kompakten Strahlenbündel, in denen man mit ein wenig Phantasie Landebeine oder, wenn sie auf der Oberseite auftauchen, sogar Gestalten hineinsehen kann.

Lassen sich auch ohne Fernglas unter bestimmten Bedingungen ähnliche Effekte bei Venus oder Jupiter beobachten? Gibt es Hinweise dafür, daß entsprechende Umstände bei den Beobachtungen im Juni 1959 im Spiel gewesen sein könnten? Wir wissen, daß Gill kurzsichtig war. 1956 wurde bei dem damals 28jährigen eine vergleichsweise schwache Kurzsichtigkeit von 0,5 Dioptrien auf beiden Augen konstatiert. Spätestens zu diesem Zeitpunkt wurde ihm eine Brille verschrieben. Gill suchte seinen Augenarzt in Melbourne drei Jahre später auf, also im Jahr der UFO-Sichtung. Seine Kurzsichtigkeit hatte sich zu diesem Zeitpunkt deutlich auf 1,5 bzw. 1,75 Dioptrien verschlechtert.

Für Allan Hendry ist das ein Beweis dafür, »daß er im Sichtungsjahr 1959 seine verschriebene Brille trug«.[8] In dem ärztlichen Befund ist jedoch kein genaues Datum eingetragen. Wir wissen also nicht, wann genau Gill seine neue Brille erhielt. Das kann vor oder nach der Sichtung gewesen sein.

Natürlich kann heute keiner mehr mit Bestimmtheit sagen, ob Gill damals eine Brille trug und, wenn ja, ob es noch seine alte aus dem Jahre 1956 war. Was wir jedoch in Sherlock Holmes-Manier eindeutig belegen können, ist, daß Gill auch 18 Jahre nach der Sichtung nicht ständig eine Brille trug. Beweis ist ein Foto aus dem *IUR*-Interview des Jahres 1977. Dort ist Gill ohne Brille abgebildet.

Sicher ist auch, daß der Missionar maximal drei Jahre eine seiner fortschreitenden Kurzsichtigkeit nicht angepaßte Brille trug. Selbst wenn wir zugunsten Gills davon ausgehen, daß sich der Grad seiner Kurzsichtigkeit nur linear veränderte, würde das bedeuten, daß er zumindest mehrere Monate eine Brille trug, die um etwa eine Dioptrie zu schwach war.

Jeder kann Gills UFOs so sehen

Jetzt ist es an der Zeit zu fragen, wie ein Kurzsichtiger ohne bzw. mit einer zu schwachen Brille helle punktförmige Objekte, etwa Venus oder Jupiter, wahrnimmt. Da ich selbst etwa so stark kurzsichtig bin wie Gill, bot sich ein Experiment an.

Zunächst beobachtete ich erfolglos mit angepaßter, sauberer Brille. Wenn die Brille allerdings nicht ganz sauber ist – im Experiment durch Fingerabdrücke erzielt – erscheinen Lichtquellen etwa um das Fünffache größer und wie von einer Aura umgeben. Auch senkrechte und waagrechte, sich vom Objekt hinaus verbreiternde kegelförmige Strahlen sind zu sehen (Abb. 2 o.u.m).

Ich nahm nun die Brille ab und beobachtete den hellen Jupiter. Und siehe da – jetzt stellte sich ein Bild ein, das in verblüffender Weise an die Gill-Sichtungen erinnert: Auch jetzt ist das Objekt wesentlich größer als bei angepaßter Optik. Doch

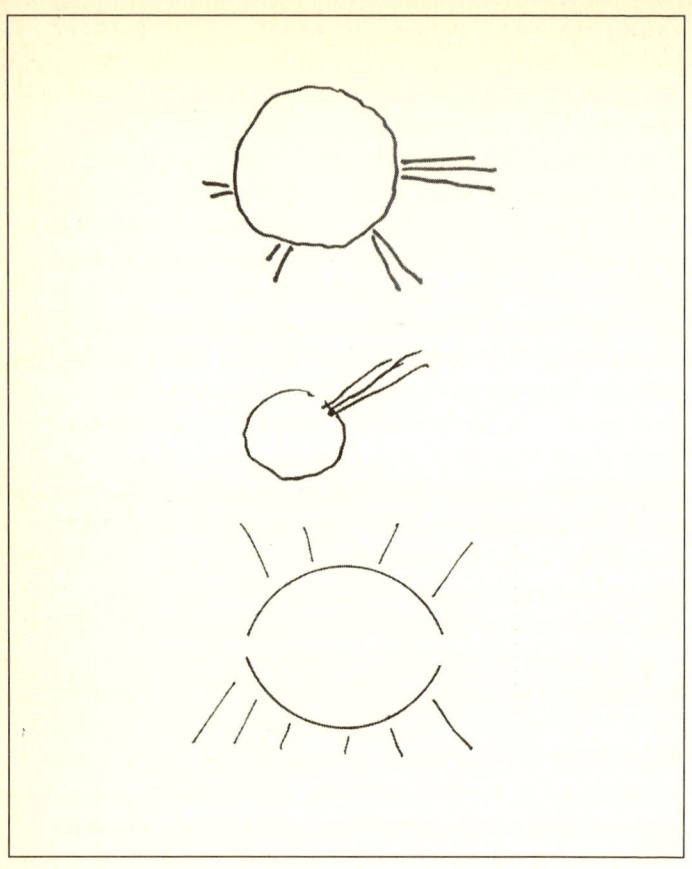

Abb. 2

das wichtigste ist, daß der Planet jetzt wie ein waagerecht etwa in der Mitte durchtrenntes Auge erscheint, wobei unten und oben jeweils mehrere Strahlenbündel nach außen weisen. (Abb. 2 u.) Da man als Kurzsichtiger ohne Brille automatisch die Augen zusammenkneift (was in dem medizinischen Begriff Myopie für Kurzsichtigkeit zum Ausdruck kommt), erscheint das Objekt mal ellipsenförmig, mal kugelrund. Mit ein wenig Phantasie kann man die unteren Strahlen als Landebeine, die oberen als Gestalten deuten.

Außerirdische am Bodensee

Rudolf Henke

Jeder Fall kann nur so glaubwürdig sein wie seine Zeugen. Der amerikanische Astronom und UFO-Forscher J. Allen Hynek nannte Meldungen, in denen Menschen über Beobachtungen vermeintlich humanoider Außerirdischer berichteten, also Nahbegegnungen der dritten Art. Zu den wenigen solcher CE-III-Fälle in Deutschland zählt eine Begebenheit, die sich am 24. Februar 1977 in Langenargen am Bodensee zutrug. Gleich mehrere Zeugen hatten am frühen Morgen dieses Tages einige seltsame helle Lichter beobachtet. Doch nur einer von ihnen – der damals 27jährige Bundesbahnbedienstete L. Sch. – gab vor, eine Begegnung mit zwei merkwürdigen kleinen Wesen gehabt zu haben, die sich durch ein kurzes Pfeifen sowie durch einen leichten Luftzug angekündigt hätten. In Panik warf sich Herr Sch. gegen eine gläserne Haustür, zerschlug die Scheibe und drang in den Flur des Hauses ein.

Der Zeuge hatte angegeben, zuvor in einer Gaststätte vier bis fünf Viertele Wein getrunken zu haben. Laut einem Forscher der MUFON-CES ergab ein Blutalkohol-Test der Polizei bei Herrn Sch. jedoch nur einen Promille-Anteil von 0,3.[1]

Der Promille-Wert hätte deutlich höher liegen müssen, da Sch. mindestens eine ganze Flasche Wein getrunken hatte. Es wäre im übrigen das erste Mal, daß jemand angibt, mehr getrunken zu haben, als dies tatsächlich der Fall war. Man darf daher sogar annehmen, daß Herr Sch. in Wirklichkeit noch mehr Alkohol zu sich nahm.

Daß der Zeuge – um es vorsichtig auszudrücken – dem Alkohol zugeneigt war, läßt sich anhand der von MUFON-CES-Untersuchern vorgenommenen Befragungen mehr als deutlich schließen: So habe Herr Sch. bereits am Vortage »besonders viel getrunken«.[2] Auch die Krankheitssymptome, die Herr Sch. am Morgen nach dem Vorfall nach den Aussagen eines Kollegen gezeigt hatte,[3] deuteten unmißverständlich auf die Folgen von Alkoholmißbrauch: Erbrechen (Alkohol-Katarrh), Frieren (Gefäßverengung), Schlafstörungen, Nachtschweiß sowie Magenbeschwerden.[4] Bereits im Monat der Sichtung habe sich Herr Sch. »plötzlich« ein Magengeschwür zugezogen.[5]

Der Zeuge habe an »ständiger Angst und innerer Unruhe« gelitten. Als mögliche Ursachen dieser Symptome gab er unterschiedliche Erklärungen: Einmal resultiere die Angst daraus, daß er glaubte, wesentliche Erlebnisse nicht mehr parat zu haben;[6] das andere Mal – als er befragt wurde, wovor er am meisten Angst habe – gab er zu verstehen, daß er befürchte, daß andere ihn nicht ernst nähmen.[7]

Auch drei Monate nach dem Erlebnis hatten sich bei einem psychologischen Test »Hinweise auf ungewöhnlich hohe innere Spannungen und Angstzustände ergeben«. Ein Psychologe hatte sogar geäußert, daß die Ängste bei Herrn Sch. die schlimmsten seien, mit denen er jemals konfrontiert worden sei.[8]

»Wie in einem Tagtraum«

Besonders interessant wird es, wenn wir die erste Beurteilung des MUFON-Psychologen zur Sichtung der beiden Wesen durch Herrn Sch. kennenlernen:

> »Solche geschilderten ›Nacherlebnisse‹ sind möglicherweise das Produkt der Erlebnisverarbeitung des Probanden. Diese Erlebnisverarbeitung ist subjektiv. Es ist eher wahrscheinlich, daß er diese Nacherlebnisse, ausgelöst durch reale Initialerlebnisse, zwar auch erlebt hat, allerdings visionsähnlich, wie in einem Tagtraum selbstprojiziert.
>
> In seiner Persönlichkeitsstruktur zeigt der Proband verschiedene neurotische Störungen, die sich zu einer Mischneurose und zu somatischen Störungen vereinen. Sowohl zwangsneurotische depressive als auch schizoide Tendenzen liegen vor ... Dazu kommen Symptome wie Absencen. Absencen und typisches Pfeifton-Hören können Symptome für kleine epileptische Anfälle ... sein ... Im übrigen weist der Proband eine Milieureibung mit seiner menschlichen Umwelt auf. Im Mittelpunkt steht hier seine Mutter.«[9]

Sieben Monate nach der »Nahbegegnung« stellte die Hausärztin von Herrn Sch. bei diesem eine Tablettensucht fest, hervorgerufen durch das Schlafmittel Novodolestan.[5]

Was im MUFON-CES-Bericht nicht gesagt wird, ist, daß der in diesem Präparat enthaltene Wirkstoff Diphenhydramin-HCl als Nebenwirkungen u.a. zu Benommenheit, Hemmung des Traumschlafes sowie zu Magen-Darm-Störungen führen kann.[10]

Zwischenfazit

Fassen wir zusammen: Beim Zeugen wurden stärkste Ängste, ständige innere Unruhe, depressive und schizoide Tendenzen, Geistesabwesenheit (Absencen) und Milieureibungen diagnostiziert. Die CE-III-Begegnung als solche wurde stark in Frage gestellt. Als wahrscheinlich wurde statt dessen angesehen, daß sie »wie in einem Tagtraum selbstprojiziert« wurde.

Wie wir weiter erfahren, litt der Zeuge bereits im Monat der Nahbegegnung an einem Magengeschwür. Sieben Monate später diagnostiziert eine Ärztin eine Schlafmittelabhängigkeit. Zudem gibt es deutliche Hinweise auf Alkoholmißbrauch. Es stimmt jedoch nicht, daß ein (prä)deliranter Zustand nur deshalb ausgeschlossen werden kann, weil Herr Sch. sich nach übermäßigem Alkoholkonsum vom Dienstag auf den Mittwoch ausgiebig hatte ausschlafen können,[2] denn deliröse Zustände können auch noch Tage nach Beenden des Alkoholkonsums auftreten. Das berüchtigte »*delirium tremens* bricht [sogar] oft während Perioden von Alkohol-Exzessen aus, manchmal auch während des habituellen Alkoholkonsums und manchmal einige Tage nach Sistieren des Alkoholkonsums«.[11]

Wie stellt sich ein solches Delir dar? Mitunter kündigt sich ein Delirium wochen- oder sogar monatelang durch bestimmte Anzeichen an: Die Schlafphasen werden kürzer, es treten Störungen durch Aufschrecken auf. Man wird gereizter, verdrießlich, und es tritt eine Beklommenheit auf, die sich sogar zu unmotivierter Angst steigern kann; das ganze Verhalten zeigt nervöse Tendenzen. Schließlich kommt es zu einzelnen Halluzinationen, die die Betroffenen zunächst erschrecken, aber meist als Wahnvorstellungen erkennen. Die später auftretenden

Halluzinationen des ausgesprochenen Delirs entziehen sich völlig der Kontrolle des Betroffenen. Sie brechen im allgemeinen plötzlich in der Nacht aus und sind multipel, beweglich, meist farblos und haben Neigung zu Verkleinerungen. Auch Menschen sind häufig verkleinert. Dazu kommen elementare Halluzinationen in Form von Knallen und Schüssen, Sausen, Brausen oder Zischen.[11]

Im Gegensatz zu vielen anderen Delirien sind die optischen Sinnestäuschungen des Delirium tremens lebhafter. Während des Halluzinierens scheint die Wirklichkeit nicht mehr zu existieren; statt eines Fensters glauben die Kranken eine Tür zu sehen, statt der Treppe sehen sie eine Straße und statt der Hauswand eine offene Wiese. Sie setzen sich damit auch Gefahren aus und können sich leicht verletzen.

Obwohl die Deliranten noch wissen, wer sie sind, wo sie wohnen und daß sie eine Familie haben, ist ihre Aufmerksamkeit schwer geschädigt und das Gedächtnis stark gestört. Noch während des Deliriums können sie sich nur an einen Teil ihrer halluzinatorischen Erlebnisse erinnern. Der zeitliche Ablauf geht jedoch völlig verloren.

Mit dem Delirium tremens sind meistens auch positive Gedächtnisstörungen verbunden. Sie haben den Charakter von Spontan- und Verlegenheitskonfabulationen, in dessen Verlauf die Betroffenen von Erlebnissen berichten, die sie weder in Wirklichkeit noch halluzinatorisch erlebt haben. Außerdem kann das Delir von typischen epileptischen oder epileptiformen Anfällen eingeleitet oder auch begleitet werden.[11]

Man vergleiche die eben geschilderten Inhalte eines Delirium tremens mit den weiter oben dargelegten Symptomen, unter denen der Zeuge litt. Wenn man berücksichtigt, daß Herr Sch. neben einem mutmaßlichen Alkoholmißbrauch noch eine Schlafmittelabhängigkeit aufwies, erhält der Fall eine weitere drogenbezogene Dimension. Dazu sprach ich am 4. Dezember 1992 mit Frau Dr. Amelf, Mitarbeiterin der Much-Pharma AG in Bad Soden, die das Präparat Novodolestan bis vor kurzem herstellte (es wurde inzwischen vom Markt genommen). Insbesondere im Zusammenwirken mit Alkohol könne das Präparat sogenannte paradoxe Reaktionen auslösen, das heißt:

statt Schlaf zu gewähren, käme es zu Schlaflosigkeit bis hin zu Übererregtheit. Auch starke Ängste könnten – mit und ohne Alkohol – nach längerem Mißbrauch auftreten.

Damit hätte man diesen Fall eigentlich zu den Akten legen müssen. Dennoch wurden die Erlebnisse von Herrn Sch. bis vor kurzem von einigen UFO-Forschern als UFO-Fastentführung zum Vorzeigefall erhoben; ja inzwischen avancierten Ufologen ihn gar zum »realen Entführungsfall«.[12] Man muß sich fragen, wie es dazu kommen konnte. Übrigens wurden von diesen Forschern von 17 deutschen Entführungsberichten nur zwei als »real« klassifiziert, darunter das Erlebnis von Herrn Sch. aus Langenargen.

Wenn wir auf einen UFO-Zeugen treffen, dann ja meist erst nach dem UFO-Ereignis. Falls der Zeuge, wie in diesem Fall, psychische Störungen aufweisen sollte, werden UFOlogen diese als Reaktion auf das UFO-Ereignis werten. Es besteht zumindest im vorliegenden Fall jedoch kein vernünftiger Grund für eine solche Deutung. Denn selbst wenn erhebliche psychische Störungen erst nach dem UFO-Ereignis aufgetreten wären, müßte dafür nicht unbedingt ein starker äußerer Reiz verantwortlich gewesen sein. Schon geringste Reize können bei entsprechend prädisponierten Menschen erhebliche psychische Reaktionen hervorrufen. So können etwa Menschen, die leicht suggestibel sind, bereits durch Kleinigkeiten in Ekstase geraten. Bezeugt wird dies z.B. von der Stigmatisierten Katharina Emmerick (1774–1824): »Einmal löste sogar ein vorausgegangener, durch den Geruch frischgebackenen Brotes verursachter Husten eine Ekstase aus.«[13] Und bei der sog. Reflexepilepsie kann sogar durch einfache Reizung bestimmter Körperstellen ein Anfall ausgelöst werden.[14]

Es ist jedoch zu fragen, ob ein einigermaßen psychisch ausgeglichener Mensch auch noch Monate nach einer »Nahbegegnung« unter starken Ängsten leiden würde. Herr Sch. hatte zwei kleinwüchsige Wesen beschrieben, die ihn weder verfolgt noch bedroht hatten. Für ein Übermaß an Angst bestand daher offenbar nie Anlaß, schon gar nicht lange Zeit nach dem Vorfall. Es liegt daher nahe, anzunehmen, daß Herr Sch. bereits vor der Nahbegegnung psychisch nicht gesund war.

Wie aus einer Mücke ein Elefant wird

Selbst achtzehn Monate später – im September 1978 – hatte sich die nervliche Verfassung von Herrn Sch. noch nicht gebessert – im Gegenteil: Diesmal waren es keine kürbisköpfigen kleinen Wesen, die ihn in Angst und Schrecken versetzten, sondern ein mit einem schwarzen Mantel und Schlapphut bekleideter Radfahrer, der ihn gewarnt haben soll, weiterhin über sein Erlebnis zu sprechen, und der sich dann samt Rad plötzlich in nichts auflöste. Damit nicht genug: Herr Sch. glaubte nach dieser zweiten unheimlichen Begegnung die ständige Anwesenheit des schwarzen Mannes zu spüren.

Einige Zeit danach sei Herr Sch. erstmals ohnmächtig umgefallen. Ein MUFON-CES-Forscher schloß deshalb auf eine Epilepsie.

Ein halbes Jahr später sei der unheimliche Mann abermals auf der Straße an Herrn Sch. herangetreten, hätte seine Drohung wiederholt und sei danach erneut plötzlich verschwunden.

Einige Wochen darauf – im Juli 1980 – wurde Herr Sch. im Beisein eines Arbeitskollegen abermals ohnmächtig, wobei er sich beim Fallen die Hand an einer zerbrochenen Flasche verletzte. Um was für eine Flasche es sich dabei gehandelt hatte, verschwieg der dazu erstellte Bericht der MUFON-Forscher.[15]

Abermals deuten alle beschriebenen Zustände des Zeugen auf die Folgen fortgesetzten Alkoholmißbrauchs hin. Hören wir einen Fachmann dazu:

> »Delirium tremens ... Ein schwarzer Hund folgt dem Patienten jedesmal vom Frühschoppen, zwei Schutzleute stehen hinter dem Schrank, sooft er nach Hause kommt ... Am häufigsten werden ängstliche Verfolgungsdelirien längere Zeit festgehalten.«[11]

Statt diese offensichtlichen Wahnvorstellungen dem ersten Erlebnis gleichzustellen, beharrten die MUFON-Untersucher auf einer Trennung beider Phänomene. Das erste Erlebnis sei real gewesen, die darauffolgenden jedoch Phantombilder, um die Furcht vor der Nahbegegnung loszuwerden.[16] Hier wurde eindeutig mit zweierlei Maß gemessen, wohl weil sich die letzteren Halluzinationen von Herrn Sch. auch beim besten Willen nicht mehr ufologisch deuten ließen.

Wenn die Erzeugung der (späteren) Phantombilder tatsächlich eine Art Versuch der Selbsttherapie dargestellt hätte, um die alten Ängste endlich loszuwerden, wäre sie gründlich danebengegangen, denn laut einem erneuten psychologischen Gutachten der MUFON-Forscher vom Juli 1980 hatten ja die Ängste im Laufe der Zeit nicht ab-, sondern ständig zugenommen. Von einem zur Zeit der Nahbegegnung geistig gesunden Menschen müßte man jedoch das Umgekehrte annehmen, nämlich, daß im Laufe der Zeit das ursprüngliche Schockerlebnis immer besser verarbeitet wird und die ursprünglichen Ängste folglich mehr und mehr abnehmen.

Was sagte nun das neue Gutachten? »Die drastische Erhöhung der Antwortzahl ... ist ein alarmierendes Zeichen für eine schubartige Verschlechterung des aus dem Vorgutachten bekannten Krankheitsbildes zur Epilepsie und Schizophrenie.«[17] Im Vorgutachten war dagegen noch keine Rede von einer Epilepsie und auch nicht von einer Schizophrenie gewesen. Darin war nur diffus von schizoiden Tendenzen gesprochen worden.

Anhand anderer Testergebnisse schloß der Psychologe auf »eine hypochondrische Reaktionszeitverkürzung«, »die in Richtung einer sthenischen [= starken] Angstunterdrückung weist«. Da man ja zum Zeitpunkt dieser Untersuchung über die starken Ängste von Herrn Sch. Bescheid wußte, drängt sich bei dieser einseitigen Interpretation der Verdacht auf, daß hier das Pferd vom Schwanze her aufgezäumt wurde. Ob man anhand der Antwortzeit beim Rorschachtest die Diagnose »sthenische Angstunterdrückung« stellen kann, ist ebenfalls die Frage. Doch weiter zum Gutachten:

»Es zeigen sich schwere Ängste, gestörte Konzentration sowie gestörte Beziehungen zu Raum, Zeit und Werten. Die Realitätskontrolle hat sich krankhaft verschlechtert. – Die seit 1977 bestehenden Milieureibungen haben sich bisher noch nicht abgebaut. Schuldgefühle wirken sich in zwanghafter Übervorsichtigkeit, Überängstlichkeit und Überkontrolle der eigenen Person aus.

Insgesamt bestätigt die Nachuntersuchung im wesentlichen sowohl die aus dem Vorgutachten bekannte neurotische Persönlichkeitsstruktur ... als auch seine Pyknolepsie [= Form der Epilepsie]. Diese hat sich inzwischen zu regelrechten Epilepsieanfällen verschlimmert.«

Gegen Ende hieß es wörtlich: »Die Möglichkeit einer alkoholsucht- oder erbbedingten Epilepsie unter physiologisch bedingter Alkoholunverträglichkeit mit Trockendelirien als Entzugserscheinung ist dabei nicht auszuschließen.«[18]

Nach diesem zweiten Gutachten wird also immerhin die Möglichkeit von Alkoholdelirien nicht ausgeschlossen. Wenn jedoch Herr Sch. ein Alkoholiker war oder ist, sollte jedem bewußt sein, daß Alkoholismus mit derart schweren Nebenwirkungen kaum innerhalb von vier Jahren entstehen kann: »Delirium tremens ... entsteht fast nur bei langjährigem Alkoholmißbrauch; doch haben wir es ausnahmsweise bei jungen Leuten im Anfang der zwanziger Jahre gesehen, die erst 2 – 4 Jahre dem Trunke huldigten...«[4]

Entgegen den zwei psychologischen Gutachten erklärte v. Ludwiger am 21. Oktober 1988 in der Hörfunksendung *Von Tag zu Tag* des Landesstudios Tirol auf die Frage eines Hörers folgendes:

»1977 in Langenargen haben wir einen Psychologen hinzugezogen, der den Zeugen mit sämtlichen Testbatterien ... untersucht hat. Es wurde bestätigt, daß der Zeuge geistig gesund war und der Lügenindex normal war ... Wir hatten dann einen Hypnose-Facharzt, der das Erlebnis nochmals ins Bewußtsein des Zeugen holte. Bei solchen Prüfungen bleibt immer die Frage: War das Erlebnis für den Zeugen nur subjektiv wahr? Oder war das Erlebnis ein reales? Wir sind der Ansicht, daß diese Erlebnisse objektiv wahr sind. Denn in der Zwischenzeit sind in aller Welt ... Abduktionsfälle von Klinikern untersucht worden ... Wie ich andeutete, passierte ein solcher Fall in Langenargen...«[19]

Bei dem Hypnose-Facharzt handelte es sich übrigens um einen Mediziner, dessen Methoden höchst umstritten sind und der von MUFON-CES[28] gern als »Professor« tituliert wird. Wie Nachforschungen ergaben, erwarb er diesen Titel an einer »University of Humanistic Studies« in Florida/USA. Doch diese Institution ist zumindest hierzulande nicht anerkannt, so daß er seinen »Titel« zu Unrecht trägt.

Wer im Februar 1996 den Heinz Rohde-Film *Von UFOs entführt* in der ARD sah, konnte den Arzt während einer Hypnosesitzung beobachten. Für mich schockierend war, wie er die Probandin immer wieder derart anschrie, daß diese in Tränen ausbrach. Eine suggestivere, da einschüchternde Vorgehensweise kann man sich kaum noch vorstellen. Es ist dann kein Wunder, wenn sensible Menschen alles mögliche zusammenphantasieren, um seiner aggressiven Suggestion zu entgehen.

Stellen wir der Aussage von Ludwigers nochmals die Einschätzung des Psychologen gegenüber: »Es ist eher wahrscheinlich, daß er (der Zeuge) diese Nacherlebnisse, ausgelöst durch reale Initialerlebnisse, zwar auch erlebt hat, allerdings visionsähnlich, wie in einem Tagtraum selbstprojiziert.« Von objektiv wahr kann also gar keine Rede sein.

Warum verschwieg von Ludwiger die schwerwiegenden Schlußfolgerungen des zweiten Gutachtens? Und wie kommt es, daß von Ludwiger den Fall Langenargen als Entführungsfall bezeichnet, obwohl doch ausgerechnet die Hypnose, auf die er sich in der Rundfunksendung bezog, keine Hinweise auf eine Entführung ergab?[20]

Die einzigen Punkte, die rein theoretisch für eine Entführung sprächen, sind einmal die starken Ängste von Herrn Sch. und zum anderen scheinbare Erinnerungslücken. Wenn jedoch alle Leute, die unter starken Ängsten leiden und hin und wieder – besonders nach übermäßigem Alkoholkonsum – einen »Blackout« erleben, UFO-Entführte wären, müßte es von Entführten geradezu wimmeln.

Weitere zwei Jahre später kam von Ludwiger in einer anderen Rundfunksendung[21] erneut auf den Langenargen-Fall zu sprechen. Abermals erwähnte der MUFON-CES-Chef den Fall in Zusammenhang mit Entführungsberichten. Und erneut verwies er auf die Untersuchungen von Psychologen: »Er [der Zeuge] lügt und spinnt nicht.«

Wieder vergingen zwei Jahre. In einem 1992 erschienenen Buch von Ludwigers hieß es nun: »Eine psychologische Untersuchung ergab, daß Sch. ein traumatisches Erlebnis gehabt haben mußte, welches zu einer derartigen Angstpsychose geführt hatte, daß sich der Zeuge in psychotherapeutische Behandlung begeben mußte.«[22]

Was von Ludwiger unter »Angstpsychose« versteht, definierte er nicht näher. Ob Angst zu einer Psychose führen kann, ist auf jeden Fall in der Psychiatrie umstritten.

Daß erst sieben Monate nach der Nahbegegnung, als Herrn Sch.s Ärztin MUFON von der Schlafmittelabhängigkeit ihres Patienten informierte, eine Psychotherapie eingeleitet wurde, verschwieg der Forscher.

Im unmittelbaren Anschluß an die Fallbesprechung schrieb von Ludwiger: »Diese Fälle sind für uns unidentifizierbar.«

Ist der Fall Langenargen tatsächlich »unidentifizierbar«, oder ist er bestenfalls unidentifiziert?

Warum kein Psychiater?

Man darf sich fragen, warum Herr Sch. nicht von Anfang an von einem Psychiater, sondern nur von einem Psychologen untersucht wurde. Die UFO-Forscher beschränkten sich darauf, den Fall, nicht aber den Zeugen, Psychiatern zu präsentieren. Zu welchen Ferndiagnosen diese Fachpsychologen gelangt sind, geht aus den MUFON-CES-Veröffentlichungen kaum hervor. Immerhin scheint zumindest einer von ihnen ebenfalls auf ein Alkoholdelir geschlossen zu haben.[2]

Die seltsame Verwandlung der Wesen aus Langenargen

Betrachten wir nun die beiden Wesen, die der Zeuge Sch. beschrieb, und ihre Verwandlung durch MUFON-CES im Laufe der Jahre.

1977 ließ von Ludwiger den Zeugen die Wesen wie folgt beschreiben (S. 50f u. 71f): Etwa 1,10 m – 1,30 m groß mit einem »durchaus menschenähnlich[en]« Körper mit langen Armen, die bis zum Knie reichten. Unter Hypnose habe der Zeuge vier Finger an jeder Hand mit Schwimmhäuten dazwischen beschrieben. Der Kopf der Wesen sei »völlig rund« gewesen. Unter Hypnose habe Herr Sch. von einer kleinen Nase und asiatisch wirkenden Augen gesprochen. Die Münder seien völlig rund gewesen. Die Wesen schienen keinen Hals zu besitzen; ihre Haut sei heller als bei Menschen gewesen.

Vier Jahre später las von Ludwiger ein Buch des amerikanischen UFO-Forschers L. H. Stringfield, in dem diverse UFO-Absturzgeschichten zum besten gegeben werden. Darin ist auch von einem angeblichen UFO-Absturz in New Mexico im Jahre 1962 die Rede. Von Ludwiger: »Die ... Zeugen beschrieben diese Gestalten als von kleinem Wuchs (1,20 m – 1,30 m) und in allen Details – bis auf die Halskrause – genau so wie die beiden Wesen, die in Langenargen beobachtet worden waren. Der Zeuge Sch. konnte diese Veröffentlichungen noch nicht gekannt haben ... Diese [Wesen] sollen im Verhältnis zum Körper einen überproportionalen großen runden Kopf besessen und schräggestellte große Augen gehabt haben. Mund, Ohren und Nase waren sehr klein (nur Löcher oder Schlitze) am kahlen Kopf. Die verhältnismäßig langen Arme hatten vier Finger und Häute dazwischen ... Die Haut sei weiß-grau gewesen.« Daraus mutmaßt der MUFON-Forscher: »Sind diese Übereinstimmungen Folge eines weltweit auftretenden neuen Archetypus im Jung'schen Sinne? Waren die Wesen in New Mexico real? Sind die Übereinstimmungen reiner Zufall, der ›arg strapaziert‹ wurde? – Der Leser möge sich selbst ein Urteil bilden.«[23]

Doch wenn man in der von dem MUFON-Mitarbeiter angegebenen Quelle[24] nachliest, stellt man verblüfft fest, daß die aufgeführten Übereinstimmungen zu den Wesen des angeblichen UFO-Absturzes von 1962 größtenteils gar nicht vorhanden sind:

Bei Stringfield haben die Wesen eine grau-rosa Hautfarbe und nicht eine weiß-graue. Nach Stringfield maßen beide Wesen 107 cm, doch von Ludwiger gab unter Berufung auf Stringfield eine Körperlänge von 1,20 m – 1,30 m an.

Bei Stringfield ist keine Rede von einem runden Kopf der beiden Wesen; hier heißt es nur: »Der Kopf etwas zu groß im Vergleich zum Körper«. (S. 7) Auch von schräggestellten Augen ist bei Stringfield keine Rede; hier heißt es nur: »Augen etwas größer als normal«. (S. 7) Von langen Armen steht in Stringfields Report ebenfalls nichts. Auch schreibt Stringfield nichts über die Anzahl der Finger. Ebensowenig ist in Stringfields Report die Rede von Häuten zwischen den Fingern.

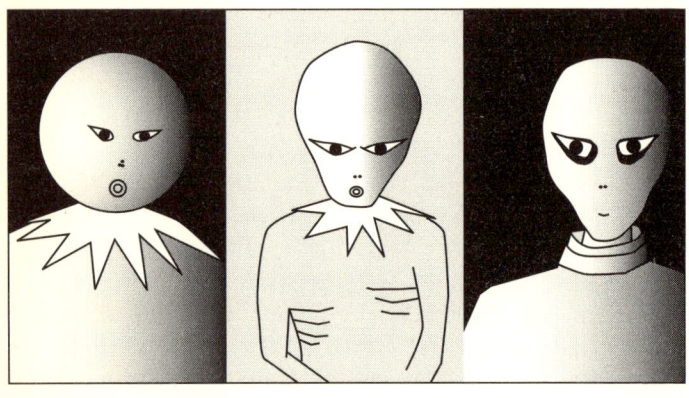

Abb. 1   *a*   *b*   *c*

Elf Jahre nach diesen Spekulationen hatte von Ludwiger das ursprüngliche Äußere der Langenargen-Wesen zeichnerisch an die Stringfield-ETs anpassen lassen. Aus dem ehemals vom Zeugen Sch. beschriebenen völlig runden Kopf wurde nun ein schmaler länglicher Schädel,[25] wie Abbildung 1 zeigt: Links (a) ist eine Umzeichnung des ursprünglich beschriebenen Gesichts zu sehen.[1] In der Mitte (b) eine Darstellung der zwölf Jahre später vorgenommenen Anpassung[15], nachdem der UFO-Forscher von Ludwiger dem Zeugen die Phantasiezeichnung Keviczkys (Umzeichnung) gezeigt hatte.[27] In neueren Publikationen von MUFON-CES ist die ursprüngliche Darstellung nicht mehr enthalten.

Mitte 1993 war zu erfahren, wie es zu dieser Verwandlung gekommen war. 1989 hatte von Ludwiger dem Zeugen Sch.

»verschiedene Darstellungen von ET-Bildern vorgelegt. Eines der Bilder hatte er ausgewählt«. Von Ludwiger war sich sicher, »daß sich der Zeuge im Laufe der Jahre besser erinnert« hatte. Gerald Mosbleck, Geschäftsführer der GEP, kritisierte diese Vorstellung zu Recht mit Nachdruck: »Entgegen der landläufigen Meinung, die von allen entsprechenden Fachbüchern und Aufsätzen der forensischen Psychologie [= Gerichtspsychologie] geteilt wird, behauptet von Ludwiger einfach, der Zeuge erinnere sich mit der Zeit besser.«[26]

Doch als Quelle für die Vergleichszeichnung fungierten keineswegs glaubwürdige Zeugenbeschreibungen, sondern eine dubiose amerikanische UFO-Organisation mit dem hochtrabenden Namen Intercontinental UFO Galactic Spacecraft Research and Analytic Network (Interkontinentales galaktisches Raumfahrzeug-UFO-Forschungs- und Analysenetzwerk), abgekürzt ICUFON. Die Zeichnung stammt offenbar vom Leiter dieser UFO-Kontaktler-Organisation, Colman S. von Keviczky (»CVK«), und findet sich in einem obskuren ICUFON-Memorandum aus dem Jahr 1979.[27] Von Keviczky nennt das Wesen seiner Phantasieskizze »Homo Cosmicus«.

Was geschah in Langenargen tatsächlich?

Der Vorfall ereignete sich von Faschingsdienstag auf Aschermittwoch, nachdem Herr Sch. zusammen mit einem (inzwischen verstorbenen) Freund in einer Gastwirtschaft gezecht hatte. Einziger Zeuge für die beiden Wesen war Herr Sch. Andere Zeugen, die später vor Ort befragt wurden, hatten nur einige Leuchterscheinungen beobachtet, die aber natürlich nichts mit der »Nahbegegnung der dritten Art« von Herrn Sch. zu tun haben mußten.

Es ist gut möglich, daß die beiden Wesen mit den Kugelköpfen und den Harlekinskrägen jugendliche Spätfastnachtler waren, die sich einen Kürbiskopf übergestülpt hatten. Die Harlekinskragen sprechen jedenfalls für ein Faschingskostüm. Herr Sch. mißdeutete die Gestalten in seinem Alkoholdelir, geriet in einen panischen Angstzustand und schlug die Scheibe der nächstbesten Haustür ein.

Von Außerirdischen entführt

Einleitung

Im kriminalistischen Sinn ist eine Entführung ein Delikt der Freiheitsberaubung. Im Gegensatz zum Menschenraub, der mit brachialer Gewalt oder Gewaltandrohung vonstatten geht, wird die Entführung des Opfers meistens mit dessen eigenem Willen begangen. Der Wille wurde jedoch vom Täter zuvor mit Täuschungen und psychologischen Zwängen arglistig manipuliert – etwa durch Versprechungen (bei Kindern beispielsweise mit Kirmesbesuch und Schokolade) oder durch in Aussicht gestellte finanzielle Vorteile.

Mit einer ganz anderen Art der Freiheitsberaubung müssen sich zunehmend auch die UFO-Forscher auseinandersetzen. Diese Taten, die man ebenfalls als Entführungen (Abductions) bezeichnet, werden jedoch, wenn man den Aussagen der Betroffenen glauben will, nicht von Kriminellen begangen, sondern von außerirdischen Wesen. Während die Kriminalpolizei in der Regel sicher davon ausgehen kann, daß eine Entführung auch tatsächlich stattgefunden hat und nach Beweisen sucht, um die Tat vollständig aufzuklären und den Täter zu überführen, ist die Situation bei den UFO-Forschern anders. Sie haben weder Lösegeld- oder andere Forderungen vorliegen, noch ist die betroffene Person verschwunden. Es gibt für die Entführung keine Zeugen, und manchmal sind selbst die Betroffenen nicht einmal sicher, ob sie entführt wurden.

Bezeichnend ist, daß diese Entführungen fast immer nachts im Schlafzimmer der betroffenen Person geschehen, oft unbemerkt vom daneben liegenden Partner. Vielfach beschreiben die Entführten, wie sie nachts aufwachen und sich dann plötzlich in einer fliegenden Untertasse wiederfinden, dort nackt auf einem Operationstisch liegen und sich einer manchmal schmerzhaften medizinischen Untersuchung durch außerirdische Wesen unterziehen müssen. Als einzigen Beweis ihres scheinbaren Erlebnisses können uns die Betroffenen mitunter Male oder Narben am Körper zeigen, die angeblich durch die

Entnahme von Gewebeproben oder Körperflüssigkeiten entstanden sind.

Da es hier in der Regel an einwandfreien Beweisen fehlt, müssen wir uns unwillkürlich die Frage stellen, ob diese Entführungen auch tatsächlich in der objektiven Wirklichkeit stattgefunden haben oder nur ein Phantasieprodukt psychisch abnormer Personen sind. Ich denke, daß die Problematik sehr viel komplizierter und vielschichtiger ist, als man es aufgrund der Fragestellung vermuten könnte.

In meiner Tätigkeit als Sichtungsermittler der GEP habe ich mit einigen Personen gesprochen, die glaubten, von Außerirdischen entführt worden zu sein. Sie wachten nachts auf, sahen schemenhafte Gestalten in ihrem dunklen Schlafzimmer, befanden sich mit einemmal auf einem Operationstisch, erlebten medizinische Untersuchungen oder andere Begebenheiten und wachten erneut im Bett auf, mit der bruchstückhaften Erinnerung an ein entsetzliches Geschehen. Oft geschah alles nebelartig, verschwommen und wirkte unwirklich. Aber, so die Betroffenen, man habe ja im Fernsehen, in den unendlich vielen Talk-Shows, Leute gesehen, die Ähnliches berichtet hätten. Auch die Zeitschriften meldeten ja in letzter Zeit vergleichbare Geschichten. Da muß es sich zwangsläufig um ein reales Geschehen gehandelt haben, an dem Außerirdische maßgeblich beteiligt waren. Muß es das tatsächlich? Mich haben diese Beschreibungen immer wieder an Träume erinnert – an Träume, die wir immer schon hatten und in denen unsere Vorstellungen, Wünsche, Erlebnisse, gesehene Fernsehfilme, gelesene Zeitschriftenartikel usw. verarbeitet werden. Früher haben die Menschen solche Erfahrungen als das interpretiert, was sie vielleicht wirklich sind: eben als Träume. Heute, im Zeitalter der TV-Talk-Shows, der Boulevard-Magazine und der vermehrt auf den Markt kommenden Entführungsliteratur, interpretieren die Leute ihre themenbezogenen Träume als reale Entführungen durch Außerirdische.

Ein von den Betroffenen vorgetragenes Argument ist oft, daß die Träume einen sehr realen Charakter hatten, viel realer als herkömmliche Träume. Doch wie wir inzwischen wissen, kann der Mensch zwischen dem Wachsein und dem Schlafen in einen sogenannten hypnagogen Zustand verfallen, in dem nachgewiesenermaßen Trauminhalte als sehr real empfunden werden.

Ein häufig vorgebrachtes Argument für die Echtheit der Entführungen sind am nächsten Morgen an sich entdeckte merkwürdige Male, bisher nicht aufgefallene Narben und kleine Schnittwunden – Überbleibsel der medizinischen Untersuchungen. An herkömmliche Erklärungen wie etwa unbemerkte Hautschnitte durch Papier, Pappe, Gras, allergische Hautreaktionen u.s.w. denkt da schon keiner mehr.

Andere Personen wiederum steigerten sich von Telefonanruf zu Telefonanruf immer tiefer in einen »Entführungswahn«, so daß ich ihnen letztendlich empfehlen mußte, eine psychotherapeutische Behandlung aufzunehmen oder zumindest eine Beratungsstelle aufzusuchen. In einem Fall schilderte mir der Betroffene zunächst nur seine UFO-Sichtungen, die offensichtlich auf herkömmlichen Flugverkehr (Flugzeuge, Hubschrauber) zurückzuführen waren. Später fand er an seinem Körper kleine Male und glaubte von Außerirdischen entführt zu werden. Inzwischen ist er davon überzeugt, der wiedergeborene Jesus Christus zu sein.

Es gibt jedoch auch in der Literatur beschriebene Fälle, in denen die geschilderten Erlebnisse nicht ohne weiteres auf eine Psychose oder auf Träume zurückgeführt werden können. Doch auch hier gibt es genügend Ansätze zur kritischen Diskussion. Aber wie immer man auch diese Fälle betrachtet, eines steht fest: Irgend etwas geschieht mit den Betroffenen. Ob nun real oder psychologisch sei dahingestellt. Die Betroffenen leiden oft unter erheblichen Ängsten, sind unsicher und innerlich aufgewühlt. Die Hilfe der klassischen Psychologie wollen sie nicht in Anspruch nehmen und wenden sich daher beispielsweise an UFO-Organisationen oder Einzelforscher. So ist inzwischen die Entführungsproblematik ein fester Bestandteil der UFO-Forschung geworden, auch wenn manche Forscher die Entführungen nicht als ein Element des UFO-Phänomens betrachten. Mit den folgenden Beiträgen erhalten Sie einen kleinen Einblick in die Entführungsproblematik. Sie werden erkennen, daß sich das Entführungsphänomen einer sachlichen und kritischen Diskussion stellen muß.

Unheimliche Begegnung in New Hampshire
Wolfgang Schröder

Barney Hill und seine Frau Betty fahren auf einer Landstraße in Richtung Portsmouth (US-Staat New Hampshire). Das Ehepaar kommt von einem Kanadaurlaub zurück. Es ist der 19. September 1991 gegen 22 Uhr, als sie auf ein hell leuchtendes Gestirn am Himmel aufmerksam werden. Plötzlich verändert dieser vermeintliche Stern seine Position und zieht am Mond vorbei.

Betty greift zum Fernglas und verfolgt den Lichtpunkt. Das strahlende Objekt wird größer und größer. »Das ist ja sonderbar«, sagt Barney und hält den Wagen an. Beide steigen aus, um die mysteriöse Lichtquelle besser beobachten zu können. Abwechselnd schauen die Eheleute durch den Feldstecher. Das Objekt ist scheibenförmig, es blinkt und kommt immer näher.

Beide sind beunruhigt. Barney gestikuliert heftig: »Komm, weg hier, die sind hinter uns her!« Das Ehepaar springt ins Auto, und Barney gibt Gas. Der Wagen schießt davon. »Behalt das Ding im Auge, Betty«, schreit er, »es muß jetzt über uns sein!« Dann sehen beide das Objekt. Es ist riesig. Es schwebt etwa »zehn Stockwerke über der Landstraße«, sagen die Hills später aus. Betty nimmt zwei übereinanderliegende Fensterreihen am Objekt wahr, dahinter dunkle Gestalten. Das mysteriöse Objekt blinkt. Barney stoppt, nimmt das Fernglas und springt aus dem Wagen. Seine Frau bleibt sitzen. Er läuft auf den Flugkörper zu, bleibt dann stehen und beobachtet durch das Fernglas, wie er zur Landung ansetzt. »Komm zurück, Barney«, schreit Betty entsetzt. Ihr Mann reagiert nicht. Läßt das riesige Objekt nicht aus den Augen. »Mein Gott, was geschieht jetzt?«

Langsam schiebt sich eine Art Treppe aus dem Flugobjekt. Barney schluckt erregt, gibt sich einen Ruck und rennt zum Wagen zurück. Er reißt die Tür auf, setzt sich, knallt die Tür zu. Betätigt wie besessen den Anlasser. Bloß weg, weg ... Vergebens!

In diesem Moment hören beide deutlich ein merkwürdiges Summen. Barney und Betty spüren ein Prickeln am Körper.

Abb. 1
Betty und Barney Hill   *Foto: Jeeves Studio*

Ihnen wird schwindelig. Verschwommen sehen sie fünf menschenähnliche Gestalten auf sich zukommen. Dann verlieren
beide das Bewußtsein.

Als das Ehepaar die Umwelt wieder wahrnimmt, bemerken
beide, daß sie sich 35 Meilen (rund 50 km) vom Ort des
unheimlichen Geschehens entfernt befinden und zwei Stunden
vergangen sind. Was ist in dieser Zeitspanne vorgefallen? Das
Ehepaar Hill kann sich an nichts erinnern.

Ein zwei Jahre andauerndes Trauma macht Barney und Betty
Hill schwer zu schaffen und beeinträchtigt ihren ganzen Tagesablauf. Nachts hat Barney furchtbare Alpdrücke, er bekommt
Magengeschwüre. Sein Hausarzt führt das Leiden auf psychische Belastung zurück. Das Ehepaar sucht einen Psychiater auf.
Bei der Konsultation kommen konfuse Erinnerungen zutage.
Etwas Außergewöhnliches muß aber geschehen sein. Der Arzt
hat einen bestimmten Verdacht und verständigt den auf Hyp-

179

nose-Behandlung spezialisierten Kollegen Dr. Benjamin Simon aus Boston. Was dann Barney und Betty Hill getrennt und völlig deckungsgleich unter Hypnose aussagen, gleicht einem Horror-Szenario.

Fünf fremdartig aussehende Wesen näherten sich den Hills. Sie waren etwa 1,50 Meter groß, bekleidet mit einer Art Uniform. Die fast schwarzen Augen der Kreaturen waren viel größer als menschliche. Betty fand sie furchterregend. Die Gesichtshaut war grau. Die Nase nur angedeutet. Ohrmuscheln schienen die Wesen nicht zu haben. Wenn sie miteinander sprachen, bewegten sie den Mund, aber die Laute waren unverständlich. Barney: »Aber ich begriff doch, was gesagt wurde. Es klang nicht englisch. Einfach Töne waren das. Aber ich wußte, was sie wollten und sagten. Wie das vor sich ging, weiß ich nicht.«

Dann wurden die Hills in das riesige Flugobjekt gebracht und getrennt »in Kammern« geführt. Anschließend mußten beide eine schmerzhafte medizinische Untersuchung über sich ergehen lassen. Auch »andere Versuche« sollen angestellt worden sein. »Aber diese Hypnose-Protokolle«, sagte der amerikanische Astronom und UFO-Forscher Prof. Hynek, der an den Sitzungen teilnahm, »sind so beängstigend, daß sie vorläufig nicht für die Öffentlichkeit freigegeben werden sollen.«

Nachdem die medizinischen Untersuchungen bei Betty abgeschlossen waren und sie in dem UFO auf ihren Mann wartete, der im Nebenraum »analysiert« wurde, konnte sie mit dem »Anführer« ein kurzes Gespräch führen. Betty wollte unter anderem wissen, woher die Fremden mit ihrem Raumschiff kämen.

Man zeigte ihr eine dreidimensionale Karte, auf der zahlreiche Sterne aufgezeichnet waren. Verschiedene Sterne waren mit Linien, andere mit getrennten Strichen verbunden. Leider waren diese Sterne nicht mit Namen versehen. Die Antwort auf die Frage nach seiner Herkunft und nach dem Standort unserer Sonne überging jedoch das Wesen. Nach über zwei Stunden Aufenthalt im »Raumschiff« konnten Barney und Betty Hill die unheimliche Stätte verlassen.

Dieser damals einmalige Kontaktfall mit all seinen schrecklichen Folgen erregte weltweit ungeheures Aufsehen. Was hier gesehen, erlebt und erlitten wurde, hatte das Format eines Psycho-Thrillers.

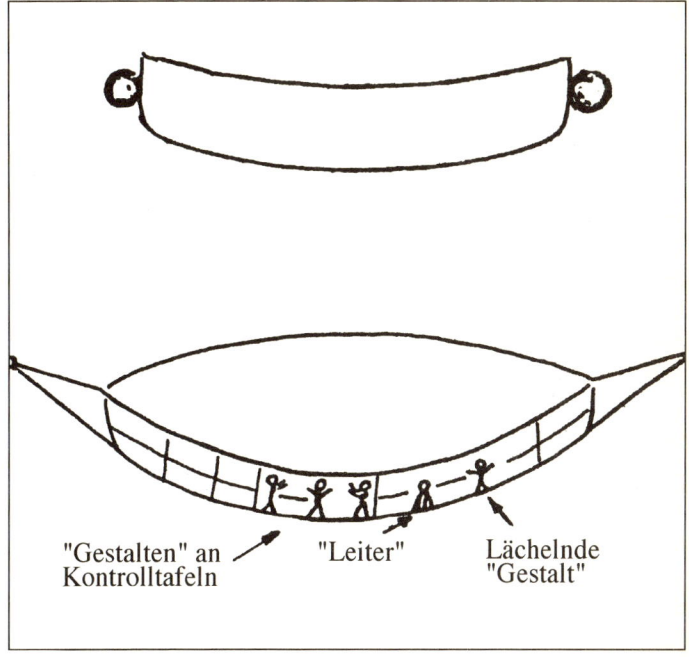

"Gestalten" an Kontrolltafeln   "Leiter"   Lächelnde "Gestalt"

Abb. 2
Oben: Flugkörper, wie er zuerst von Betty Hill gesehen wurde. Zeichnung: Betty Hill.

Unten: Flugkörper, wie er von Barney Hill beobachtet wurde. Er sah auch »humanoide Gestalten«, »Steuerflossen« und rote Lichter.

Doch bald wurde Kritik laut. Die boshafteste Unterstellung lautete kurz: Die Hills sind typische Psychopathen oder Geisteskranke. Andere wiederum meinten, daß es ein imaginäres, auf Einbildung beruhendes Ereignis war, das durch Angst beim Auftauchen eines UFOs ausgelöst wurde. Tatsächlich wurde in der Region, in der die Hills ihre unheimliche Begegnung der dritten Art hatten, zeitgleich auf Radaranlagen ein unbekanntes fliegendes Objekt registriert, das landete und später wieder aufstieg.

Der Physiker Stanton T. Friedman, der bei den Hypnose-Sitzungen anwesend war, urteilte über die Hills: »Niemand, der die beiden kennt, kann ernsthaft behaupten, daß sie verrückt oder geistesgestört seien.«

Dr. Friedman, Dr. Hynek, Dr. Simon und andere Wissenschaftler hielten diesen Kontaktfall für absolut glaubwürdig.

Jahre danach sind die Aussagen des Ehepaares Hill »durch Hunderte von verblüffend ähnlichen Berichten aufgewertet worden«, schreibt der bekannte UFO-Forscher Budd Hopkins in seiner aufregenden Dokumentation: *Von UFOs entführt* und führt weiter an, »daß wir von 500 Entführungen wissen (Stand 1979). Tausende solcher Entführungen bleiben durch die aufgezwungene Erinnerungslosigkeit der Betroffenen im dunklen.«

Zurück zum Hill-Fall. Der Disput um die Glaubwürdigkeit der Hypnose-Aussagen geht unaufhörlich weiter. 1969 beginnt sich die aus Ohio stammende Lehrerin und Amateurastronomin Majorie Fish für den brisanten Kontaktfall zu interessieren. Sie beschäftigt sich vor allem mit der unter Hypnose gezeichneten Sternkarte. Mehrmals sucht die Forscherin die Hills auf. Sie erfährt weitere Einzelheiten von Betty. Demnach war die Sternkarte im Raumschiff »dreidimensional und etwa 60 x 90 Zentimeter groß«. Die Beschreibung dieser Sternkarte durch Betty klang auffallend nach einer Holographie. Dieses Verfahren steckte Anfang der sechziger Jahre noch in den Kinderschuhen. Ein weiteres wichtiges Indiz für die Glaubwürdigkeit von Betty Hills Aussage.

Betty habe etwa einen Meter vor der Sternenkarte gestanden. Insgesamt konnte sie 24 Sterne erkennen. Zwölf davon waren besonders auffällig markiert und zudem durch verschiedene Linien miteinander verbunden.

Schon vor Beginn ihrer Untersuchung vermutete Mrs. Fish, daß diese Linien auf den Heimatstern der Außerirdischen hinweisen könnten. Wie diese Betty mitteilten, stellten die durch mehrfache Verbindungslinien gekennzeichneten Routen Handelsstrecken dar. Die einfachen Linien Reiserouten, und die gestrichelten Strecken seien Expeditionslinien.

Majorie Fish identifizierte in fünfjähriger Arbeit diese Sterne. Ein äußerst schwieriges Unterfangen, denn diese Sternkarte wurde ja nicht von der Erde aus, sondern von einem anderen Stern (Sonnensystem) irgendwo im Kosmos aufgenommen. Schlußendlich legte Mrs. Fish nach mühseliger Arbeit der Öffentlichkeit ihre Rekonstruktion vor. In ihrem Modell hatte die Forscherin unter anderem die Sterne Alpha Mensae, 82 Eridani, Gliese 86.1, Tau Ceti, Ceta 1 und Ceta 2 Reticuli sowie unsere Sonne als Ausgangspunkt konstatiert.

Die astronomische Fachwelt war verblüfft. Dieser Modellversuch löste in den USA verständlicherweise eine nicht geringe Aufregung aus.

Der Astrophysiker Dr. Walter Mitchell von der Ohio-State-Universität in Columbus erklärte nach einer ersten Prüfung der Sternkarte: »Je mehr ich mich dieser Sache annehme, desto mehr bin ich von den astronomischen Kenntnissen der Majorie Fish beeindruckt.«

Dr. Frank B. Salisbury von der Universität Utah kam nach einer eingehenden Prüfung zu diesem Schluß: »Die Karte der Sternkonstellationen von Majorie Fish hat bemerkenswerte Übereinstimmungen mit der von Betty Hill unter Hypnose gezeichneten Karte. Die Übereinstimmung zwingt dazu, den Hill-Bericht ernst zu nehmen.«

Schauen wir uns nun die genannten Sterne etwas genauer an. Es sind alles sonnennahe Fixsterne. Tau Ceti ist rund 11 Lichtjahre von der Erde entfernt und befindet sich im Sternbild Walfisch. Spektraltyp G. 82 Eridani – 20 Lichtjahre entfernt (Sternbild Eridanus) – Spektraltyp G. Alpha Mensae – 26 Lichtjahre – Sternbild Tafelberg am südlichen Sternhimmel. Auch dieser Stern hat wie unsere Sonne die Spektralklasse G. Gliese 86.1 ist 42 Lichtjahre von uns entfernt und vom Spektraltyp K. Ceta 1 und Ceta 2 Reticuli stellen einen sogenannten optischen Doppelstern dar. Kurz: Zwei räumlich weit auseinander stehende Sterne, die zufällig in gleicher Beobachtungsrichtung liegen, sagen die Astronomen. Beide Sterne haben den Spektraltyp G. Ich wiederhole auch hier: wie unsere Sonne. Der hellere ist 32,6 Lichtjahre, der schwächere 29,7 Lichtjahre von uns entfernt. Die beiden Sonnen befinden sich im Sternbild Netz (Reticulum) am südlichen Sternhimmel.[1]

Nach der Sternskizze von Betty Hill und deren Identifizierung durch Mrs. Fish wird nun ersichtlich, daß beispielsweise Tau Ceti und Sonnen im Pisces-Sternsystem (Sternbild Fische) Expeditionsziele waren (oder noch sind), daß Alpha Mensae, 82 Eridani und unsere Sonne (die Erde) von Zeit zu Zeit besucht werden, also auf Reiserouten liegen. Ceta 1, Ceta 2 Reticuli und Gliese 86.1, die auf der Hill-Skizze durch mehrfach starke Linien miteinander verbunden sind, befinden sich auf Handelsrouten.

Wenn wir die Entfernungen betrachten, sind dies ungeheure Distanzbewältigungen. Ich darf aber daran erinnern, daß zum Beispiel schon altindische Quellen von ›Göttern‹ sprechen, die mit ihren Flugapparaten »Geschwindigkeiten wie der Gedanke« erreichen.[2] Und aus der griechischen Mythologie können wir erfahren, daß die ›Götter‹ »ungeheure Weiten in sehr kurzer Zeit durchmessen«.[3]

Ist das System Ceta Reticuli – rund 30 Lichtjahre von der Erde entfernt – die Heimat der Außerirdischen – die Wohnstätte der ›Götter‹?

Kritische Betrachtung der Hill-Entführung

Hans-Werner Peiniger

Wolfgang Schröder hat dem Leser den Hill-Entführungsfall mit seinen wesentlichen allgemein bekannten Aspekten vorgestellt und dabei vorwiegend deutschsprachige Quellen verwendet. Wenn wir mal von einigen Insider-Magazinen absehen, wurde dieser Fall in der deutschen Literatur nie in seiner Gesamtheit geschildert, Kritikpunkte fielen unter den Tisch. Ich möchte nun versuchen, die wesentlichen zusammenzustellen und damit aufzuzeigen, daß der Hill-Entführungs-Fall eigentlich einer Lösung relativ nahe sein könnte.

Die ursprüngliche Sichtung

Die eigentliche Entführung ist von den beiden Zeugen nur in der Hypnose beschrieben worden. Sie konnten sich nur an ein Licht erinnern, das Barney zunächst für ein Flugzeug mit ungewöhnlichem Kurs hielt. Fuller beschreibt Barney in seinem Buch *The Interrupted Journey* als einen »begierigen Flugzeug-Beobachter«. Hier liegt der Verdacht nahe, daß das beobachtete Flugzeug nur aufgrund der ungewöhnlichen Flugbahn für ein UFO gehalten wurde.

Der Auslöser

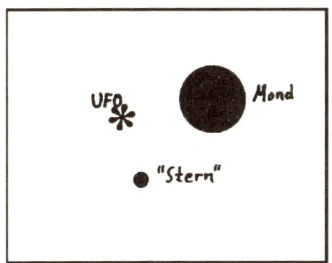 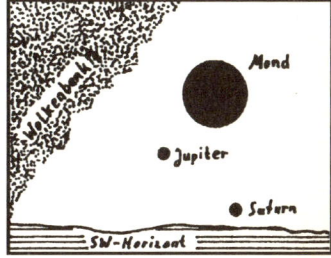

Abb. 1

Zu bemerken sei noch, daß die erste Beobachtung während der Fahrt im PKW geschah. Gerade in einem solchen Fall ist mit Wahrnehmungsfehlern zu rechnen. Deshalb muß die Frage nach den astronomischen Gegebenheiten zum Zeitpunkt der Sichtung gestellt werden. Betty Hill zeichnete eine Skizze, in der sie neben astronomischen Objekten auch das UFO einzeichnete (siehe Abb. 1 links). Spätere Berechnungen ergaben, daß in unmittelbarer Nähe des Mondes auch die beiden relativ hellen Planeten Jupiter und Saturn zu sehen waren. Erstaunlicherweise befindet sich das von Betty eingezeichnete UFO etwa in der Position des Jupiters (Abb. 1 rechts).

Konnte es sich nun bei dem UFO um den Jupiter gehandelt haben? Meteorologische Überprüfungen ergaben, daß sich in dieser Nacht das Wetter langsam aufhellte und eine Wolkenbank, die den Jupiter zunächst verdeckte, langsam davonzog. Plötzlich erschien er, und Betty hielt den Planeten wohl für ein UFO. Dahinziehende Wolkenfetzen erweckten vielleicht noch den Eindruck einer Bewegung. Nach ihren Angaben beobachtete sie die Himmelsgegend etwa 30 Minuten lang und konnte sich nur an den Mond, einen »hellen Stern« und an das UFO erinnern. Sie sah also nur diese drei Objekte. Auf jeden Fall mußte sie auch den auffallend hellen Jupiter gesehen haben, also vier Objekte beschreiben. Da sie aber nur drei erwähnte, kann angenommen werden, daß es sich bei dem von Betty beschriebenen UFO um den Jupiter gehandelt hat.

De Groote kommt in einer Analyse des Falls zu dem Schluß, daß die plötzliche und unerwartete Sichtbarkeit des hellen Planeten Jupiter während der langen, einsamen Fahrt durch die Nacht des abgelegenen New Hampshire zu einem »emotionalen Drama« führte.

Dazu kommt, daß die Hills gerade Bettys Schwester besucht hatten, die sich, wie sich später herausstellte, sehr stark für UFOs interessierte, da sie auch schon einmal eines gesehen hatte. Möglicherweise unterhielten sich die Hills noch unmittelbar vor der Heimfahrt allgemein über UFOs oder speziell über die Sichtung der Schwester, so daß eine emotionale Vorbelastung gegeben war.

Es liegen nun genügend gute Punkte vor, die die These belegen, daß der ganze Hill-Fall durch den Jupiter ausgelöst wurde.

Die Hypnose-Untersuchung

Kurz nach der Sichtung des UFOs besorgte sich Betty Hill aus der Bücherei ein UFO-Buch, das sie wohl gleich las. Dann wandte sie sich auch an die amerikanische UFO-Organisation NICAP, um von ihrem Erlebnis zu berichten. Von einer Entführung war jedoch noch nicht die Rede, da dieser Verdacht erst aufkam, als Betty zehn Tage nach der Sichtung Alpträume hatte, in denen sich eine Entführung abspielte.

In den zwei Jahren danach erzählte Betty Hill den örtlichen UFO- und Kirchen-Gruppen, Bekannten und Nachbarn immer wieder von ihrer im Traum erlebten Entführung. Schließlich suchten Barney und Betty Hill einen Psychiater auf, der sie an den Bostoner Experten Dr. Simon überwies. Dieser führte die gesamte Hypnose-Befragungen durch, die auch Fuller in seinem Buch teilweise wiedergibt.

Dr. Simon hatte jedoch von der Entführungsgeschichte eine ganz andere Meinung, als allgemein berichtet wird. Auf die Frage des Herausgebers der Zeitschrift *LOOK,* ob er glaube, daß die Hills tatsächlich entführt worden seien und sich an Bord einer »fliegenden Untertasse« befunden hätten, antwortete Dr. Simon mit einem eindeutigen »absolut nein«. Interessant ist auch, daß bei der Hypnosesitzung der dominierende Pol immer Betty Hill war. Barney trug zu den Details der Entführung eigentlich kaum bei. Dies spiegelte sich auch in der Hypnose-Befragung wider. Während Betty unter Hypnose immer sehr viele Einzelheiten beschrieb, konnte sich Barney an fast nichts erinnern. Dr. Simon äußerte daraufhin die Meinung, daß Barney sein Wissen um die Entführung nur aufgrund der ständigen Erzählungen von Betty gegenüber Nachbarn und Bekannten erhalten hatte. In der *NBC-TV TODAY SHOW* erklärte Dr. Simon am 20. Oktober 1975: »Es war Phantasie, mit anderen Worten: ein Traum. Die Entführung fand nicht wirklich statt.« Erwähnenswert ist noch, daß Bettys Erinnerungen unter Hypnose fast exakt ihren Träumen entsprachen.

Die Hypnose ist ein Bereich der Psychologie, der noch nicht umfassend erforscht ist. Die Hypnose bedeutet bei dem zu befragenden Zeugen einen vorübergehenden Zustand geänderter Aufmerksamkeit. Dieser Zustand kann unterschiedlich »tief« sein, je nach Stärke der Empfänglichkeit für die Suggestionen des Operateurs (Hypnosearzt). Nicht auf jeden wirkt die Hypnose gleich stark. So sind etwa 10 Prozent der europäischen Erwachsenen unempfänglich für die Hypnose. Der Zustand geänderter Aufmerksamkeit gleicht nicht einem Schlafzustand, sondern vielmehr einem Wachzustand oder leichten Schlafzustand. Die Erwartungen des Zeugen (z.B. »endlich erfahre ich mehr über meine Entführung«) und die unbeabsichtigten, indirekten Suggestionen des Operateurs (bestimmte Fragen bezüglich einer Entführung) können die Reaktionen des Zeugen beeinflussen. In der Hypnoseregression (Rückversetzung in eine bestimmte Zeit, z.B. die Zeit der angeblichen Entführung) wird anscheinend der gesamte psychologische und physiologische Zustand teilweise wiederhergestellt, der zu einem früheren Zeitpunkt beim Zeugen bestand.

Für den Operateur ist es außerordentlich schwierig festzustellen, ob er ein reales oder ein imaginäres Erlebnis (in unserem Fall eine Entführung) aufgedeckt hat. Dies hat folgende Gründe:

a) Hatte der zu befragende Zeuge bereits vor der Hypnose-Befragung viel über UFOs, Entführungen, außerirdische Wesen usw. gelesen, ist es durchaus möglich oder sogar wahrscheinlich, daß er diese »Erfahrungen« auch in die Hypnose mit einfließen läßt. Gerade die im Unterbewußtsein gespeicherten Informationen lassen sich in der Hypnose sehr leicht abrufen. So schildern dann die Zeugen unter Umständen Erlebnisse, die nicht auf reale Erlebnisinhalte, sondern auf Trauminhalte zurückzuführen sind, Wachträume und bereits gebildete Vorstellungen.

b) Hatte der Zeuge bereits vor der Befragung eine gewisse Vorstellung von den humanoiden Wesen, die ihn entführt haben sollen, so ist zumindest ausgeschlossen, daß der Zeuge diese Wesen erst während der Hypnose erfand.

c) Möglich wäre auch, daß zwischen dem Operateur und dem Zeugen während der Hypnose eine telepathische Verbindung besteht, die dem Zeugen Informationen über die Kenntnisinhalte des Befragers oder anwesenden UFO-Forschers übermitteln könnte. Indizien dafür fanden Prof. Alvin Lawson von der California State University und der Hypnosearzt Dr. W. C. McCall. Beide wollten feststellen, inwieweit sich die Schilderungen »tatsächlich« entführter Personen von denen, die sich eine »Entführung« nur vorstellen sollten, unterscheiden. So wurden mehrere Personen, die zuvor kaum etwas über UFO-Phänomene gehört hatten, in Hypnose versetzt und zu einem Entführungsbericht provoziert. Das Ergebnis war erstaunlich, denn diese imaginären Erlebnisse unterschieden sich kaum von den »realen« Entführungen. Bezogen hier die Probanden über eine telepathische Verbindung ihre Informationen aus den Gedächtnisinhalten des UFO-erfahrenen Befragers?

Läßt man die Hypnoseregression durch einen UFO-unabhängigen Arzt durchführen, läßt sich obige »Manipulationsmöglichkeit« zwar ausschließen, man muß dann allerdings damit rechnen, daß ufologisch wichtige Dinge nicht erfragt werden.

Im Hill-Fall kann man davon ausgehen, daß es sich bei Dr. Simon um einen »unabhängigen« Psychiater gehandelt hat. Dafür ist es aber sehr wahrscheinlich, daß Betty Hill sich vor der Hypnose-Befragung eingehend über das UFO-Phänomen und vielleicht auch über CE-III-Fälle informiert hat. Schließlich sahen bereits 1957 Bettys Schwester und ihre Familie ein UFO in New Hampshire, und Betty informierte sich nach ihrer Sichtung aus dem NICAP-Material und wohl auch aus Büchern über UFOs. Sind diese Kenntnisse in ihren Erlebnisbericht mit eingeflossen?

Und es stellt sich eine neue Frage: Kann das damalige soziale und kulturelle Umfeld einen imaginären Entführungsfall stimuliert haben?

Dazu müssen wir uns in die Zeit zwischen 1961 und 1964 zurückversetzen. In dieser Zeit und kurz vorher liefen im Kino viele SF-Filme (mit UFO/ET-Thematik) und im Fernsehen die SF-Serie *Twilight Zone,* die auch Betty Hill nachweislich kannte. Am 5. Mai 1961 erfolgte der erste Weltraumflug eines Amerikaners, Alan Shephard. Dieser stammte übrigens aus Derry in New Hampshire. Die ganzen USA, insbesondere natürlich die Medien, waren aus dem Häuschen. Man kann sicher sein, daß auch die Hills darüber sprachen und erneut auf das Thema »fliegende Untertassen« kamen. Erneut deshalb, weil Barney einmal äußerte, daß er seit dem Sputnik-Start 1957 nicht mehr über »fliegende Untertassen« gesprochen habe. Somit waren also den Hills in der Zeit der Entführung Science-fiction-Themen, die ersten Schritte der Weltraumeroberung und »fliegende Untertassen« bekannt.

Ein weiterer Punkt ist die gemischtrassige Ehe der Hills. Die Ehe mit Barney, einem Farbigen, war sicherlich in der damaligen Zeit, in der Martin Luther King für die Menschenrechte kämpfte, nicht ganz einfach. Dies wird auch dadurch deutlich, daß die Hills im Bekanntenkreis und auf Fahrten immer wieder die Gleichberechtigung propagierten. Barney litt unter einem Geschwür, und an Betty hatte man einen Gebärmutterschnitt durchführen müssen. Der Wunsch nach eigenen Kindern konnte also auch nicht in Erfüllung gehen. Konnten alle diese Kenntnisse und Streßfaktoren zu dem Entführungsfall beitragen? Auszuschließen ist dies wohl nicht.

John Spencer stellte im *BUFORA-Bulletin* die Punkte zusammen, die für eine psychologische Erklärung sprechen, und kam zu folgendem Schluß:

>»Als Dr. A. Hynek Barney einmal danach fragte, wie denn das UFO ausgesehen habe, antwortete er, daß es so ausgesehen habe wie in den Zeitschriften. So gibt es zahlreiche Einflüsse auf die Vorstellungen von Betty und Barney Hill: die ursprüngliche Sichtung, die Träume, die Übermittlung dieser Träume an Barney, das UFO-Material und Barneys Kenntnisse aus Zeitschriften, wie ein UFO auszusehen habe. Dies alles mag als Voraussetzung gelten und kann durch die unterschwellige Suggestion durch Filme, Fernsehprogramme und die Geburt der US-Weltraumprogramme ergänzt worden sein.«

Müssen wir deshalb beim Hill-Fall von einem imaginären Entführungserlebnis ausgehen?

Die Hill-Sternkarte

Als Beweis für die Entführung wird immer wieder die Sternkarte und insbesondere die Interpretation der Amateur-Astronomin Majorie Fish herangezogen. Wie kam es zu der Sternkarte? Auf Betty Hills Frage an die Ufonauten, woher sie mit ihrem Raumschiff gekommen seien, zeigte ihr der »Anführer der Humanoiden« eine dreidimensionale Sternkarte, auf der auch das Heimatsonnensystem abgebildet war.

In Hypnose sagte Betty Hill:

>»Ich fragte ihn, woher er komme, weil ich wußte, daß er nicht von der Erde war. Er fragte mich, ob ich denn alles

über das Universum wüßte, und ich sagte nein. Ich wüßte praktisch überhaupt nichts ... Und er ging in den Raum zurück ... Und er zeigte mir eine Karte ... Es war eine rechteckige Karte ... Und es waren alle diese Punkte darauf ... Einige waren klein wie Nadelspitzen. Und andere waren so groß wie ein Fünfcentstück ... Es gingen gekrümmte Linien von einem Punkt zum anderen ... Und ich fragte ihn, was sie bedeuteten. Und er sagte, daß die dicken Linien Handelsrouten seien ... die dünneren gelegentliche Reiseziele. Und er sagte, daß die unterbrochenen Linien Expeditionsrouten darstellten ... So fragte ich ihn, wo sein Heimathafen liege, und er fragte, von wo auf der Karte ich stamme. Ich schaute hin und lachte und sagte: Ich weiß es nicht. So sagte er: Da Sie nicht wissen, woher Sie kommen, erübrigt es sich auch anzugeben, woher ich komme. Und er stellte die Karte ... zurück in die Wand ...«

Betty Hill zeichnete 1964 in Hypnose die Karte, also zweieinhalb Jahre nach der Begegnung. Nach der vorliegenden Skizze versuchte nun die Lehrerin und Amateur-Astronomin Majorie Fish aus Oak Harbor, Ohio, die von Betty Hill gezeichnete Sternformation aus vielen Tausenden Sternen in der relativen Nähe unseres Sonnensystems herauszusuchen. Nach fünfjähriger Arbeit konnte sie ein Modell vorlegen, das einen Ausschnitt aus unserer Milchstraße zeigte, wie er sich von dem 36 Lichtjahre entfernten Stern Ceta Reticuli 1 darstellt. Ist dies die Heimat der Humanoiden?

Bei ihrer Rekonstruktion ging Majorie Fish davon aus, daß die Abstände zwischen den einzelnen Punkten auf der Karte den tatsächlichen Entfernungen zwischen den Sternen entsprechen. Hier muß man sich natürlich sofort fragen, ob Betty Hills Erinnerungsvermögen (auch unter Hypnose) nach zweieinhalb Jahren das Gesehene korrekt wiedergegeben hat. Schon leichte Abweichungen würden die Rekonstruktion durch Frau Fish ad absurdum führen. Dazu kommt noch, daß Frau Fish von den 26 aufgezeichneten Sternen nur 15 identifizieren konnte. Einige Sterne der Fish-Interpretation zeigen in den Abständen zudem noch erhebliche Abweichungen zu denen der Sternkarte.

Doch beschäftigte sich nicht nur Majorie Fish mit der Hill-Sternkarte. Charles W. Attenberg aus Elgin, Illinois, fand einen Stern nahe der südlichen Grenze des Sternbildes Ophiuchus (Schlangenträger), von dem aus man die Sterne in der Nähe unserer eigenen Sonne wie auf der Hill-Sternkarte sehen kann. Die Rekonstruktion durch Attenberg ist viel genauer als die Interpretation von Frau Fish. So sind in der Attenberg-Karte von 26 gezeichneten Sternen 25 identifiziert. Danach liegt jedoch der Heimathafen der Humanoiden nicht auf Ceta Reticuli 1, sondern auf Epsilon-Indi (Sternbild Indus).

Dann haben der Berliner Chirurg Joachim Koch und Hans-Jürgen Kyborg, Mitinitiatoren der sogenannten *Roswell-Deklaration,* in dem Buch *Das UFO-Syndrom* eine neue Interpretation der Hill-Sternkarte vorgelegt.

Koch und Kyborg fiel auf, daß die Sterne Ceta Reticuli 1 und 2 von Betty Hill mit zusätzlichen Bögen gekennzeichnet waren. Die beiden Berliner fragten sich, ob diese »Bauchbinden« vielleicht ringförmige Strukturen wie bei Saturn und Jupiter symbolisieren sollten. Oder handelte es sich gar um die Planeten unseres Sonnensystems?

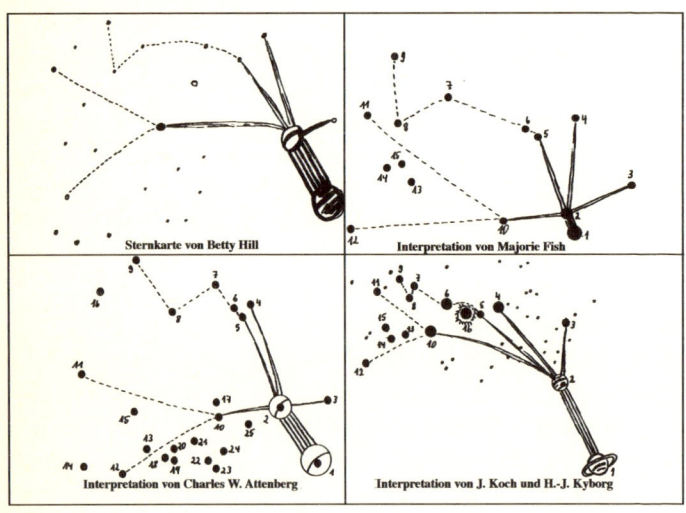

Abb. 2

Die von Fish, Attenberg und Koch/Kyborg identifizierten Sterne:

Fish: 1 = Zeta 2 Reticuli, 2 = Zeta 1 Reticuli, 3 = Alpha Mensae, 4 = unsere Sonne, 5 = 82 Eridani, 6 = Tau Ceti, 7 = 107 Piscium, 8 = Gliese 67, 9 = 54 Piscium, 10 = Tau 1 Eridani, 11 = Gliese 59, 12 = Gliese 86, 13 = Kappa Fornacis, 14 = Gliese 95, 15 = Gliese 86.1
Attenberg: 1 = Epsilon Indi, 2 = Epsilon Eridani, 3 = Tau Ceti, 5 = Roos 246, 6 = 61 Cygni, 8 = Struwe, 10 = unsere Sonne, 11 = Groombridge, 12 = Roos 128, 13 = Wolf 359, 14 = Wolf 424, 17 = Barnards Stern, 18 = Procyon, 23 = Sirius und andere
Koch/Kyborg: 1 = Saturn, 2 = Jupiter, 3 = Pallas, 4 = Erde, 5 = Merkur, 6 = Venus, 7 = 790 Pretoria, 8 = 41 Daphna, 9 = 16 Psyche, 10 = Mars, 11 = Europa, 12 = Interamnia, 13 = 747 Winchester, 14 = 128 Nemesis, 15 = 59 Elpis, 16 = unsere Sonne   Grafik: Hans-Werner Peiniger

Mit Hilfe des Computerprogramms *Dance of the Planets* simulierten sie für den Zeitpunkt der Entführung eine Konstellation der Planeten, die der Hill-Karte schon recht ähnlich war. Für den 20. Oktober 1961, ein Uhr morgens, genau einen Monat nach der Entführung, fanden sie zudem nach mehreren Animationen und Feinabstimmungen eine Konstellation der Planeten und größeren Asteroiden unseres Sonnensystems, die der Hill-Sternkarte glich. Allerdings wäre es logischer gewesen, hätte die Konstellation sich auf den 19. September bezogen.

Als Gründe für die einmonatige Verschiebung geben sie an, daß sich ab diesem Tag bei Betty und Barney Hill keine merkwürdigen Begebenheiten und Alpträume mehr ereigneten und es sich somit um einen »Einschnitt im Ablauf der Geschichte« handeln müsse. Das erscheint sehr weit hergeholt. Ich habe den Verdacht, daß man hier nachträglich die zeitliche Inkongruenz einer Konstellation zu begründen versucht. Und warum sollten die Entführer Betty Hill eine Ansicht des Sonnensystems zeigen, wie sie erst einen Monat später zu sehen ist? Wie dem auch sei – die scheinbar genaue Übereinstimmung ergibt sich nur für den 20. Oktober 1961 und auch nur für einen bestimmten Blickwinkel. Ein Punkt, der leicht von den Lesern übersehen werden könnte.

In ihrer weiteren Darstellung spekulieren die Autoren darüber, warum die Entführer ausgerechnet diese und jene Planeten und Asteroiden anfliegen würden. Nach der Aussage von Betty Hill muß es zwischen Saturn und Jupiter Handelsrouten geben, d.h. also auch ein Handel im Sinne einer kaufmännischen Tätigkeit existieren. Ausgehend vom Jupiter gibt es nach Koch und Kyborg Reiserouten zum Asteroiden Pallas, zum Merkur und zum Mars. Zur Venus und einigen größeren Asteroiden wurden Expeditionen durchgeführt. Handelsbeziehungen würde man natürlich nicht zu nur durch Expeditionen besuchten Planeten unterhalten, sondern wohl eher zu ständig von einer Zivilisation bewohnten Welten. Wenn man annimmt, daß die Aussagen der Hills der Realität entsprechen und die Interpretation von Koch/Kyborg ebenfalls korrekt ist, dann würde das auch bedeuten, daß Saturn und Jupiter von einer außerirdischen Intelligenz bewohnt sind oder zumindest in einem Maße kolonisiert, daß ein Handel möglich ist. Wissenschaftliche Erkenntnisse haben diese Möglichkeit jedoch schon lange ad absurdum geführt.

Die Interpretation von Koch/Kyborg und auch die von Majorie Fish enthalten eine Vielzahl von Unsicherheiten. Sie setzen voraus, daß Betty Hill aus der Erinnerung heraus und unter Hypnose alle wesentlichen Himmelsobjekte skizziert hat, die ihr in einer 3-D-Darstellung gezeigt worden sind. Ein »vergessenes« Objekt würde schon alle Interpretationen zu Fall bringen. Zudem biegen sich die Autoren die Aussagen Betty Hills zurecht, indem sie aus »Handelsrouten« »Versorgungsrouten« für außerirdische Expeditionen werden lassen, was ihrer Interpretation eher entspricht. Zudem räumen sie selbst »perspektivische Vergrößerungen« und »mangelnde Zeichenkünste« Betty Hills ein.

Wie auch immer: Hier gilt meiner Meinung nach die Kritik, die schon Carl Sagan und Steven Soter 1974 in *Astronomy* gegenüber der Fish-Interpretation übten:

»Wir können jedenfalls immer von einer großen Menge Zufallsdaten einige herausnehmen, die einem vorher bekannten Muster entsprechen. Wenn wir dann auch noch die Freiheit haben, den günstigsten Aussichtspunkt zu wählen (von allen möglichen Richtungen, aus der ein dreidimensionales Muster betrachtet werden kann), ist es eine einfache Angelegenheit, die gewünschte Ähnlichkeit herbeizuführen. Natürlich stellt solch eine Ähnlichkeit im Falle einer Auswahl aus einer Zufallsmenge von Daten einen Kunstgriff dar – ein Beispiel des statistischen Trugschlusses, namens ›Aufzählung vorteilhafter Umstände‹.«

Auch Koch/Kyborg hatten viele Himmelsobjekte (Planeten, größere Asteroiden) zu Verfügung, konnten sich einen freien Punkt im Raum aussuchen, von dem aus man auf unser Sonnensystem blickt, und haben zudem noch die Ansicht auf einen Monat nach der Entführung verlegt. Ich meine, daß auch hier der Zufall das ähnliche Muster hervorgebracht hat. Sicherlich wird man, wenn man nur lange genug daran arbeitet, entsprechende Muster auch in anderen Himmelsregionen finden.

Die bisherigen Interpretationsversuche von Majorie Fish, Attenberg und Koch/Kyborg enthalten so viele Unsicherheiten, daß sie in keiner Weise aussagekräftig sind und auch keine Hinweise dafür liefern, daß es sich bei diesem Entführungsfall um ein reales Geschehen gehandelt hat.

Betty Hill – heute

Barney Hill ist am 25. Februar 1969 verstorben. Deshalb kann heute nur noch Betty von ihren Erlebnissen berichten. Die inzwischen 72jährige pensionierte Sozialarbeiterin gibt in Talk-Shows und anderen Interviews bereitwillig Auskunft. Eigentlich wollten die Hills zuerst überhaupt nicht mit ihrer Geschichte an die Öffentlichkeit. Doch aufgrund einer Indiskretion einer UFO-Gruppe aus Quincy, Massachusetts, wurden Teile aus einem heimlich aufgenommenen Interview veröffentlicht. Dieser entstellende und bruchstückhafte Zeitungsartikel war ausschlaggebend dafür, daß die Hills an die Öffentlichkeit gingen, um einen vollständigen und korrekten Bericht vorzulegen. Schließlich kam es zu einer Vereinbarung mit John G. Fuller, der die Geschichte in dem Buch *The Interrupted Journey* 1966 veröffentlichte. Am 20. Oktober 1975 strahlte das NBC-Fernsehen eine Verfilmung des Buches aus (*The UFO Incident,* mit James Earl Jones und Estelle Parsons als Barney und Betty Hill).

Seit ihrer Entführung beschäftigt sich Betty Hill mit UFOs, und das nicht nur am Schreibtisch. Dazu berichten Judith und Alan Gansberg in ihrem Buch *Die UFO-Beweise* näheres:

»Mehrmals pro Woche fährt Betty Hill zu einem flachen Feld 26 Kilometer südwestlich von Portsmouth, von dem sie inzwischen als ›meiner Gegend‹ spricht, ›die ich so nenne, damit sie einen Namen hat‹. An diesen Abenden geht sie in ein nahe gelegenes Restaurant, ißt gut und läuft dann mit ihrem Hund Brandy über das Feld, wobei sie unablässig den Himmel beobachtet. Betty glaubt, den Himmel über dieser Stelle als einen Sammelplatz für UFOs oder als ein Gebiet erkannt zu haben, wo sie bestimmte Formationen fliegen. Wie sie behauptet, entdeckt sie oft tieffliegende Raumfahrzeuge ohne Tragflächen.

Betty Hill begrüßt die UFOs freundlich winkend und ruft: ›Hallo, Freunde!‹ Sie hat nie eine Antwort erhalten, glaubt aber, daß die Fotos, die sie gemacht hat, gelungen sind. ... ›In meine Gegend scheinen sie aus allen Richtungen zu kommen‹, erklärt Betty. ›Sie fliegen eine Formation, die den Speichen eines Rades ähnelt, die auf die Nabe zulaufen. Dann schwärmen sie aus und fliegen in verschiedenen Richtungen davon. Vielleicht erhalten sie dort ihre Befehle für die Nacht. Ich weiß nicht, von wie vielen verschiedenen Plätzen sie kommen, doch sind sie alle auf einem Fleck. Und es sind immer die gleichen UFOs, die Nacht für Nacht dorthin zurückkommen‹.«

Weiter heißt es: »Ich habe gesehen, wie sich UFOs als Scheunen und Bauernhäuser getarnt haben.«

1978 gab Betty Hill dem jetzigen Leiter des CUFOS, Jerome Clark, ein Interview. Ich möchte daraus einige Passagen zitieren:

Clark: »Haben Sie seit Ihrem Erlebnis von 1961 irgendwelche weiteren UFO-Erfahrungen gemacht?«

Betty Hill: »Ja, als die Zeitungen 1965 den Fall veröffentlichten, hatten Barney und ich nochmal ein UFO gesehen. Dies half uns, weiterhin daran zu glauben, daß unser Erlebnis real war. Und kurz bevor das geschah, war das Gebiet um Exeter mit Sichtungen überflutet – so viele, daß John Fuller daraufhin das Buch *Incident at Exeter* schrieb. Nun, Exeter ist nur 12 Meilen von meinem Wohnort entfernt. Zu der Zeit, als ich noch Sozialarbeiterin in Exeter war, kam ich zwei bis drei Mal in der Woche mit Leuten aus der Gemeinde zusammen, kam regelmäßig zur Polizei-Station usw. So kenne ich mich dort gut aus. Nachdem die Geschichten über uns erschienen, erhielten wir ständig Anrufe von Leuten, die uns ihre eigenen UFO-Sichtungen erzählten. Ich begann die Meldungen in einer Karte einzutragen, um festzustellen, was geschah und aus welcher Richtung die UFOs kamen. Dann zeichnete sich was auf der Karte ab. Nachdem ich mit Nadeln das allgemeine Gebiet der Sichtungen markiert hatte, fand ich ein Gebiet in New Hampshire, das besonders intensiv beflogen wurde. Ich ging nun hin, beobachtete, machte Notizen und Fotos. Ich nenne dies mein ›Landegebiet‹. In den letzten drei oder vier Jahren fand ich Leute, die mich dorthin begleiten, so daß ich mit ihnen beobachten kann, was geschieht.«

Clark: »Was haben Sie dort draußen gesehen?«

Betty Hill: »UFOs! Alle Arten von ihnen. Beim Beobachten fand ich vieles unverständlich, aber wenn man zurückkehrt und sie wieder und wieder sieht, hat es schließlich einen Sinn...«

Clark: »Hatten Sie irgendwelche weiteren Nah-Beobachtungen?«

Betty Hill: »Ich hatte einige Erfahrungen mit einer besonderen Art von UFOs gemacht, die sich scheinbar darauf spezialisierten, Wagen zu verfolgen. Als ich mal auf meinem ›Landegebiet‹ parkte, schwebte ein UFO über dem Dach meines Wagens. Ich war so nahe dran, daß ich ohne weiteres mit einem

197

Stein zum Objekt hätte werfen können. Dann, vor zwei Jahren, verschwanden alle UFOs für drei Wochen völlig. Aber dann kehrten sie in größerer Anzahl zurück und brachten andere UFO-Typen mit. Die neuen UFOs waren eher feindlich. Vorher begleiteten sie Fahrzeuge, flogen über die Dächer und verhielten sich sehr spielerisch. Nun schossen sie Strahlen herab und stürzten auf Autos zu – so, als wollten sie die Leute aus dem Gebiet vertreiben. Ich hatte selbst einige schlimme Erfahrungen gemacht. Sie drängten mich verschiedentlich von der Straße ab, und einmal warf der Lack meines Wagens sogar Blasen. Ein besonderes UFO tauchte fast jede Nacht auf. Während des Winters 1976/77 sah ich es oftmals, es war sehr auffällig – eine Art flache Scheibe mit hellen, farbigen Lichtern um den Rand. Unter ihr gab es zwei weiße Scheinwerfer. Ich war in dieser Nacht mit einem pensionierten Militäroffizier und seiner Frau draußen. Als er das UFO sah, stieg er aus dem Wagen und lief auf das UFO zu. Plötzlich schoß eine große, wirbelnde Masse aus dem Objekt, ich weiß nicht was es war, aber es sah aus wie ein roter Ball, der drehend und rollend auf uns zu kam. Ich sprang aus dem Wagen und versuchte meine Filmkamera auszurichten, da traf ein grünes Licht meine Kamera und verbrannte den Auslöser, so daß sie nicht mehr funktionierte. Als der Offizier den roten Ball kommen sah, drehte er sich um und rannte zum Wagen zurück. Der rote Ball hielt an und rollte zum UFO zurück und verschwand.«

Seit den letzten Jahren sieht Betty Hill ständig UFOs. Einige hat sie sogar fotografiert. Allan Hendry, ehemaliger und erfahrener Felduntersucher von CUFOS, der Betty Hill ebenfalls interviewte, geht jedenfalls davon aus, daß es sich bei den Lichtern, die Betty als UFOs bezeichnet, um Flugzeuglichter oder sogar nur um Straßenlichter handelt.

Einmal äußerte Betty dem amerikanischen UFO-Forscher Dr. Berthold Schwarz gegenüber, daß alle ihre Familienmitglieder UFO-Sichtungen hatten – ihre Eltern, Geschwister, Nichten und Neffen. Zu diesen Sichtungen kamen dann auch noch Poltergeist-Phänomene, die sich nach der Begegnung im Haus ereigneten.

Betty Hill hat all ihre alten und neuen UFO-Erfahrungen in einem kleinen Buch zusammengefaßt. Der deutsche UFO-Forscher Ulrich Magin, der das Buch *A Common Sense Approach to UFOs* für das *Journal für UFO-Forschung* rezensiert hat, schreibt:

> »Wenn Betty Hill bereits vor ihrer Begegnung die Person war, als die sie in ihrem eigenen Buch erscheint, darf an ihrer objektiven Wahrnehmungsfähigkeit mehr als gezweifelt werden. Aber vielleicht ist ihre Fähigkeit, immer und überall UFOs zu sehen und selbst die absonderlichsten Sichtungen ohne Überprüfung zu glauben, erst als eine Art Schutzreflex vor ihrer überskeptischen Umwelt entstanden. Auf jeden Fall lebt Betty Hill in einem Freundeskreis aus UFO-Gläubigen.«

Wie wir gesehen haben, hat sich das Leben von Betty Hill verändert. Sie sieht nun ständig UFOs und glaubt, daß es sich hierbei um außerirdische Raumschiffe handelt. Diese unkritische Haltung kann man angesichts ihres Alters und der inneren Einstellung durchaus verstehen. Wir UFO-Forscher konnten Ähnliches auf einer Fachtagung im bayerischen Syrgenstein erleben, als eine ältere Dame, die sehr aktiv in der UFO-Bewegung der sechziger und siebziger Jahre war, in jedem sich scheinbar bewegenden Sternchen ein außerirdisches Raumschiff sah. Wir, die wir neben der Dame standen, schauten uns ratlos und kopfschüttelnd an.

Abschließende Betrachtung

In meinen Ausführungen habe ich nur die Essenz aus der Fülle von durchaus kritischen Fakten vorgestellt (weitere werden in den Quellen genannt). Sie zeigen aber deutlich, daß es genügend Hinweise dafür gibt, daß es sich bei der Hill-Entführung nicht vorbehaltlos um ein reales Geschehen gehandelt haben muß. So ist es durchaus möglich, daß der Auslöser der Entführungsgeschichte zum einen in der tatsächlichen Beobachtung eines für die Zeugen rätselhaften Lichtes und zum anderen in den persönlichen Verhältnissen und dem damaligen Umfeld zu suchen ist. Alle diese Gegebenheiten mögen die ganze Geschichte initiiert haben. Auch wenn es sich bei der

Hill-Entführung um einen der bekanntesten Fälle dieser Art handelt, der immer wieder in der Literatur als Beweis angeführt wird, können wir uns den vorgebrachten Kritikpunkten nicht verschließen. Wir müssen akzeptieren, daß sich die Hill-Entführung wahrscheinlich auf einer ganz anderen Ebene als der unserer objektiven Wirklichkeit abgespielt hat.

Die glücklichen Entführten des John E. Mack

Rudolf Henke

Was ist von einem Psychiater zu halten, der die Inhalte aller Träume und Visionen seiner Patienten wörtlich nimmt; der, wenn Leute erzählen, sie seien zur Errettung der Erde auserwählt, hätten mit dem Satan im Keller gekämpft oder Schnittwunden von Außerirdischen erlitten, diese Geschichten für bare Münze nimmt? Ich weiß nicht, ob derartige Psychiater immer häufiger werden – auf jeden Fall gelingt es ihnen im Zeitalter der Sensationsmedien zunehmend, öffentlich Gehör zu finden. Dabei unterscheiden sie sich in ihrer schier unbegrenzten Leichtgläubigkeit in keiner Weise von den Dämonengläubigen, die gleichartige Berichte ebenfalls wörtlich nehmen.

Von dem amerikanischen Bestseller *Abduction – Human Encounters with Aliens (Entführt – Begegnungen von Menschen mit Außerirdischen)* hätte zumindest hierzulande wohl außer den UFO-Gemeinden und der Boulevard-Presse kaum jemand Notiz genommen, wäre der Autor auf dem Schutzumschlag nicht ausdrücklich als Pulitzer-Preisträger und Harvard-Professor zusammen mit seinem akademischen Grad M. D. (Medicinae Doctor) ausgewiesen worden.

Schon vor Erscheinen der deutschen Übersetzung verging kaum eine UFO-Talk-Show im Fernsehen, in der nicht irgendwelche UFO-Forscher darauf hingewiesen hätten, daß ja nun »sogar ein Harvard-Professor und Pulitzer-Preisträger« von Entführungen durch Außerirdische überzeugt sei. Als ob die Forschungen und Thesen des John Mack damit schon legitimiert seien. Die Begeisterung reichte aus, selbst *Spiegel* und *FOCUS* dazu zu verführen, den »Mackianismus« in jeweils mehreren Artikeln aufzugreifen. Auch wenn das fast immer mit einem Augenzwinkern geschah, kann wohl kaum bezweifelt werden, daß durch entsprechende Berichte die Entführungsthematik in der breiten Öffentlichkeit aufgewertet wurde.

Mack hatte offenbar schon frühzeitig die Werbetrommel für sich und seine Therapien gerührt. Bereits zwei Jahre vor Erscheinen seines Buches in den USA berichtete das *Wall Street Journal* (15. Mai 1992) ausführlich über ihn. Einen Monat später fand der Bericht unter der Schlagzeile »Extraterrestrische Psychiatrie: Harvard-Professor verspricht UFO-Opfern Heilung« Eingang in die *Münchner Medizinische Wochenschrift* (12. Juni 1992). Damals seien Mack »Berichte von etwa 50 Personen über ihre Entführung zugänglich geworden«, die nach seiner Überzeugung »auf Wahrheit beruhen«. Zwei Jahre später sei die Zahl auf »76 Personen«, die Macks »sehr strengen Kriterien für eine wirkliche Entführung erfüllen«, angestiegen – »darunter auch drei Kinder von acht Jahren und darunter« (das jüngste war zwei Jahre alt). Das würde bedeuten, daß pro Jahr etwa ein Dutzend neue »echte« Entführte bei Mack auftauchten.

In seinem Buch erklärt Mack, daß er innerhalb von dreieinhalb Jahren insgesamt »mehr als 100« Klienten hatte, »die aufgrund ihrer Entführungen oder anderer ›anormaler‹ Erfahrungen« zu ihm gekommen seien (S. 13). Nirgendwo verrät Mack, warum demnach mindestens 25 % aller Klienten nicht seine vorgeblich »strengen Kriterien« erfüllten. Im Herbst 1995 sprach Mack immer noch von »etwa 100 Fällen«, an denen er »intensiv arbeitete«.[1] Trotz des gewaltigen Erfolges seines Buches scheinen demnach wenig neue Entführte hinzugekommen zu sein. Ähnlich mäßig fiel die Reaktion in Deutschland nach Ausstrahlung von Christian Bauers ZDF-Film *Von UFOs entführt* im Mai 1993 aus. Laut Mack »meldeten sich lediglich zwanzig Leute« darauf (S. 24).

FOCUS widmete einem Interview mit Mack im August 1995 ganze fünf Seiten unter der Schlagzeile »Die irren Fälle des Doktor Mack«. Ganz davon abgesehen, daß Kritiker nicht zu

Wort kamen, schmeichelte der Interviewer Mack, indem er ihn mit Giordano Bruno verglich und »zum wichtigsten UFO-Wissenschaftler aller Zeiten« erklärte. Aber auch Mack selbst war nicht kleinlich, stellte er sich doch in dem Interview in die »Kultur von Marx, Freud, Einstein«.

Rund eineinhalb Jahre zuvor, am 5. Mai 1994, hatte sich das Magazin in einem vierseitigen Artikel wesentlich skeptischer über Mack und seine Methoden geäußert. Es berichtete über eine Forscherin, die sich Mack gegenüber als Entführte ausgegeben und dabei die absurdesten Geschichten erzählt hatte (zum Beispiel, daß Chruschtschow und Kennedy während der Kuba-Krise an Bord eines Alien-Raumschiffes weilten). Mack habe ihre Geschichte kritiklos geschluckt (was dieser später freilich bestritt).

Deutschlands auflagenstarke TV-Zeitschrift *Hör zu* schlachtete das Entführungsthema ebenfalls aus: Innerhalb von nur fünf Monaten (zwischen September 1995 und Februar 1996) berichtete das Blatt gleich in drei ausführlichen Artikeln über die Forschungen Macks und anderer Untersucher. In dem ersten Artikel vom 15. September 1995 wurde Mack zum »bisherigen Skeptiker« erklärt – eine gängige Taktik, um die Glaubwürdigkeit eines Themas zu erhöhen. Denn damit wird suggeriert, daß es die Fakten sind, die entschieden haben – und nicht das Wunschdenken einer Person. Doch auch Mack selbst erklärte sich wiederholt zum ehemaligen Skeptiker. Dies geschah zum Beispiel in der SAT-1-Sendung *Schreinemakers* am 26. Oktober 1995 im Gespräch mit Hans-Jürgen Köhler vom CENAP aus Mannheim.

Daß sich Mack weitab von den »engstirnigen ... empirischen Methoden« (S. 523) bewegt, zeigt schon das Literaturverzeichnis seines Buches: Von den dortigen 86 Literaturangaben beziehen sich rund zwei Drittel (54) auf reine UFO-Literatur und elf Angaben auf esoterische Publikationen. Nur bei 10 Quellen handelt es sich um psychologische Werke, doch davon wiederum ist die Hälfte Außenseiter-Literatur. Dies allein macht deutlich, daß sich Mack erst gar nicht lange mit traditionellen Erklärungsmustern abgibt. Am häufigsten im Text (15 x) zitiert Mack Budd Hopkins, der das Entführungsphäno-

men populär gemacht hatte. Doch Hopkins ist kein ausgebilde-
ter Psychologe, sondern Künstler und Hobby-Hypnotiseur.

Nach kritischer Literatur sucht man in Macks Werk nahezu
vergeblich. So findet sich weder im Literaturverzeichnis noch
im Personenindex der Name Philip Klass, der fünf Jahre vor
Erscheinen von Macks Werk das einzige kritische Buch zur
Entführungsthematik in den USA veröffentlicht hatte.[2] Da ja die
Glaubwürdigkeit vieler Berichte mit der Methode der Hypnose
steht oder fällt, ist es verwunderlich, daß auch der Name Martin
T. Orne – der weltweit bekannteste Experte für Hypnose – in
Macks Buch nicht erwähnt wird. Auch Hinweise zur bekannten
Studie mit imaginären Entführten von Alvin H. Lawson und
William C. McCall sucht man vergeblich.[3] Dafür weist der
Harvard-Professor stolz darauf hin, daß »der zweitgrößte
Fernsehsender Deutschlands im Mai 1993 eine fünfundvierzig-
minütige Dokumentation über das Phänomen der UFO-Ent-
führungen ausstrahlte, die mit dem höchsten deutschen Fern-
sehpreis ausgezeichnet wurde« (S. 24). Mack bezieht sich auf
den ZDF-Film von Christian Bauer, *Von UFOs entführt,* der am
23. Mai jenes Jahres gesendet wurde. Allerdings wurde dieser
Film nicht »mit dem höchsten deutschen Fernsehpreis ausgezeichnet«; Bauer hatte diesen Preis – gemeint ist der Adolf-
Grimme-Preis – zuvor für einen ganz anderen Beitrag, der
nichts mit UFOs zu tun hatte, erhalten. Was Mack in diesem
Zusammenhang verschweigt, konnte man im *Spiegel* erfahren:
»Als Bauer den engagierten Kritiker und Buchautor Philip
Klass ... vor der Kamera interviewen wollte, drohten Jacobs und
Mack mit einem Boykott des Filmvorhabens; Bauer gab klein
bei.«[4]

Es ist auch hierzulande seit einigen Jahren gang und gäbe,
daß Kritiker von den Vertretern phantastischer Spekulationen
entweder totgeschwiegen werden oder analogen Zensurmaß-
nahmen zum Opfer fallen.[5] Wenn sich Autoren wie Mack oder
Jacobs ihrer Sache so sicher wären, hätten sie es dann nötig,
Kritikern auszuweichen?

Mit Nachdruck fordert Mack im Schlußabschnitt seines
Buches (ab S. 561) einen Paradigmenwechsel, wobei er sich
wie zahlreiche andere New-Age-Anhänger auf die wissen-

schaftstheoretischen Thesen von Thomas Kuhn beruft. (S. 35) Doch allein sein traditionelles trinitäres Menschenbild, das den Menschen noch in »Geist, Körper und Seele« untergliedert (S. 522) und natürlich sein Unvermögen, in emotionsgeladenen Schilderungen etwas anderes als Tatsachenberichte zu sehen, bietet sich kaum für einen solchen Wechsel an.

Bereits in der Einleitung erklärt Mack, »daß im Prinzip noch kein anerkanntes wissenschaftliches Zeugnis existiert«, das er »zur Untermauerung« seiner »Argumente oder Schlußfolgerungen hätte heranziehen können«. (S. 14) Mit weniger »gewundenen« Worten heißt das schlicht und einfach, daß es keine Beweise für Entführungen gibt. Einige Seiten weiter wird Mack deutlicher, indem er erklärt, daß »es weder physische noch sonstige ›Beweise‹ für Entführungsphänomene gibt«. (S. 41) Angesichts dieser Aussagen gerät die Forderung nach einem Paradigmenwechsel, also zu völlig neuen wissenschaftlichen Grundannahmen, erst recht zur Farce.

Man wäre versucht, Mack für seine Eingeständnisse zu loben, wüßte man nicht, daß er auf Insider-Veranstaltungen und in TV-Interviews weit weniger zurückhaltend argumentiert, denn da verweist er immer wieder auf angeblich objektive Belege wie z. B. »außerirdische Operationsnarben«.

Wenn Mack in Talk-Shows von sich behauptet, er habe sich vom Saulus zum Paulus gewandelt, widerspricht er eigenen Aussagen in seinem Buch. So erfahren wir, daß er »Transpersonale Psychologie« studiert habe, und gleich zu Beginn des Vorwortes erklärt er: »Ein Autor, der ein Wagnis unternimmt, das so neuartig ist wie dieses hier, muß sich fragen, ob nicht eine Verbindung zu seiner früheren Arbeit gefunden werden kann. Für mich besteht diese Verbindung in der Frage nach unserer Identität – wer sind wir im tiefsten und weitesten Sinn.« (S. 9) Mack orientierte sich also schon vor seiner Einlassung auf die Entführungsthematik an der Identitäts- und Sinnfrage, die auch das gesamte Buch durchzieht: »Dieses Buch handelt nicht einfach von UFOs oder gar Entführungen durch Außerirdische. Es handelt davon, wie dieses Phänomen sowohl traumatisch als auch transformierend, unser Verständnis von uns selbst und unser Verständnis von der Realität erweitern und unser verstummtes Potential als Erforscher eines Universums, das reich an Geheimnissen, Bedeutung und Intelligenz ist, wecken kann.« Das sind Aussagen, wie wir sie nicht in einer wissenschaftlichen, wohl aber in einer religiösen bzw. esoterischen Abhandlung erwarten würden. Schon dem UFO-Kritiker Philip Klass war aufgefallen, wie sehr religiöse Vorstellungen die Entführungsliteratur durchziehen.

Von einer Distanz zwischen Forscher und Entführtem hält Mack nichts: »Ich selbst bin in meiner Arbeit mit Entführten vollständig einbezogen und erfahre und durchlebe die Welt, die sie aus ihrem Unterbewußtsein abrufen. Meine gesamte Psyche oder mein gesamtes Wesen ist daran beteiligt.« (S. 523) An dieser Stelle merkte der Autor wohl, daß er mit seiner Aussage zu weit ging. Daher fügte er beschwichtigend hinzu, daß sein »rationales oder beobachtendes Selbst dennoch stets vorhanden« sei, das »diesen Prozeß begrenzt und beschützt«. Doch gleich im nächsten Abschnitt verwirft er »die empirischen Methoden« als »engstirnigen Weg«. »Um etwas über die Welten ›hinter dem Schleier‹ ... zu erfahren, benötigen wir«, laut Mack, »möglicherweise eine andere Art von Bewußtsein«. Einer Aufforderung zu einem religiösen Glaubensbekenntnis nahe kommt seine Aussage: »Erst wenn man das Phänomen akzeptiert, erlangt man Verständnis dafür«. Und beim Befragen seiner Entführten läßt sich Mack nach eigener Aussage auch von seiner »Intuition« und seinen »Gefühlen« leiten.

Mack ist sich natürlich darüber im klaren, daß dieses Vorgehen »von einer westlichen Perspektive aus als ›Verfälschung‹ gelten mag« und so manche Entführungs-Geschichte »aus einer rein westlichen, wissenschaftlich-philosophischen Perspektive heraus ... als Unsinn verworfen werden müßte« (S. 448), doch ist es für ihn entscheidend, »daß der Erfahrene« und er »an einer Evolution des Bewußtseins teilgenommen haben« (S. 524), was immer dieses esoterische Geschwafel auch besagen soll.

Mit entwaffnender Treuherzigkeit berichtet Mack, aufgrund welcher Kriterien er einen Entführungsbericht für real ansieht: »Mein eigenes Kriterium, das darüber entscheidet, ob ich den Beobachtungen eines Entführten Glauben schenke oder nicht, besteht ganz einfach aus der Frage, ob der Betroffene das, wovon er berichtet, als real empfunden hat und ob er es mir aufrichtig und so erzählt, wie es wirklich gewesen ist.« (S. 48)

So einfach ist das also. Aber empfinden nicht auch Psychotiker und »Pseudologen« ihre Halluzinationen oder Wunschphantasien zumindest zeitweise als real?

Welche konkreten Methoden wendet Mack an? »Hypnose, schamanistische Reisen, Meditation, Atemtechnik nach der Grof-Methode, visionäre Aufgaben und andere Dinge, die im Westen als ›nicht normale‹ Bewußtseinszustände bezeichnet werden.« (S. 522)

»Die Art von Hypnose oder des Trancezustandes, in die ich die Patienten versetze, ist durch ... meine Erfahrung in holotropischer Atemtechnik entstanden ... Diese Technik basiert auf einem tiefen, schnellen Atmen, stimulierender Musik, bestimmten Bewegungen und symbolischem Zeichnen.« Die während dieser Technik in Kombination mit Hypnose »mit außergewöhnlicher Intensität« auftretenden »körperlichen Empfindungen, Bewegungen und vehementen Gefühlsausbrüche resultieren« für Mack »offensichtlich aus dem starken Eindruck der ursprünglichen Erfahrung.« (S. 38)

Auf den Gedanken, daß diese Hyperventilationstechnik den Entführten in einen pathogen-halluzinatorischen Zustand – ähnlich wie beim sogenannten Rebirthing – versetzen könnte, kommt Mack erst gar nicht.

Was die Hypnose anbelangt, führt der Autor zwar Argumente der Kritiker und Skeptiker an, die bestritten, »daß Entführungsphänomene real sind«, da »eine Erinnerung unter Hypnose ungenau sei und der Patient seine Rückerinnerung möglicherweise nur entwickele, um damit den Erwartungen des Hypnotiseurs zu entsprechen«. Doch »glaubt« er, »daß Kritik dieser Art unhaltbar sei«, denn der Einwand der Ungenauigkeit von Erinnerungen unter Hypnose beruhe »hauptsächlich darauf, daß in den USA eine Anwendung von Hypnose bei Zeugen vor Gericht in solchen Klagefällen nicht zulässig« sei, »in denen es nicht von vitalem Interesse für die befragte Person« sei. »Im Falle der Entführungen jedoch« seien »diese Erfahrungen« für die Betreffenden »von immenser Bedeutung.« (S. 39)

Diese verquere Logik, die alle kritischen empirischen Untersuchungen zur Zuverlässigkeit von Hypnose als Regressions-
methode, also als Technik zur Wiedererlangung von Erinnerungen, ignoriert, wird nur verständlich, wenn man bedenkt, daß
Mack längst aufgehört hat, sich an logischen Bezügen zu orientieren. Einzig wichtig ist ihm die Bedeutung, die der Entführte
aus den mittels Hypnose gewonnenen Erfahrungen zieht. Der
Zweck heiligt für ihn offenbar die Mittel, denn: »Angesichts
eines UFO-Phänomens wie den UFO-Entführungen ..., scheint
die Frage unangemessen zu sein, ob eine Hypnose ... genau das
wiedergibt, was im wörtlichen Sinne oder tatsächlich ›geschehen‹ ist. Eine weitaus nützlichere Frage scheint es mir zu sein,
ob diese Untersuchungsmethode uns in die Lage versetzt, über-
einstimmende Informationen zu sammeln, die von emotionaler
Überzeugung getragen werden und unser Wissen über solche
Phänomene erweitern, die für das Leben der Erfahrenen und
unsere gesamte Kultur bedeutsam sind.« (S. 524)

UFO-Begeisterte sollten über diese Aussagen eingehend
nachdenken, bevor sie sich weiter auf Mack als Kronzeugen für
UFO-Entführungen beziehen. Denn Mack macht darin deutlich,
daß es ihm nicht auf eine objektive Realität ankommt.
Jedenfalls läßt diese Aussage jede Art von Hintertür offen.
Mack blockt damit jegliche rationale Kritik ab. Da Mack zudem
deutlich macht, daß er wenig von den konventionellen wissenschaftlichen Methoden hält, könnte man ihm auch kaum mit
dem Kriterium kommen, wonach Thesen mit wissenschaft-
lichem Anspruch grundsätzlich widerlegbar sein müssen. Wohl
aber den Ufologen, die sich auf ihn als Wissenschaftler beziehen. Sie müssen sich klarmachen, daß sich Mack außerhalb des
Rahmens der Wissenschaften bewegt und daher als Wissenschaftler nicht ernstgenommen werden kann.

Auch wenn ich aufgrund meiner Erfahrungen die Voraussage
wage, daß UFO-Begeisterte Mack dessenungeachtet auch weiterhin als wissenschaftliches Aushängeschild benutzen werden,
wäre es doch theoretisch denkbar, daß sie sich vornehmlich auf
die Inhalte von Macks Buch beziehen. Schon deshalb erscheint
es angebracht, auch kurz auf die 13 Fallgeschichten in Macks
Buch und ihre Interpretation durch den Autor einzugehen.

Kein Autor, der von UFO-Entführungen überzeugt ist, versäumt es, darauf hinzuweisen, daß die meisten Interviewten »geistig völlig normal« seien – so auch Mack: »Alle Anstrengungen, [bei Entführten] ein psychopathologisches Muster zu erkennen, das über Störungen im Zusammenhang mit einem ... traumatischen Ereignis hinausgeht, blieben ohne Erfolg.« (S. 30)

Bei angeblich erst durch ein Entführungstrauma ausgelösten Störungen »reicht die Palette von Alpträumen und Ängstlichkeit bis hin zu chronischer nervöser Unruhe, Depressionen und sogar Psychosen« (S. 25). Ob jedoch gerade Psychosen als Reaktionen auf traumatische Erlebnisse entstehen können, ist unter Macks Fachkollegen zumindest umstritten.

Im folgenden erklärt Mack dann entschuldigend, daß er vier seiner 76 Fälle von anderen Psychologen »kostspielig und zeitaufwendig testen« ließ, und daß einer davon »stark gestört« sei. Es handle sich um einen von zwei Fällen, »in denen eine stationäre psychiatrische Behandlung nötig« gewesen sei. Warum nennt Mack keine Diagnose, die gewiß gestellt worden ist?

Man braucht kein Rechenkünstler zu sein, um somit auf eine Quote von 25 % »stark Gestörten« bei diesen vier Getesteten zu kommen. Doch woher will Mack wissen, ob jene »Störungen« inklusive Psychosen, die er einem Entführungserlebnis zuschreibt, tatsächlich durch eine UFO-Entführung ausgelöst wurden? Zumal er selbst feststellt: »Es ist ... offensichtlich nicht ergründbar, welche Faktoren einer Entführung hinsichtlich ihres Einflusses auf die Persönlichkeitsbildung Ursache sind und welche Wirkung.« (S. 31)

Und was ist mit den schon erwähnten mehr als 25 % seiner Klienten, die er von vornherein ausgesiebt hat? Mack scheint nach der Devise zu handeln: »Traue keiner Statistik, die du nicht selbst manipuliert hast.«

Es bleibt reine Definition, welche Störung Mack einer Entführung zuschreibt und welche nicht. Wer, wie Mack es tut, in vielen Fällen Entführungen nicht nur in allerfrühester Kindheit, sondern sogar in früheren Leben aufdeckt, kann natürlich jede psychische Störung auf ein Entführungserlebnis zurückführen. Übrigens ist es so manchem UFO-Forscher peinlich, wenn man

Macks Glauben an viele Wiedergeburten anspricht, kratzt dies doch erheblich am künstlich aufgebauten Image des seriösen Harvard-Wissenschaftlers.

Mack ist zugute zu halten, daß er die Personen seiner 13 in seinem Buch diskutierten Fälle recht ausführlich auch in biographischen Einzelheiten schildert. Doch leider verzichtet er weitgehend auf eine chronologische oder andere systematische Darstellung. Auch fehlt jegliche vergleichende Übersicht, zum Beispiel in Form einer Tabelle oder genauen Statistik. Die biographischen Angaben wählt er wahllos aus. So haben wir über die so wichtigen Kinder- und Jugendjahre einiger Entführter keine oder nur sehr spärliche Informationen. Bemerkenswert ist auch, daß er nahezu keine einzige Person von ihrem Äußeren her beschreibt (einzige Ausnahme ist »Dave«, von dem wir erfahren, daß er nur ein Auge besitzt). Wir erfahren also zum Beispiel nicht, ob seine Entführten dick oder dünn, schön oder häßlich sind.

Weit bedenklicher ist, daß der Autor sich fast vollständig auf die Berichte seiner Klienten verläßt, also gar nicht erst den Versuch macht, gezielt deren Angehörige – vor allem Eltern und Geschwister – zu befragen.

Er hält es überhaupt nicht für notwendig, grundsätzlich objektiv nachweisbare Angaben, zum Beispiel Narben, zu überprüfen. Er befindet sich damit in bester Gesellschaft mit anderen Entführungs-Forschern, die seltsamerweise auch nicht auf die Idee kommen, Hautmale von einem Dermatologen untersuchen zu lassen oder UFO-Sichtungen auf ihren möglichen Auslöser hin zu überprüfen. Nur zu einer einzigen UFO-Sichtung (zum »Fall Catherine«) zitiert Mack zwei Pressemeldungen zur Unterstützung der UFO-Hypothese. Dabei scheint es sich hier eindeutig um einen Meteor gehandelt zu haben (S. 199).

Mack trennt auch nicht scharf zwischen den spontanen Erinnerungen und den erst unter Hypnose gewonnenen Einzelheiten, sondern wirft beides immer wieder durcheinander.

Zusammengefaßt läßt sich festhalten, daß Macks Abhandlungen weit entfernt von einem wissenschaftlichen Anspruch sind, sondern daß es sich dabei eher um Anekdotensammlungen, versehen mit einer Menge esoterischer Glaubensbezeugungen, handelt.

Ich habe mir die Mühe gemacht, alle Fallgeschichten in Macks Buch aufmerksam zu studieren und nach mehr als 30 Kriterien auszuwerten. Das mit Hilfe einer Psychologin erarbeitete vorläufige Ergebnis dieser Auswertung stellte ich im September 1996 auf der 7. Tagung der Gesellschaft zur wissenschaftlichen Untersuchung von Parawissenschaften (GWUP e. V.) in der Archenhold-Sternwarte in Berlin unter dem Titel *UFO-Entführungen – zwischen Phantasie und Wahn* in einem Referat vor.

Es zeigte sich, daß alle 13 Entführten ohne Ausnahme bereits Jahre vor Aufdeckung der Entführungen stark esoterik- oder ufogläubig waren. Die meisten von ihnen (neun Personen) hatten zudem schon vor den ersten Hypnosesitzungen mit Mack Kontakte mit anderen Entführten gehabt.

Neun gaben an, aus einem streng religiösen – meist katholischen – Elternhaus zu stammen; nur zwei sprachen von einer glücklichen Kindheit. Sieben erlebten dagegen das Verhältnis zu ihren Eltern – meist zum Vater – als ausgesprochen negativ.

Mit einer einzigen Ausnahme bekundeten Macks Entführte starke Minderwertigkeitsgefühle; zehn empfanden sich bereits während ihrer Kindheit als Außenseiter. Ebenso viele äußerten vor bzw. während der Sitzungen zum Teil grandiose Allmachts- und Auserwähltheitsgefühle, wie man sie eigentlich am ehesten bei UFO-Kontaktlern erwarten würde.

Sieben befanden sich bereits vor der Begegnung mit Mack in zum Teil jahrelanger psychologischer oder psychiatrischer Behandlung. Fünf gaben an, Drogen zu nehmen – darunter vor allem Haschisch, aber auch LSD sowie Alkohol.

Mindestens sieben litten gerade unter Lebenskonflikten (Tod der Mutter, Ehe- und Sexualprobleme, Arbeitslosigkeit usw.), ebenso viele äußerten diffuse Lebensängste, aber keine Ängste vor Entführungen. Denn neun Personen empfanden die Entführungserfahrungen als überwiegend oder ausschließlich positiv – von traumatischen UFO-Erlebnissen kann also kaum die Rede sein. Drei äußerten gemischte Gefühle; und nur eine einzige der 13 Personen empfand ihre Erfahrungen als durchweg negativ.

Ist es nur ein Zufall, daß es sich dabei um die einzige Person handelt, die kurz vor Beginn der Therapie mit Mack das schwerste irdische traumatische Erlebnis von allen erfahren hatte, nämlich den Tod ihrer Mutter?

Zu denken geben sollte auch, daß die meisten Entführten ihre ersten Erlebnisse noch nicht im ufologischen Sinn interpretierten, sondern als religiöse oder paranormale Erfahrung begriffen. Demnach ist es vielleicht nicht sehr verwunderlich, daß sich nur vier UFO-Sichter unter ihnen befinden (nebenbei bemerkt, alles Phänomene, die sich leicht identifizieren lassen). Erst nachdem sie mit der Entführungshypothese vertraut wurden (durch Bücher, Filme oder andere Entführte) fand nach und nach eine Umdeutung statt. Fünf von ihnen äußerten UFO-Phantasien gar erst im Verlaufe der Sitzungen mit Mack. Doch acht berichteten von apokalyptischen Weltuntergangsvisionen, wie sie für stark religiös motivierte Menschen typisch sind.

Zehn der dreizehn bekundeten zum Teil ungewöhnliche Sexualphantasien. Mehrere litten zuvor unter Potenzproblemen, Unfruchtbarkeit und sexuellen Identitätsproblemen.

Gegen die Objektivität der geschilderten ufologisch (um)gedeuteten Erfahrungen spricht, daß diese höchst individueller Natur sind – so individuell wie die Berichterstatter – und kaum Gemeinsamkeiten aufweisen: Die ETs sehen nicht nur jeweils anders aus, sondern verhalten sich auch immer wieder anders. Sogar die Entführungsorte sind höchst unterschiedlich, von der Höhle, über ein Haus am Strand bis hin zur typischen Untertasse. Auch die Berichte aller anderen Entführungsforscher weisen diesen Mangel an Übereinstimmungen auf. Es verwundert daher, warum die Untersucher hartnäckig immer wieder das Gegenteil behaupten. Die wenigen Übereinstimmungen lassen sich leicht psychologisch erklären oder auf (unbewußt aufgenommene) Elemente aus Büchern, Filmen und Fernsehdokumentationen zurückführen. Es dürfte kein Wunder sein, daß das Entführungsphänomen in Amerika beheimatet ist. In den dortigen unzähligen TV-Kanälen sind Außerirdische schon seit vielen Jahren tagtäglich präsent – und das sogar in Krankenhaus-, Polizei- und Familienserien. Kaum einer dürfte sich dort noch den stieren Blicken der totenköpfigen haarlosen Außerirdischen auf Buchrücken, Leinwänden und TV-Bildschirmen entziehen können. Phil Klass beschreibt das Einhergehen von US-Entführungsdokumentationen mit der Zunahme entsprechender Berichte eindrucksvoll in einem Buch.[2]

In fünf Fällen fanden sich eindeutige Hinweise auf eine Psychose (Schizophrenie, paranoider Verfolgungswahn, Manie), in anderen auf weitere psychische Störungen (Borderline-Syndrom, Hysterie, Migräne). In rund jedem zweiten Fall (sechs Personen) verhalten sich die Entführten analog zum Persönlichkeitsprofil des *Fantasy-prone-Syndroms*. Das heißt, sie lebten bereits während ihrer Kindheit in einer Phantasiewelt mit erfundenen Spielgefährten, erzählten phantastische Geschichten, glauben daran, über außergewöhnliche (para)normale Fähigkeiten – vor allem über Heilkräfte (acht Personen) – zu verfügen usw.

Es gibt nicht den geringsten Grund, die neuzeitliche – sprich ufologische – Form des Dämonismus zur Erklärung der Entführungsgeschichten heranzuziehen, denn alle geschilderten Erfahrungen lassen sich mühelos aus den irdischen Biographien der Entführten herleiten. UFO-Forscher verweisen gern auf die während der Hypnosesitzungen häufig zutage tretenden starken Gefühle der Entführten und erklären, diese verwiesen auf reale Erlebnisse. Dieser Schluß entbehrt jeglicher Logik, denn Gefühle – mögen sie auch noch so stark sein – hängen davon ab, ob der Proband glaubt, entführt worden zu sein. Hieb- und stichfeste objektive Belege für Entführungen durch Außerirdische haben bis heute weder Mack noch andere Forscher vorgelegt.

Können wir das Geheimnis erklären?

Dr. Johannes Fiebag

Nicht erst seit der Veröffentlichung der *Communion* von Whitley Strieber (in Deutsch *Die Besucher*[1]) und *Intruders* von Budd Hopkins[2] ist vorwiegend in den USA ein Phänomen zu beobachten, das man als Entführungs-Syndrom bezeichnen könnte, und nach wie vor sind die Verschleppungen in ein UFO ein mehr als nur kontroverses Thema. Dies ist verständlich: Viele Wissenschaftler sind nicht bereit, selbst CE-I- oder CE-II-Sichtungen von Astronomen oder Piloten ernst zu nehmen, Entführungen in ein außerirdisches Raumschiff, medizinische und psychologische Untersuchungen durch kleine graue Männchen und die anschließende Wiederfreilassung liegen für sie jenseits des Akzeptablen. So werden Skeptiker wie etwa Phil Klass nicht müde, ein ums andere Mal einen solchen Bericht als Schwindel, bestenfalls als Halluzination zu bewerten. Nichtsdestotrotz nimmt die Anzahl jener, die behaupten, Opfer einer solchen Entführung geworden zu sein, beständig zu.

Der erste bekannt gewordene Fall war der des Ehepaares Betty und Barney Hill. Da er in diesem Buch an anderer Stelle vorgestellt wird und inzwischen weltweit publiziert wurde[3], soll hier auf eine nähere Beschreibung verzichtet werden. Tatsächlich hat sich gezeigt, daß er nur einer von vielen ist, die global auftreten – in den Regenwäldern von Simbabwe genauso wie in Mitteleuropa oder in der ehemaligen Sowjetunion. T. J. Bullard[4] vermochte in seiner Dissertation über UFO-Entführungen darüber hinaus in 163 von 193 untersuchten Fällen einen nahezu identischen Ablauf der Ereignisse festzustellen (eine gute deutsche Zusammenfassung gibt Brand[5]). Demnach beginnen die meisten dieser Entführungen mit der Inbesitznahme des Zeugen, es folgen eine Untersuchung und eine Unterhaltung an Bord, daran schließen sich manchmal eine Reise oder sogar außerplanetare Ausflüge an, häufig kommt es zu einem Wahn mit religiösem Inhalt oder anderen Visionen, danach erfolgt die Rückkehr, die von Nachwirkungen psychischer oder physischer Art begleitet oder gefolgt wird.

Auch die einzelnen dieser Abschnitte zeigen wiederum überdurchschnittliche Gemeinsamkeiten, etwa die Inbesitznahme des Zeugen: Zunächst das Eindringen beziehungsweise Einschleichen eines UFOs an den Ort des Zeugen, Aufbau einer Zone völliger Fremdartigkeit mit Aufhebung bekannter physikalischer Gesetze, ein Zeit- beziehungsweise Gedächtnisverlust des Zeugen und schließlich die Aneignung, sobald die UFO-Insassen den Zeugen in ihre Obhut nehmen.

In 77 % aller Fälle beginnt die Übernahme des Zeugen nach T. Bullard/I.Brand[4, 5] damit, daß den Zeugen ein Lichtstrahl trifft und eine unbekannte Kraft ihn anzieht. Ihm erscheinen daraufhin Wesen, die mit ihm in eine Konversation eintreten, ihn unter ihre Kontrolle bringen und ihn meist schwebend ins Schiff eskortieren. Der Zeuge erleidet bei Eintritt in das Schiff einen ersten momentanen Gedächtnisverlust (sogenannte doorway amnesia).

Der Zeuge wird entkleidet, gesäubert und auf einen Tisch gelegt. Es finden manuelle oder mit Hilfe automatischer Sensoren durchgeführte Untersuchungen statt, innere Organe und physiologische Funktionen werden instrumentell analysiert, Gewebeproben von Haut, Haaren oder Körperflüssigkeiten entnommen. Meist folgt anschließend eine besonders intensive Untersuchung der Geschlechtsorgane und des neurologischen Systems, wobei dünne Nadeln oder andere Instrumente ins Gehirn oder ins Rückenmark eingeführt werden. Zum Abschluß werden Verhaltenstests durchgeführt.

Nachdem die Untersuchungen abgeschlossen sind, folgen zuweilen die bereits erwähnten Visionen, Gottesbegegnungen oder Botschaftsübermittlungen. Am Ausgang des Schiffes erfährt der Zeuge eine Ausgangs-Amnesie, die ihn die Erlebnisse an Bord nahezu völlig vergessen läßt. Die Wesen begleiten ihn schwebend zur Erde, und nach dem Abflug des Schiffes tritt der Zeuge wieder in die normale Welt ein.

Welche Möglichkeiten einer Erklärung bieten sich für derart seltsame Geschehen an? Wir wollen die bislang vorgebrachten Ansätze klassifizieren und näher untersuchen:

1. Die Nachahmungs-Hypothese

Phil Klass glaubt, daß sich der verfilmte UFO-Entführungsfall von Betty und Barney Hill (den er für eine Halluzination hält) in der kollektiven Psyche der Amerikaner festgesetzt habe und durch Amateur-Hypnotiseure immer wieder aufs neue belebt werde[6]. Dies ist wenig überzeugend. Zum einen fand der Film auch in Amerika nur geringe Verbreitung, zum anderen erklärt diese Hypothese nicht, wie es auch in anderen Ländern

214

zu nahezu gleich ablaufenden Entführungen kommt, obwohl der Film dort überhaupt nicht bekannt ist oder war. Ganz richtig bemerkt auch Dennis Stacy[7], daß nach dieser Hypothese Kinder in aller Welt von ET-Wesen kontaktiert werden mußten, denn der berühmte Steven-Spielberg-Streifen *ET* wurde von mehr als 700 Millionen Menschen weltweit gesehen. Derartige Entführungen geschehen jedoch nicht.

2. Die Sexual-Hypothese

Da bei etlichen Entführungen sowohl bei Männern als auch bei Frauen ein besonderes Augenmerk auf die Untersuchung von Geschlechtsorganen gelegt und bei einigen der entführten Frauen sogar künstliche Befruchtungen durchgeführt worden sein sollen[2], glauben einige, hier träten versteckte sexuelle Phantasien zutage. Douglas Chapman[8] schreibt dagegen:

> »Wenn Wunschdenken für diese Phänomene verantwortlich sein soll, dann muß es eine erstaunlich große Anzahl von Leuten geben, die sich selber schmerzhafte Vorgänge in ganz identischer Weise wünschen.«

3. Die Krankheits-Hypothese

Sind alle Entführungs-Opfer vielleicht geisteskrank? Haben sie Störungen des Nervensystems? Sind sie masochistisch veranlagt? Dagegen spricht ein Test, den Ted Bloecher, Budd Hopkins und Dr. Aphrodite Clamar durchgeführt haben[9]. Sie ließen insgesamt neun Versuchspersonen (vier Frauen und fünf Männer) von einer unabhängigen Psychologin (Dr. Elisabeth Slater) untersuchen. Alle neun Personen hatten Erinnerungen an Entführungen, Elisabeth Slater wußte davon jedoch nichts. Ziel der Tests (psychologische Standardtests) sollte die Beantwortung der Frage sein, ob die neun Personen irgendeiner gemeinsamen Gruppe zuzuordnen seien.

Das Ergebnis fiel negativ aus, die vier Frauen und fünf Männer erwiesen sich als völlig normale und nicht-psychotisch veranlagte Personen. Elisabeth Slater schrieb nach Abschluß der Tests und nachdem sie über den eigentlichen Zweck der Untersuchung informiert worden war:

»Die erste und kritischste Frage ist, ob die berichteten Erlebnisse psychopathologisch erklärt werden können. Die Antwort ist ein klares ›Nein‹. Wenn die berichteten Entführungen konfabulierte Phantasieprodukte wären, die auf dem basieren, was wir über Geisteskrankheiten wissen, so könnten sie nur von pathologischen Lügnern, paranoiden Schizophrenen und heftig gestörten und außergewöhnlich selten hysterischen Charakteren stammen, z.B. Personen mit Fugue-Zustand (Poriomanie) und/oder multipler Persönlichkeitsverschiebung.«

Statt dessen zeigte die Untersuchung:

»Es gibt wenig, das sie vom Standpunkt der offensichtlichen Manifestation ihrer Persönlichkeiten zu einer Gruppe einigt. Sie sind sehr konkrete, ungewöhnliche und interessante Personen... Während die Tests keine Aussage darüber liefern können, die Glaubwürdigkeit des UFO-Entführungsberichts zu überprüfen, kann man doch schließen, daß die Testergebnisse mit der Möglichkeit vereinbar sind, daß sich die berichteten Entführungen tatsächlich ereignet haben.«

4. Die Geburtstrauma-Hypothese

Dieser von dem Philologen Dr. Alvin Lawson in die Diskussion gebrachte Vorschlag einer Erklärung für unter Hypnose erinnerte Entführungen[10, 11] hat die größte Aufmerksamkeit der UFO-Forscher in aller Welt erregt. Lawson vertritt aufgrund einer von ihm selbst und William McCall durchgeführten Versuchsreihe die Auffassung, Berichte über Entführungen seien unbewußt verdrängte Erinnerungen an die eigene Geburt. Beide Forscher hatten mehrere Testpersonen hypnotisiert und sie eine fiktive UFO-Entführung erleben lassen. Die dabei erhaltenen Ergebnisse hätten sich nicht wesentlich von echten Entführungen unterschieden. Robert Wanderer weist zudem darauf hin, daß Beschreibungen wie Schwerkraftaufhebung, grelles Licht, Tunnel und Gänge, vergleichsweise große Räume, medizinische Untersuchungen usw. eindeutige Parallelen zu den ersten Minuten nach der Geburt aufzeigten[12]. Er glaubt auch Ähnlichkeiten zu LSD-verursachten Halluzinationen, zu Nahtod-Erfahrungen, zu Ekstasen religiöser und metaphysischer Art und zu Ekstase-Erlebnissen von Schamanen zu erkennen. Lawson meint darüber hinaus, die von den meisten Zeugen beschriebenen kleinen Wesen mit überdimensionalen Köpfen seien unbewußte Erinnerungen an den eigenen Fötuszustand.

So verlockend eine solch triviale Erklärung anmuten mag, so unzutreffend dürfte sie auch sein. So weist beispielsweise Ann Druffel[13] darauf hin, daß Lawson in seinen Experimenten eindeutige Suggestivfragen stellte, etwa: »Schau nach oben und betrachte das unbekannte Flugobjekt!« oder »Jetzt bist du im Inneren des UFOs, beschreibe es!« In diesem Falle sei es kein Wunder, daß es zahlreiche Übereinstimmungen zu echten Entführungen gäbe. Noch gravierendere methodische Fehler konnte D. Scott Rogo[14] nachweisen. So hätte man beispielsweise statt Lawson und McCall einen völlig unabhängigen Hypnotiseur heranziehen müssen, der mit der UFO-Problematik in keiner Weise vertraut gewesen wäre. Gleiches gelte für die Auswahl der Testpersonen, die ebenfalls von einen unabhängigen Gutachter hätten ausgesucht werden müssen. Entscheidend war auch der Fehler Lawsons, die echten Vergleichsfälle erst nach Ablauf seiner Untersuchungen zu bestimmen und so natürlicherweise jene auszuwählen, die den fiktiven Erzählungen am nächsten kamen. Schließlich sei durch Lawsons Erklärung auch die Frage nicht gelöst, wie es zu den exakten Übereinstimmungen im Ablauf von Entführungen kommt, obwohl die Entführten aus unterschiedlichen gesellschaftlichen Schichten und unterschiedlichen Kulturen stammen. So werden beispielsweise in Ländern der dritten Welt auch heute noch Kinder vornehmlich zu Hause geboren. Erinnerungen an Entführungen, die Hausgeburten gleichen, fehlten aber völlig.

Prof. James Harder[15] und Willy Smith[16] machten darauf aufmerksam, daß es auch eine deutliche Diskrepanz bei der

Beschreibung der UFO-Insassen gäbe. In den echten Entführungen wird die überwiegende Mehrzahl der Insassen als menschenähnlich beschrieben, in den synthetisch erlebten Entführungen jedoch sind menschliche Wesen, tierähnliche Wesen, Roboter, Geister und völlig bizarre Gestalten statistisch etwa gleichmäßig verteilt. Mit der Geburtstrauma-Hypothese unvereinbar ist auch die Tatsache, daß – wie beispielsweise die Untersuchung von Ahmed Jamaludin[17] zeigt – über 90 % der Entführten verbalen oder telepathischen Kontakt zu ihren Entführern hatten: Neugeborene verfügen bekanntermaßen über keine derartigen Fähigkeiten.

Am gravierendsten schließlich sind die Einwände von Budd Hopkins[18]: Er konnte aufzeigen, daß bei zahlreichen Entführungen die Verschleppten während der Zeit ihrer Entführung tatsächlich nicht anwesend waren (obwohl es auch einige Fälle gibt, in denen Entführte von dritten in einem veränderten Bewußtseinszustand beobachtet wurden und danach glaubten, eine Entführung erlebt zu haben). Viele Zeugen hatten nach ihrer Rückkehr häufig Narben, Einstichstellen, Einschnitte, eiternde oder unbekannte Flüssigkeiten absondernde Wunden und andere Körperzeichnungen. Etliche seien anschließend krank geworden, seien von Alpträumen geplagt worden und hätten sich in der realen Welt nicht mehr zurechtgefunden. Viele der Entführten konnten sich auch ohne Hypnose an ihre Erlebnisse erinnern, die Hypnose vermochte lediglich bestimmte Details wieder in Erinnerung zu rufen. In einigen Entführungsfällen gäbe es schließlich physikalische Spuren an der bezeichneten Landestelle, die das UFO zurückgelassen habe.

All diese Faktoren sind mit möglichen Erinnerungen an das Geburtstrauma nicht zu vereinbaren. Tatsächlich hat Alvin Lawson seine Hypothese inzwischen modifiziert und geht jetzt von einer realen Erfahrung aus, die vom Unbewußten der Entführten lediglich mit verschiedenen Elementen angereichert wird[19]:

»Die Zeugen nehmen – aus welcher Quelle auch immer – wirkliche Eindrücke wahr, etwa helle und pulsierende Lichter, gitterartige Formen, die sich ziellos durch den Himmel bewegen, erleuchtete Tunnel, humanoide Gestalten usw. Diese ›Entführungskonstanten‹ werden mit Daten aus der Vorstellung, dem Gedächtnis und bereits dem Zeugen bekannten UFO-Daten verknüpft, um die ›reale‹ UFO-Begegnung zu schaffen. Die subjektive Realität der intensiven halluzinatorischen Struktur überzeugt die Zeugen, daß das ganze Erlebnis ein reales physikalisches Ereignis ist. Folglich berichten sie die ›Wahrheit‹, wie sie sie erlebt haben, obwohl die wirklichen Erscheinungen unklar bleiben.«

Mit anderen Worten: Lawson geht davon aus, daß ein ganz beträchtlicher Teil der jeweiligen Entführungsgeschichte realer, physikalischer und nur Einzelheiten halluzinatorischer Natur sind. Dabei ist es dem Zeugen selbst offensichtlich unmöglich, die Grenze zwischen beiden definitiv festzustellen: Er erfährt eine reale Entführung, die sich für ihn jedoch mit halluzinatorischen Elementen vermischt. Zu Recht weist allerdings D. Scott Rogo[20] darauf hin, daß diese Halluzinationen durchaus auch von den Entführern produziert und strukturiert worden sein können, das heißt einen fremden Einfluß repräsentieren – ein sehr wesentlicher und bedeutungsvoller Einwand, wie wir noch sehen werden.

5. Die SadU-Hypothese (Schöpfung aus dem Unbewußten)

Diese von Autoren wie Jenny Randles oder in Deutschland Ulrich Magin vertretene Hypothese nimmt – wie die Geburtstrauma-Hypothese – eine psychologische Ursache von Entführungen an und ist ihr im Grunde eng verwandt. Jenny Randles[21] definiert ihre Auffassung wie folgt:

»Zusammengefaßt schlagen wir vor, daß jeder CE-IV-Fall einen zentralen Teilnehmer hat, der sein eigenes UFO-Erlebnis erschafft. Wahrscheinlich ist es das Unbewußte der jeweiligen Person, das die Schöpfung vornimmt, um damit ein tiefes inneres Problem oder ein psychologisches Bedürfnis auszudrücken. Andere Methoden dieses Ausdrucks, etwa Träume, haben sich bei ihm als unzureichend erwiesen, diesen

Streß abzubauen. Um die Wirkung des Erlebnisses zu steigern und wenn die Bedingungen dafür günstig sind, wird das Unterbewußtsein gelegentlich automatisch von der latenten oder aktiven psychischen Energie des jeweiligen Individuums Gebrauch machen. Energie wird also manipuliert und in seiner Gestalt verändert.«

Jenny Randles und Paul Fuller[22] kritisieren in einer neueren Arbeit auch, daß in Entführungsfällen nie UFO-Details beschrieben werden, die »über den gerade aktuellen Stand der Technik« hinausgingen. In früheren Berichten tauchten beispielsweise keine Digitalanzeiger, keine Laserstrahlen und keine Mikrochips auf. Heute überstiegen die Beschreibungen nicht den Stand von 1990.

Entführungen in ein UFO wären demnach vom Unbewußten herbeigeführte Pseudo-Ereignisse, die nur in der Psyche der Entführten ablaufen. Andere Autoren haben diesen Punkt weiter ausgebaut und glauben, hier etwas wie eine Initiation erkennen zu können, einen unbewußten Ritus, der einen Heranwachsenden in die vollwertige Gemeinschaft aufnimmt. Ulrich Magin[23] beispielsweise schreibt dazu:

»Wir begegnen dem wieder in den Märchen der Brüder Grimm: Schneewittchen fällt vergiftet in einen tiefen Schlaf, aus dem der Prinz sie mit einem Kuß weckt, ebenso wie Dornröschen nach dem Stich mit der Spindel. Beides sind Mädchen vor ihren ersten sexuellen Erfahrungen, und der Schlaf dient als Trennlinie zwischen beiden Lebensphasen. Bei Dornröschen haben wir die eindeutige Symbolik des geschlossenen Raumes (Frau) und der Spindel (Mann). Diese Symbolik begegnet uns auch in den Entführungsfällen mehr oder weniger eindeutig wieder: das runde, weibliche UFO und die Nadel, die den Zeuginnen in den Unterleib gestochen wird.«

Solche Expertisen sind leider zu verallgemeinernd, um als tatsächlich zutreffende Erklärung für Entführungen herangezogen werden zu können. So erklärt die SadU-Hypothese beispielsweise nicht, warum auch Kinder entführt werden oder warum Männern ebenfalls zuweilen eine große Nadel in den Unterleib gestoßen wird (z.B. im Fall Sammy Desmond, den D. Scott Rogo[20, 24] untersucht hat). Hinzu kommen im Grunde alle bereits in der Diskussion um die Geburtstrauma-Hypothese genannten Einwände, insbesondere die physikalisch nachweisbaren Spuren am Landeplatz des entführenden UFOs und am Körper des Entführten selbst. Letztere als ein Äquivalent zu den ekstatisch erzeugten Stigmata katholischer Heiliger zu betrachten ist nicht berechtigt: Anders als Stigmata werden Narben und andere Wundmale häufig erst nach dem bewußten Erkennen (oder Wiedererkennen) einer Entführung mit diesem Ereignis in Zusammenhang gebracht. Sie sind dem Zeugen zuvor völlig rätselhaft, ihre Herkunft und Entstehung ist ihm unbekannt. Erst nachdem durch hypnotische Regression oder andere Methoden die Bilder von einer UFO-Entführung wieder ins Bewußtsein zurückgeholt wurden, ist der Entführte dazu in der Lage, beides sinnvoll miteinander zu verbinden. Dies ist etwas ganz anderes als Stigmata, die im Laufe einer religiösen Ekstase oder häufig auch erst danach und unter den Augen des oder der Betroffenen entstehen.

Schließlich ist die Auffassung, die fehlende Beschreibung über den aktuellen Stand der Technologie hinausgehender Details sei ein Hinweis auf ein rein psychisches Ereignis des Zeugen, schlichtweg falsch. Zum einen ist jeder Zeuge, ganz gleich, um welche Beobachtung es sich handelt, immer nur dazu in der Lage, Dinge zu charakterisieren, die er auch kennt. Zum anderen existieren tatsächlich zahlreiche Berichte über Gegenstände und Vorgänge, die den Entführten völlig unbegreiflich waren, die sie nicht einordnen konnten und von denen sie nicht wußten, was sie damit anfangen sollten.

Weder die Geburtstrauma- noch die SadU-Hypothese sind in der Lage, wesentliche Aspekte von Entführungen sinnvoll zu erklären. Was die Diskussion um beide Hypothesen im Verlauf des letzten Jahrzehnts jedoch gezeigt hat, ist vor allem dies: Entführungen besitzen eine deutlich subjektiv gefärbte, psychologische, möglicherweise sogar paranormale Komponente. Nur so ist der Umstand verständlich, daß Ereignisse und Gegenstände im Verlauf der Entführung häufig einen ganz persönlichen Bezug zum Entführten aufweisen (beispielsweise, wenn – wie im Fall Whitley Strieber[1, 25] – der Entführte mit sehr persönlichen Vorfällen aus seinem Leben konfrontiert wird). Wir sehen uns also vor die Tatsache gestellt, daß UFO-Entführungen einerseits einen rein physikalischen, realen Ursprung und Hintergrund haben, andererseits aber auch psychische Aspekte aufweisen, die im Unbewußten des Entführten begründet liegen. Von dort scheinen sie während der Entführung aktiviert zu werden – entweder durch den Zeugen oder, was angesichts des realen Ereignisses wahrscheinlicher ist, durch die Entführer. Wirklichkeit und Phantasie auseinanderzuhalten, ist für den Zeugen selbst praktisch unmöglich.

Hypnose – Allheilmittel oder Fallstrick?

Gerald Mosbleck

Seit etwa zehn Jahren gibt es einen gewaltigen Wandel in der UFO-Szene: Nach einigen Jahrzehnten der einfachen Sichtungen, mehrfachen Sichtungen, der Fotobeweise und eher spiritistischen Kontaktberichte mußte das abgestumpfte öffentliche Interesse, sprich der Käufer, mit einer weitaus spektakuläreren Variante des Themas bei der Stange gehalten werden. Es wurde eine Flut von sogenannten Entführungen durch UFO-Insassen losgetreten. Immer sensationellere Fälle sorgten für immer höhere Auflagen und bescherten Autoren wie Budd Hopkins und Whitley Strieber, aber auch den amerikanischen UFO-Gruppen ein gutes Auskommen.

Bezeichnenderweise konzentriert sich das neue Phänomen, wie in den vorangegangenen Jahrzehnten schon die anderen UFO-Wellen, auf die USA. Hier treffen wohl einmalig auf der Welt rein kapitalistisch orientierte Verhaltensmuster auf an triviale Fernsehkultur gewohnte Konsumenten, denen zum Teil das elementarste Grundwissen über natürliche Phänomene oder moderne Technik fehlt. Das marode Schulsystem steht ja nicht umsonst im Mittelpunkt der Kritik. Während einerseits eine kleine Elite an den besten Universitäten der Welt Hervorragendes leistet, ist die Masse der Bevölkerung regelrecht ungebildet.

Vielleicht ist diese Spannung zwischen alltäglich erlebter High-Tech und eigenem Unverständnis ja mit Ursache für die hohe Anzahl von Menschen, die sich in Psychotherapie befinden. Eine andere Erklärung für diesen Psychoboom mag die liberale amerikanische Wirtschaftsideologie liefern: Es dreht sich alles nur ums Geldmachen um jeden Preis. Wer kein Geld macht oder machen kann, ist auf Almosen angewiesen. Und so wird der Kampf ums Geldmachen zum Überlebenskampf, der keine moralischen oder ethischen Schranken mehr zuläßt. Auch die Psychotherapie, die in der letzten Zeit immer mehr in die Kritik gerät, ist dort ein Business, für das geworben wird. Und fehlt die Kundschaft, geht das Geschäft also schlecht, so wird regelrecht mit Drückermethoden neue Nachfrage produziert. Gesunde bringen kein Geld, also redet man ihnen Psychosen ein und verkauft gleich die Therapie dazu. So auch bei der UFO-Thematik: Da gibt es einen Fragebogen, um zu ermitteln, ob man ein Außerirdischer ist. Die Fragen sind so gestellt, daß es fast unmöglich ist, kein ET zu sein.

Ich glaube, man sollte sich diesen Hintergrund immer vor Augen halten, zumal wir auch hier in Europa auf diesem Weg sind, wenn man die gegenwärtigen Vorgänge in den USA richtig bewerten will.

In den letzten Jahren wurden wir durch einige Veröffentlichungen auf eine Diskussion aufmerksam gemacht, die für die Einordnung der ganzen Entführungsfolklore fundamentalen Charakter besitzt. Nicht zufällig auch seit etwa zehn Jahren rollt in den USA eine Lawine von Inzest-Prozessen, die von Erwachsenen gegen ihre Eltern geführt werden. War man im Anfang noch schockiert vom Ausmaß des vermeintlichen sexuellen Mißbrauchs von Kindern, so wuchs in der letzten Zeit der Zweifel an den Methoden der Therapeuten, die den »Opfern« die Erinnerung an die Taten erst durch Hypnosebefragungen entlockten.

Die meisten Fälle liefen nach dem gleichen Schema ab: Wegen ihrer psychischen Probleme wandten sich die Betroffenen an Psychologen und Psychiater (oftmals Laientherapeuten). Diese »diagnostizierten« meist schon nach drei Sitzungen (völlig unwissenschaftlich) ein schweres Trauma aufgrund von sexuellem Mißbrauch im Kindesalter. Konnten die (geldbringenden) Patienten sich nicht an diese Vorfälle erinnern, so begründete man dies mit Verdrängung aus Selbstschutz. Wenn sich die Betroffenen auch nach vielen teuren Sitzungen partout weigerten, ihre Erinnerung wiederzuerlangen, so deutete man dies als Folge der enormen Schwere der psychischen Verletzung. Die meisten Patienten, ohnehin bereits seelisch belastet, hielten dem Druck der Therapeuten auf Dauer nicht stand und berichteten dann unter Hypnose die unglaublichsten Horrorgeschichten. Ganz hartnäckige Fälle, die sich trotz Aussicht auf Heilung oder saftige Schadensersatzzahlungen der Eltern nicht an den Mißbrauch erinnern wollten, steckte man in »Selbsthilfegruppen« und isolierte sie von ihrem familiären Umfeld.

In den meisten Fällen aber konnte durch die Hypnosebefragungen eine Erinnerung an Inzest hervorgebracht werden. Diese Erinnerungen zeichnen sich durch enormen Detailreichtum aus. In vielen Fällen reichte dies zur Verurteilung der Eltern aus. In wenigen Fällen aber gelang es den Eltern, ihre Unschuld zu beweisen. Gerade diese Fälle brachten die Wissenschaft dazu, sich des Phänomens der Erinnerung anzunehmen.

Insbesondere die Psychologieprofessorin Elizabeth Loftus hat sich bei zahlreichen Prozessen als Sachverständige einen Namen gemacht. Loftus gilt als Expertin für Erinnerungsprobleme. In 18 Büchern bezweifelt sie die Glaubwürdigkeit jedweder Zeugenaussage. Unser Gehirn ist eben kein Faktenspeicher, die erinnerten Informationen unterliegen einem ständigen Wandel durch aktuelle Einstellungen und Gefühle. Auch können frei konfabulierte Geschichten unter bestimmten Bedingungen (z.B. in einer Hypnosesitzung) zu realen Erinnerungen werden, die der Patient nicht von tatsächlichen Ereignissen unterscheiden kann. Zeugen, die von Inzest berichten, der objektiv nicht stattgefunden hat, lügen nicht. Für sie sind die implantierten, also vom Hypnotiseur erzeugten, Erinnerungsinhalte Fakten.

Frau Loftus hält daher auch die Erinnerungs-Therapeuten für gefährliche Scharlatane, die um des eigenen Profits willen skrupellos Patienten ausnutzen und ganze Familien ins Elend stürzen.

Neben den erheblichen Zweifeln an der objektiven Wahrheit von Erinnerungen, insbesondere der erst durch Hypnose nachträglich ausgegrabenen, drängen sich immer mehr Zweifel an dem sogenannten Verdrängungssyndrom auf. Bei diesem psychologischen Phänomen, das auch durch den Hitchcock-Film *Ich kämpfe um dich* Popularität erreichte und somit unkritisch als gegeben angenommen wurde, wird angenommen, der Mensch könne traumatische Situationen zu seinem eigenen Schutz so verdrängen, daß er die Erinnerung daran verliere. Dies wird von der modernen seriösen Forschung allerdings immer stärker bezweifelt. Zwar gehen mit der Zeit immer mehr Details verloren, aber die Grunderinnerung an den Vorfall selbst bleibt erhalten (gerade dies widerspricht auch den sehr detaillierten Erinnerungen der vorgeblichen Inzestopfer).

Was dies alles mit der aktuellen Situation der UFO-Forschung zu tun hat, liegt auf der Hand. Tatsächlich unterscheiden sich die Verfahren der Inzesttherapeuten und der UFO-Entführungsforscher à la Hopkins nicht voneinander. Die erst durch Hypnose »wiederentdeckten« Erinnerungen an Entführungen und medizinische und/oder sexuelle Eingriffe durch Außerirdische sind allesamt keine objektiven Erfahrungen, sondern frei fabulierte Geschichten, mit denen man sich von psychischen Problemen befreien will, wie dies der »Therapeut« ja versprochen hat. Auch die Selbsthilfegruppen wurden übernommen.

Diese ganze Geschäftemacherei von Laientherapeuten hat zwei gefährliche Nebenwirkungen: Zum einen wird es immer schwieriger, die zweifellos vorhandenen Fälle von tatsächlichem Mißbrauch von Kindern zu verfolgen, zum anderen erhalten die ja nicht umsonst zum Therapeuten gekommenen Patienten keine echte Hilfe und werden in immer schwerere Konflikte und Depressionen gestürzt.

Wie leicht man Erinnerungen durch geeignete Fragestellungen manipulieren kann, mag ein Beispiel von Carol Travis zeigen: Fragte man Versuchspersonen: »Haben Sie das Vorfahrtsschild gesehen?«, so kam die Antwort »ja« viel häufiger, als bei der neutralen Frage:»Haben Sie ein Vorfahrtsschild gesehen?« Diese suggestive Art der Befragung ist gerade in der UFO-Forschung sehr beliebt. Wir selbst kennen Fälle, bei denen Forscher einer aus Wissenschaftlern bestehenden UFO-Gruppe durch gezielte Fragen für sie günstige Antworten bekamen.

Wenn man der gegenwärtigen Diskussion folgt, was sind die Folgerungen für die UFO-Forschung? Muß nicht eine unabdingbare Konsequenz sein, ganz auf das untaugliche Mittel der Hypnosebefragung zu verzichten? Machen sich nicht die Forscher, die wie der deutsche Illobrand von Ludwiger unter dem Vorwand, den Betroffenen helfen zu wollen, an der Hypnose festhalten, mitschuldig an der Erstellung eines modernen Mythos?

Wie soll die kritische UFO-Forschung reagieren? Sind nicht auch für uns der Zeuge und seine Erinnerung das einzige primäre Datenmaterial, aufgrund dessen wir objektive Tatsachen erst ermitteln können? Es gibt den schönen Satz: Ein Computer hilft Probleme zu lösen, die man ohne Computer nicht hätte. Gilt Gleiches auch für die UFOs? Gäbe es ohne die Medien und die UFO-Forscher überhaupt ein UFO-Phänomen?

Ich glaube, daß sich durch die gewaltigen Zweifel an der Realitätsnähe von Gedächtnisinhalten generell eine neue Situation in unserer Forschung ergeben hat. Eine Forschung, die aufbaut auf so fragwürdigen Fundamenten, die so schwer durch objektiv nachprüfbare Fakten untermauert werden kann, muß den Mut aufbringen, an ihren Ergebnissen, unabhängig, ob sie nun die Existenz Außerirdischer beweisen oder widerlegen, zu zweifeln. Eine neue Bescheidenheit tut not. Geben wir doch zu, durch unsere Arbeit mehr über die Menschen als über die UFOs zu erfahren.

Ein anderes Beispiel für die Schwierigkeiten, in denen die UFO-Forschung zur Zeit steckt, sind für mich die Vorfälle um den mutmaßlichen massenhaften sexuellen Mißbrauch von Kindern des Montessori-Kindergartens in Coesfeld. Hier sollte ein Erzieher etliche Kinder zum Teil auf entsetzliche Weise mißbraucht haben. Nach einem Anfangsverdacht hatte die Boulevardpresse den Fall ausgeschlachtet und aufgebauscht

und damit eine regelrechte Mißbrauchshysterie in der Umgebung des kleinen Ortes ausgelöst. Plötzlich erinnerten sich
unter dem Einfluß engagierter und vorbelasteter »Mißbrauchs-
helfer« fast alle Kinder an übelste und vielfach unglaubwürdige Geschehnisse.

Dem Gericht oblag nun die schwierige Aufgabe, aus dem
ganzen Wust sich zum Teil widersprechender Aussagen und
subjektiver Ausschmückungen den vielleicht wahren Kern her-
auszuschälen. Alle Aussagen waren zumindest durch die allgemeine Hysterie manipuliert, die die Ausmaße einer regelrechten
Hexenjagd angenommen hatten. Das Verfahren endete mit
einem Freispruch.

Dieser Fall erinnert fatal an die Vorgänge in Gulf Breeze in
Florida, bei denen nach einer flauen Geschichte des UFO-
Zeugen Ed Walters (er will regelmäßig UFOs gesehen und fotografiert haben) die Medien massiv ins Geschehen eingriffen
(und wo natürlich das große Geld lockte) und damit eine regelrechte UFO-Sichtungswelle auslösten. Jeder wollte nun auch
etwas gesehen haben. Und auch die spätere Aufdeckung von
Manipulationen nahm den Leuten nicht den Glauben, selbst
etwas »Echtes« beobachtet zu haben.

Leider würde eine sicher notwendige ausführliche Darstellung dieses komplexen Themenbereiches den Rahmen dieses
Beitrages sprengen. Ich rate deshalb dazu, die Diskussion um
die Erinnerung und die Psychotherapie aufmerksam in den verschiedenen Fachveröffentlichungen zu verfolgen.

Mögliche Erklärungen

Einleitung

Um eine Erklärung für das UFO-Phänomen zu finden, müssen dessen Eigenschaften und Ursache bestimmt werden. Während UFO-Gläubige, die alles Gelesene über UFOs als Realität betrachten, keinen Erklärungsbedarf zum UFO-Phänomen sehen, werden in der seriösen UFO-Forschung intensiv verschiedene Erklärungsmöglichkeiten diskutiert. Die UFO-Befürworter gehen davon aus, daß es sich bei den vielen Flugkörpern, die nach einer Untersuchung nicht identifiziert werden konnten, um außerirdische Raumschiffe handeln kann. Spektakuläre UFO-Ereignisse und vermeintliche UFO-Abstürze sowie bestimmte freigegebene Dokumente sind für sie ein Beleg für die reale Existenz außerirdischer Besucher. Sie sehen auch hinter den Entführungsbeschreibungen ein reales, durch außerirdische Eingriffe geprägtes Geschehen. Für sie stellt sich die Frage nach einer Erklärung des UFO-Phänomens nur noch in wenigen Details. Grundsätzlich ist es ihrer Ansicht nach auf den Einfluß einer außerirdischen Intelligenz zurückzuführen. Die UFO-Kritiker dagegen prüfen zuerst unter strengen Maßstäben jedes einzelne UFO-Ereignis und beurteilen das vorhandene Datenmaterial. Sie diskutieren eingehend die Fälle und suchen im allgemeinen zunächst nach bekannten Erklärungsmöglichkeiten. Dabei werden sowohl kulturelle als auch soziologische und psychologische Aspekte berücksichtigt. Auch wenn die außerirdische Hypothese (ETH) von ihnen grundsätzlich nicht ausgeschlossen wird, muß jeder Einzelfall daraufhin geprüft werden, ob er sich erklären läßt. Auch die Kritiker suchen also in den Fällen nach Hinweisen, die die Existenz außerirdischer Besucher beweisen könnten. Bisher ist man leider nicht fündig geworden, weil sich für die meisten Fälle herkömmliche Erklärungen fanden. Deshalb ist die Frage nach der möglichen Existenz Außerirdischer immer noch ungeklärt.

Wie bedeutsam in Einzelfällen die Suche nach herkömmlichen Erklärungen ist, zeigen beispielsweise die Fallkataloge verschiedener Organisationen und Forscher. Sie enthalten eine große Anzahl gesammelter Fälle, die ein globales scheinbar ungeklärtes Phänomen nachweisen sollen. Doch schaut man sich die diesen Katalogen zugrunde liegenden Einzelfälle genauer an, stellt man fest, daß nur die wenigsten von ihnen überhaupt untersucht worden sind. Der größte Teil stammt aus Zeitungen, Büchern und anderen ungesicherten Quellen. Doch selbst direkte Zeugenmeldungen können die öffentliche Meinung gezielt in eine Richtung lenken, wenn nicht nach Erklärungen gesucht wird. Die belgische UFO-Gruppe SOBEPS hat während der großen Sichtungswelle 1989/90 in Belgien mehrere tausend UFO-Beobachtungen gesammelt. Die meisten davon, so der Volksglaube, berichten von lautlos schwebenden, dreiecksförmigen Flugkörpern. Obwohl nur die wenigsten Sichtungen eingehend untersucht wurden, glaubte SOBEPS ein definitiv unbekanntes Phänomen beweisen zu können. Eine Nachbewertung vieler dieser Fälle durch die deutsche Gruppe CENAP hat jedoch ergeben, daß die Mehrzahl der Berichte konventionell erklärbar sind. Selbst viele der »guten« Fälle enthielten Hinweise auf herkömmliche Fluggeräte wie gewöhnliche Flugzeuge und Ultraleicht-Fluggeräte. Damit ist die anfangs große belgische UFO-Sichtungswelle, durch die man sich Aufschluß über das Phänomen erhoffte, in ihren Dimensionen auf ein paar diskussionswürdige Fälle geschrumpft. Die Erfahrung, daß sich nach einer sachlichen Bearbeitung eines Falles fast immer eine irdische Ursache findet, zeigt, daß das Ausmaß und die Qualität des UFO-Phänomens bedeutend geringer einzuschätzen ist, als man im allgemeinen meint.

Wer ehrlich Forschung betreiben und die Spreu vom Weizen trennen will, muß aus der praktischen Untersuchungsarbeit heraus die Eigenschaften und vor allem die Ursachen des UFO-Phänomens bestimmen. Das geht nur, wenn man gewissenhaft nach Erklärungen sucht, wobei grundsätzlich die Diskussion darüber legitim ist, ob einige bisher ungeklärte Fälle womöglich doch auf den Einfluß einer außerirdischen Intelligenz hinweisen.

IFOs – Identifizierte Flugobjekte

Hans-Werner Peiniger

In diesem Beitrag soll ein Überblick über die wichtigsten Verursacher von UFO-Phänomenen gegeben werden. Es gibt eine Vielzahl von Ursachen für UFO-Sichtungen. Aus Unkenntnis dieser Ursachen interpretieren viele Menschen herkömmliche Erscheinungen falsch. Anhand der Beschreibungen wird es dem Leser künftig möglich sein, vielleicht selbst einmal UFO-Sichtungen zu bewerten oder auch für eine eigene Beobachtung eine nachvollziehbare Erklärung zu finden. Selbstverständlich erhebt diese Zusammenstellung keinen Anspruch auf Vollständigkeit. Ich konnte nicht alle Erklärungsmöglichkeiten, insbesondere keine exotischen Erklärungen, die möglicherweise nur für einen ganz geringen Teil der Sichtungen zutreffen könnten, berücksichtigen. Es mag sicherlich noch Möglichkeiten geben, die mir und den Mitarbeitern der GEP und verwandter Organisationen bisher unbekannt waren. Deshalb bin ich jederzeit für Ergänzungen dankbar.

Die Verursacher und deren optische Erscheinungsbilder werden in dieser Zusammenstellung nicht in allen Details beschrieben. Im Einzelfall müssen nämlich auch noch andere Aspekte bei der Bewertung von UFO-Beobachtungen berücksichtigt werden. Das sind z.B. die persönliche Situation des Zeugen (Weltanschauung, Vorbelastung oder der soziale Stand), Effekte der Wahrnehmungspsychologie und meteorologische Gegebenheiten.

Astronomische Objekte

Sterne

Helle Sterne, insbesondere der Stern Sirius, werden meist als UFOs fehlinterpretiert, wenn sie in Horizontnähe stehen. Durch einen Wahrnehmungseffekt erscheinen sie sehr viel größer als die sonst sichtbaren Sterne und zeigen sich aufgrund atmosphärischer Effekte in den verschiedensten Farben (Farbflimmern).

Planeten

Häufiger als Sterne werden die helleren Planeten Jupiter und Venus fehlinterpretiert. Besonders oft ist die Venus Verursacher von UFO-Sichtungen. Sie strahlt manchmal als sogenannter Abend- oder Morgenstern so hell am Himmel, daß sie schon bei leichter Dämmerung oder bei Dunstschichten, die das Licht der Sterne schlucken, als einziger Himmelskörper sehr gut zu sehen ist. Frühere Fälle haben gezeigt, daß manche Beobachter den Eindruck haben, das von ihnen beobachtete Objekt würde sich am teilbewölkten Himmel bewegen. Dieser Effekt läßt sich jedoch auf die Wolkenbewegungen zurückführen. Oft wird von den Zeugen auch argumentiert, daß es sich bei dem beobachteten Licht nicht um einen Stern handeln könne, da es sich leicht bewegt habe. Dies ist darauf zurückzuführen, daß ja Planeten eine Eigenbewegung ausführen und daher etwas schneller als sich durch die Erddrehung bewegende Sterne am Himmel wandern. Es gab auch Beobachter, die die Venus mit einem unscharf eingestellten Fernglas beobachteten und dann verschiedenartige Strukturen auf dem unscharfen Bild zu erkennen glaubten. Häufig sehen dann die Beobachter die sogenannte Wabenstruktur.

Mond

In der Vergangenheit ist es vorgekommen, daß selbst der Mond nicht als solcher erkannt und als UFO gemeldet wurde. Dies kann z.B. dann geschehen, wenn er hinter einer Dunstschicht kaum zu erkennen ist, durch Wolken teilweise verdeckt wird oder der Zeuge sicher ist, daß der Mond überhaupt nicht zu sehen sei (Neumond).

Meteore

Im Volksmund werden Meteore (Einzahl: ›das Meteor‹) auch als ›Sternschnuppen‹ bezeichnet. Es handelt sich hierbei um in die Erdatmosphäre eintretende Gesteinsteile (Meteorit), die in der Regel komplett verglühen. Nur selten geht Restmaterial als Meteorit zur Erde nieder. Meteore werden meist dann fehlinterpretiert, wenn sie nicht wie üblich eine von oben nach unten verlaufende, also senkrechte, Bahn aufweisen, sondern sich scheinbar von unten nach oben bewegen.

Feuerkugeln

Feuerkugeln oder Boliden sind ebenfalls Meteore, die aber ein ganz außergewöhnliches optisches Erscheinungsbild und Bahnverhalten zeigen. Es handelt sich um recht große und helle Lichterscheinungen, die manchmal einen Schweif haben und relativ langsam eine waagerechte Bahn ziehen können. Oft werden auch mehrere funkensprühende Körper, Explosionen und abgesprengte Teile beobachtet. Die Farben wurden unterschiedlich beschrieben und variieren von gleißendem Weiß über grünlich, bläulich bis türkis. Von anderen Farben ist auch schon berichtet worden. Mitunter sind auch Geräusche (Grollen, Brummen, Summen, u.ä.) wahrgenommen oder ist noch lange Zeit eine Rauchspur beobachtet worden. Feuerkugeln sind oft so hell, daß sie selbst bei Tageslicht gut beobachtet werden können.

Ballons

Forschungsballons

Es gibt verschiedene Arten von Forschungsballons, die beispielsweise zur Untersuchung der Stratosphäre eingesetzt werden. Die Ballons haben ein unterschiedliches Aussehen und Volumen von 50 000 m³ bis über 1 300 000 m³. Es gibt nur wenige Gebiete in Europa, von denen diese Ballons gestartet werden. Sie reflektieren das Sonnenlicht; wenn sie Deutschland überqueren, kann es zu spektakulären UFO-Fällen kommen. Sie stellen sich am Himmel als heller, oft beweglicher Punkt dar. Im Fernglas oder einem Teleskop sieht man häufig eine dreieck-, pyramiden- oder tetraederförmige Gestalt.

Wetterballons

In regelmäßigen Abständen werden vom Deutschen Wetterdienst an verschiedenen Startplätzen in Deutschland Ballons gestartet, die eine kleine Radiosonde in die Atmosphäre tragen, die verschiedene meteorologische Daten erfaßt und zur Erde funkt. Erreichen die Ballons eine bestimmte Höhe, zerplatzen sie, und die Radiosonde geht zu Boden. An den Ballons ist ein Radarreflektor befestigt, der aus einem tetraederförmigen und mit Aluminium überzogenen Pappgebilde besteht. Damit ist es möglich, den Ballon mit Radar zu verfolgen. In der Regel werden weiße Ballons verwendet, die das Sonnenlicht gut reflektieren und dem Beobachter einen weißen, sich bewegenden punktförmigen oder auch ballartigen Körper zeigen. Besonders gut wird das Sonnenlicht auch von dem Radarreflektor zurückgeworfen. Durch die Bewegung des Ballons kann es zu leichten Lichtschwankungen kommen. Im Fernglas kann das Zerplatzen beobachtet werden, das auch schon zu Irritationen bei den Betrachtern geführt hat.

Wetterballons werden auch von mobilen militärischen Einheiten und im Rahmen von Schülerprojekten gestartet.

Heißluftballons

Selten, aber trotzdem schon passiert: Selbst herkömmliche, bemannte Heißluftballons sind während eines Einsatzes bei Dämmerung oder Dunkelheit als UFOs wahrgenommen worden.

Modell-Heißluftballons

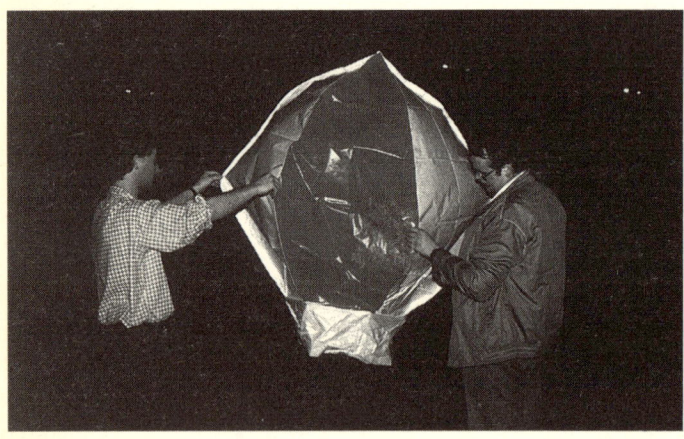

Abb. 1
Modell-Heißluftballon in der Startphase   *Foto: H.-W. Peiniger*

Abb. 2
Modell-Heißluftballon im Flug   Foto: H.-W. Peiniger

Einer der Hauptverursacher für UFO-Phänomene ist der Modell-Heißluftballon. Es gibt größere ferngesteuerte Modell-Heißluftballons, die den bemannten Ballons nachempfunden sind. Sie haben Durchmesser bis zu vier Metern und sind mit einem Gasbrenner ausgestattet. In der Regel werden jedoch kleinere Party-Modell-Heißluftballons als UFOs fehlinterpretiert. Kommerziell hergestellte Ballons (Kostenpunkt um die 50,– DM) haben in der Regel einen Durchmesser von ein bis zwei Metern und bestehen aus roten und weißen Papierbahnen. Unterhalb der Ballons befindet sich ein Aluminiumteller, auf dem ein brennbares Material liegt. Die Ballons werden mit offener Flamme gestartet und können mindestens 20 Minuten am Himmel fliegen. Da es sich um windgetriebene Körper handelt, können sie aufgrund lokaler Windbewegungen ganz ungewöhnliche Flugmanöver durchführen. Sie erscheinen dem Betrachter als rot-orange Kugel, Halbkugel oder auch als eiförmiger Ball mit flimmerndem Licht am Himmel. Manchmal wird auch der untere Teil als heller beschrieben, oder es werden »Rückstoßflammen« beobachtet. Gestartet werden die

Modell-Heißluftballons vorzugsweise anläßlich von Garten-
partys (im Sommer) und zu Silvester (statt Feuerwerk).

Modell-Heißluftballons kann man auch leicht selbst herstellen. So gibt es in der Literatur verschiedene Bauanleitungen.
Daher sind den Formen und Farben keine Grenzen gesetzt, so
daß der Ermittler eigentlich mit allen möglichen Erscheinungs-
formen rechnen muß.

Es sind auch Modell-Heißluftballons im Handel erhältlich,
die aus Aluminiumfolie bestehen. Sie werden nicht mit offener
Flamme gestartet, sondern mit einem Fön, der heiße Luft in den
Ballon bläst, und sind ausgezeichnete Reflektoren von Sonnenlicht. Sie erscheinen dann als gleißend heller Punkt am Tages-
himmel, oder – wenn sie durch einen Strahler angeleuchtet werden – auch am Nachthimmel.

Kinderballons

Es gibt Kinderballons, die aus einer Aluminiumfolie bestehen
und ebenfalls recht gut das Sonnenlicht reflektieren können.
Auch sie erscheinen in weiter Entfernung als heller, punktför-
miger Körper am Himmel.

Party-Ballons

Es handelt sich dabei um normale Ballons mit größerem
Durchmesser (z.B. 50 oder 80 cm – Kosten um die 10,– DM).
Man kann in diese Ballons eine kleine Lampe legen und sie mit
einem langen dünnen Kabel versehen, das auch gleich als Leine
dient. Der Starter schließt das Kabel an eine Batterie an und läßt
den heliumgefüllten Ballon steigen (Helium ist aber recht teuer
– für zwei Ballons von 80 cm Durchmesser ca. 100,– DM). Man
kann den Ballon am Fahrzeug befestigen und eine kurze
Strecke fahren, das Kabel an der Batterie an- und abnehmen
(dadurch blinkt der Körper), verschiedenfarbige Ballons ver-
wenden oder auch mehrere Ballons gleichzeitig starten. Der
ferne Beobachter sieht einen oder mehrere helle Bälle am
nächtlichen Himmel schweben, die verschiedene Farben aufweisen und zudem noch blinken. Nicht nur runde Ballons können verwendet werden, sondern auch zigarrenförmige, die eine
Länge von ein bis zwei Metern haben können.

Da diese Möglichkeit etwas Aufwand und eine gewollte Irreführung der Bevölkerung voraussetzt, wurden Party-Ballons bisher nur selten eingesetzt (z.B. in Südengland, um Kornkreisenthusiasten zu verulken).

Solarzeppeline

Solarzeppeline sind im Handel erhältlich (um die 10,– DM) oder liegen Kinderzeitschriften bei. Es handelt sich um einen extrem dünnen, schwarzen Plastikschlauch (etwa 1,5 bis drei Meter lang, Durchmesser ca. 50 bis 80 cm), der mit Luft gefüllt wird. Setzt man den Solarzeppelin der Sonne aus, erwärmt sich die innen befindliche Luft, und der Zeppelin beginnt zu steigen. Normalerweise darf er nur mit Leine gestartet werden. Doch ist es schon oft vorgekommen, daß die Leine reißt oder daß er ohne diese gestartet wird. Am Himmel sieht der Betrachter dann ein dunkles, zigarrenförmiges Objekt fliegen. Ist der Solarzeppelin nicht prall gefüllt, kann er sich verformen. Es ist auch möglich, den Zeppelin ohne Sonnenlicht starten zu lassen, indem man ihn gleich mit warmer Luft (mit einem Fön) füllt. Selbst Piloten sind auf ihren Flügen schon auf dieses Kinderspielzeug hereingefallen.

Spezial- und Werbeballons

Eine deutsche Firma stellt zwei verschieden große, mit Helium gefüllte Ballons her, die einer klassischen fliegenden Untertasse gleichen. Sie haben einen Durchmesser von drei und sechs Metern und können mit blinkenden Positionslampen ausgestattet werden. Die Ufoballons werden zu Werbezwecken vermietet und mit einem 60 Meter langen Seil stationär verwendet.

Ebenfalls zu Werbezwecken sind von innen beleuchtete, mit Helium gefüllte Ballons erhältlich. Sie haben einen Durchmesser von 1,5 und zwei Metern und schweben angeleint in Höhen von drei bis 15 Meter. Diese Leuchtkörper sind mit einem internen kugelförmigen Beleuchtungssystem und einer 1000 W-Halogenlampe ausgestattet und strahlen ein homogenes Licht aus.

Lichteffektgeräte

Großscheinwerfer

Zur Zeit sind die meisten UFO-Meldungen auf den Einsatz von Großscheinwerfern, sogenannten Sky-Trackers oder Space Cannons, zurückzuführen. Sie werden vorzugsweise bei Diskotheken oder anläßlich öffentlicher Veranstaltungen aufgestellt. Es handelt sich um mobile Scheinwerfer, die verschiedenartige Rotationsbewegungen durchführen können und einen oder mehrere stark gebündelte Lichtstrahlen aussenden. Diese verursachen an Wolken oder Wolkendecken Reflexionserscheinungen, die oftmals als UFOs fehlinterpretiert werden. In Deutschland sind verschiedene Typen im Einsatz, die unterschiedliche Reflexionserscheinungen erzeugen können. Durch bestimmte Vorsatzgeräte sind noch weitere Effekte möglich. Über einen Colour Changer können wechselnde Farben der Lichtstrahlen bzw. Reflexionen erzeugt werden.

Abb. 3

Ein kleines Lichteffektgerät auf der Lüdenscheider Schützenhalle.

Foto: H.-W. Peiniger

Die Beobachter berichteten von großen ovalen Objekten, die ein homogenes, milchiges, Licht ausstrahlen und verschiedene,

238

gleichförmige Bewegungen am Himmel durchführen. Oder von einem Kranz mehrerer Lichter, der um die eigene Achse rotiert und sich am Himmel hin- und herbewegt. Oder von einem Objekt, das aus vielen einzelnen Lichtern (20 bis 50 Stück) besteht und sich ebenfalls rotierend am Himmel hin- und herbewegt. Manchmal wurden die vom Boden ausgehenden Lichtstrahlen nicht beobachtet, und gelegentlich haben im Fahrzeug fahrende Zeugen den Eindruck, die Lichter würden sie begleiten oder verfolgen. Dieser sogenannte Mitfahreffekt tritt auch dann auf, wenn weit entfernte astronomische Lichter (z.B. Mond, Planeten) während der Fahrt beobachtet werden.

Die Beschreibungen sind in den Details oftmals unterschiedlich, so daß immer im Einzelfall geprüft werden muß, ob es sich um die Reflexionserscheinungen eines Großscheinwerfers gehandelt haben kann. Dabei sind die Witterung, die Perspektive des Beobachters, Wahrnehmungsfehler und das beschriebene optische Erscheinungsbild zu berücksichtigen. (Abb. 4)

Laser

Lasergeräte können ebenfalls Effekte an Wolkendecken erzeugen. Die Ablenkung der Spiegeleinheiten ist computergesteuert, und somit kann jede beliebige Figur, theoretisch auch eine Fliegende Untertasse, an die Wolken projiziert werden. Lasergeräte werden jedoch recht selten außen eingesetzt.

Konventionelle Fluggeräte

Flugzeuge / Hubschrauber

Es würde hier zu weit führen, alle optischen Erscheinungsbilder aufzuführen, die durch Flugzeuge oder Hubschrauber verursacht werden. Meistens sind es die eingeschalteten Landescheinwerfer an Flugzeugen, die zu Irritationen führen. Sie überstrahlen oft das Flugzeug und dessen blinkende Antikollisionslichter (Positionslampen). Der Beobachter sieht ein grelles, sich bewegendes Licht am Himmel. Fliegt das Flugzeug in Richtung des Zeugen, scheint das beobachtete Licht am Himmel stillzustehen, um dann plötzlich wieder in eine bestimmte Richtung zu fliegen.

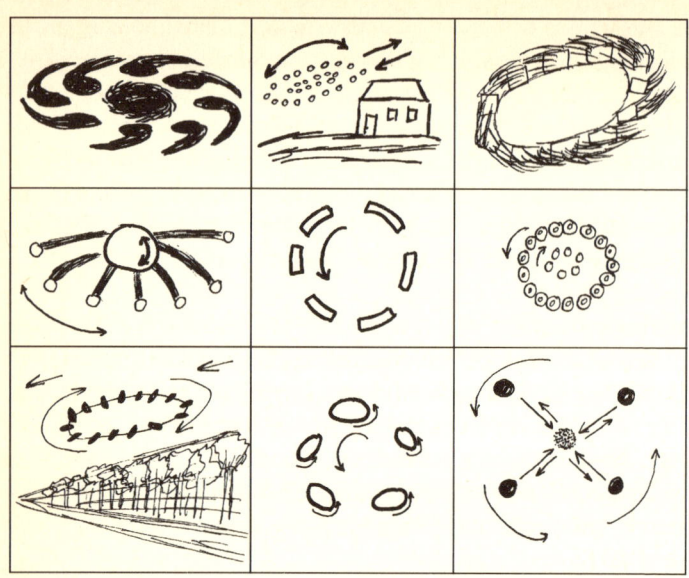

Abb. 4   Zeugendarstellungen von Lichteffektgeräten

Abb. 5
Hubschrauber mit Suchscheinwerfer   *Fotos: H.-W. Peiniger*

240

Hubschrauber werden besonders häufig dann nicht als solche erkannt, wenn sie mit eingeschalteten Suchscheinwerfern fliegen. Auch hier sieht man nur ein grelles Licht, das möglicherweise den Boden oder Baumwipfel beleuchtet.

Aufgrund besonderer Geländegegebenheiten und entsprechender Windrichtung können die Geräusche von Flugzeugen oder Hubschraubern nicht wahrgenommen werden. Für die Zeugen scheint das UFO geräuschlos zu sein.

Werbeflugzeuge

Mir ist mindestens ein Werbeflugzeug bekannt, das ein mit Hunderten Lämpchen bestücktes Netz hinter sich herschleppt. Die Lämpchen sind computergesteuert und können jede beliebige Werbebotschaft verbreiten. Aus der Ferne erkennt man weder den Werbetext noch die kleine Sportmaschine. Die Beobachter sehen nur am Himmel aufleuchtende, undefinierbare Gebilde fliegen.

Luftschiffe

Es gibt in Deutschland nur wenige Luftschiffe, die zu Werbezwecken im Einsatz sind. Manchmal fliegen sie auch bei Dunkelheit und können ähnliche Effekte wie Werbeflugzeuge erzeugen. In England ist jedoch mindestens ein von innen beleuchtetes Luftschiff stationiert, das auch schon in Deutschland nachts bzw. in der abendlichen Dunkelheit eingesetzt worden ist und z.B. im Sommer 1993 mehrfach zu UFO-Sichtungen geführt hat. Die Beschreibungen variierten von »fliegende Untertasse«, über »ovaler Flugkörper« bis zur »fliegenden Zigarre«.

Meteorologische Erscheinungen

Luftspiegelungen an Inversionsschichten

Mit zunehmender Höhe sinkt normalerweise die Temperatur. Liegt jedoch über einer kalten Luftschicht eine wärmere, steigt die Temperatur an der Grenze dieser Schichten (Inversionsschicht) sprunghaft an. Lichtkegel, die gegen eine Inversionsschicht gerichtet sind, z.B. durch ein Fahrzeug, das nachts einen

Berg hinauffährt und dessen Scheinwerfer in den Himmel zeigen, reflektieren an dieser Schicht. Ferne Beobachter sehen dann zwei fliegende Lichtscheiben am Himmel.

Nach der Theorie eines schottischen UFO-Forschers können bei bestimmten Voraussetzungen unserer Atmosphäre (z.B. bei Inversionswetterlagen) helle Sterne und Planeten in Horizontnähe derart vergrößert und verzerrt werden, daß man sie nicht mehr als solche erkennt und verständlicherweise als UFOs fehlinterpretiert.

Wolken

Normale Wolken, die zufällig die Form einer fliegenden Untertasse angenommen haben, sind schon als UFOs fehlinterpretiert worden. Häufig sind auch linsen- oder zeppelinförmige Wolken, »Altocumulus lenticularis«, die bei bestimmten Wetterlagen entstehen und scharfe Umrisse zeigen, Auslöser für UFO-Phänomene.

Leuchtende Nachtwolken

In 65 bis 95 km Höhe können sich Wolken aus Eiskügelchen bilden, die sich dem nächtlichen Betrachter zumeist als wellen- oder bandförmige Wolken zeigen. Aufgrund ihrer großen Höhe können sie noch gut das Sonnenlicht der bereits untergegangenen Sonne reflektieren, obwohl an der Erdoberfläche Dunkelheit herrscht. Sie leuchten in der Regel in einer silbernen oder bläulich-weißen oder orangeroten Farbe.

Kugelblitze

Über die Natur der Kugelblitze ist bisher nicht sehr viel bekannt. Trotzdem kennt man dieses Plasma-Phänomen, das meistens gegen Ende eines Gewitters auftritt, recht gut. Kugelblitze können die Größe eines Fußballes erreichen und sich nahe des Erdbodens rollend oder springend fortbewegen. Ein geräuschloses Verschwinden ist ebenso beschrieben worden, wie ein explosionsartiges und von einem lautem Knall begleitetes Auflösen. Manchmal scheinen Kugelblitze ein intelligentes Verhalten zu zeigen, sie verfolgen Personen oder orientieren sich in ihrer Flugbahn an Stromleitungen oder Zäunen.

Nebensonne

Bei der Nebensonne handelt es sich um eine Haloerscheinung. Sie entsteht durch Brechung oder Spiegelung der Sonnenstrahlen an Eiskristallen in der Atmosphäre. Dabei kann es zu dem Effekt der Nebensonne kommen. Der Beobachter sieht neben der Sonne eine zweite Sonne mit intensiver Farbe am Himmel stehen. Je höher die Sonne steht, desto größer wird der Abstand zu dieser zweiten Sonne.

Polar- oder Nordlicht

Polarlichter treten in der Regel in den polaren Gegenden der Nord- und Südhalbkugel der Erde auf. Sie sind jedoch selbst schon im süddeutschen Raum beobachtet worden und haben dort zu UFO-Meldungen geführt. Man sieht dann helle, farbige Lichtflecke oder großflächige Lichtbänder, die schnelle Bewegungen durchführen können.

Raketen

Raketenstarts

Normale Raketenstarts sind schon von fernen Beobachtern als UFOs fehlinterpretiert worden. Sie verursachen verschiedene Lichtphänomene am Himmel, z.B. helle Lichtflecke.

Re-Entry

Als Re-Entry bezeichnet man den Wiedereintritt von Satelliten oder Satellitenteilen. Das optische Erscheinungsbild ist dem der Boliden oder Feuerkugeln ähnlich. Wiedereintretende Satellitenteile sind aufgrund ihrer geringen Geschwindigkeit in der Regel über einen längeren Zeitraum (bis zu mehreren Minuten) zu sehen als Feuerkugeln.

Satelliten

In klaren Nächten, meistens nach Sonnenuntergang und vor Sonnenaufgang, kann man sehr viele Satelliten beobachten. Man sieht am Himmel ein sternartiges Licht, das geradlinig seine Bahn zieht und dessen Winkelgeschwindigkeit gewöhnlich kleiner ist als die hoch fliegender Flugzeuge, die ein ähnliches optisches Erscheinungsbild aufweisen. Möglicherweise zeigt dieses Licht periodische Helligkeitsschwankungen, die auf eine Rotation des Satelliten schließen lassen. Manchmal wird auch eine zickzackförmige Flugbahn beschrieben, die jedoch auf einen Effekt unserer Augen zurückzuführen ist. Dieser sogenannte autokinetische Effekt entsteht durch kleine unbewußte Augenbewegungen.

Modell-Raketen

Modell-Raketen werden in der Regel nicht bei Dunkelheit gestartet. Es gibt aber Ausnahmen, die dann von fernen Beobachtern fehlinterpretiert werden können. Die Modelle erreichen beachtliche Ausmaße (Länge zwei bis vier Meter) und Höhen. Nachts sind sie mit blinkenden Positionslampen ausgestattet. Der Beobachter sieht wie bei einer großen Rakete einen Feuerschweif und möglicherweise Explosionserscheinungen beim Abtrennen der Stufen.

Treibstoffwolken

Gelegentlich läßt man kurz nach dem Start einer Großrakete Treibstoff ab. Dieser erzeugt ebenfalls eine ungewöhnliche Erscheinung am Himmel, die man sehr leicht als UFO fehlinterpretieren kann.

Sonstiges

Bariumwolken

Zu wissenschaftlichen Experimenten werden Bariumdampfwolken mit Raketen in verschiedene Höhen unserer Erdatmosphäre gebracht, damit Wissenschaftler unterschiedliche physikalische Erscheinungen studieren können. Manchmal sieht man wolkenähnlich strukturierte leuchtende Gebilde am Himmel.

Drachen

Drachen mit besonderen, unkonventionellen Formen, aber auch normale Kinderdrachen, können von den Beobachtern fehlinterpretiert werden. Es gibt z.B. Drachen, die mit dünner Alufolie bespannt sind und sehr gut das Sonnenlicht reflektieren können. Ferne Beobachter sehen dann einen tanzenden, hellen Lichtpunkt am Himmel. In den Niederlanden hat 1997 ein mit Lichtern ausgestatteter Drache zu einem UFO-Alarm geführt.

Experimentalflugkörper und Drohnen
Es gibt sowohl im militärischen als auch im zivilen Bereich Entwicklungen neuartiger Fluggeräte. Hierbei kann es sich um neue Flugzeugtypen mit unkonventionellen Tragflächen (beispielsweise sogenannte Nurflügler), Drohnen und ungewöhnliche Luftschiffe handeln.

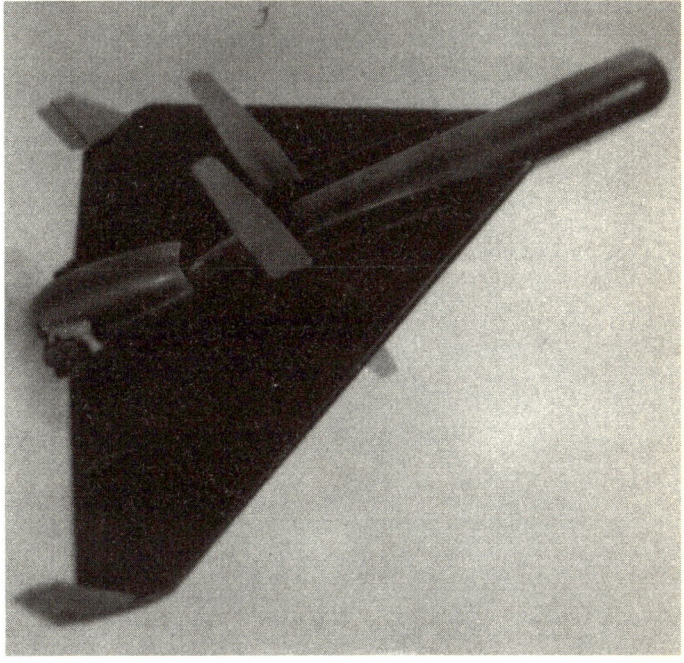

Abb. 6
Anti-Radar-Drohne DAR   *Foto: Deutsche Aerospace*

Drohnen sind kleine unbemannte und ferngelenkte Flugkörper, die hauptsächlich zur militärischen Aufklärung eingesetzt werden können. Ihr Einsatz ist aber auch, z.B. zur Kartographierung eines Geländes oder zur Luftbildarchäologie, im zivilen Bereich denkbar.

Da diese Flugkörper in der Öffentlichkeit kaum bekannt sind, können sie leicht als UFOs fehlinterpretiert werden.

Zielkörper

Zu Übungszwecken schießen Flakstellungen z.B. auf Luftsäcke, die von Flugzeugen geschleppt werden. Diesen Vorgang können Urlauber an der Ostsee (nahe des Schönberger Strandes) beobachten. Ferne Beobachter, die diese Art der Zieldarstellung nicht kennen, glauben ein zigarrenförmiges Flugobjekt zu sehen, das einem Flugzeug folgt.

Es werden/wurden auch Leuchtbomben zur Zieldarstellung benutzt. Sie sind an Fallschirmen befestigt, die durch die aufsteigende Hitze des pyrotechnischen Mittels wie ein Heißluftballon wirken. So ist es möglich, daß diese sehr hellen Leuchtkugeln relativ lange am Himmel schweben.

Pyrotechnische Mittel

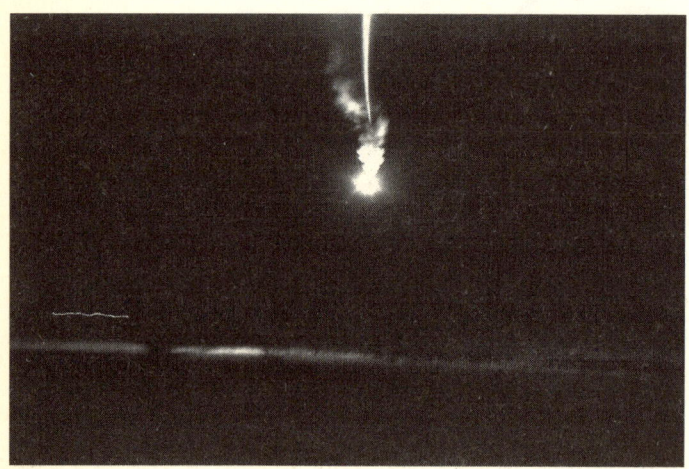

Abb. 7
Gefechtsfeldbeleuchtungen   *Foto: Walter L. Kelch*

Insbesondere handelt es sich hierbei um nicht zu Silvester verschossene Leuchtkugeln und um sogenannte Gefechtsfeldbeleuchtungen. Das sind Leuchtkugeln, die aufgrund eines Fallschirmes etwas länger am Himmel schweben können und in militärischen Übungsgebieten (Truppenübungsplätze) eingesetzt werden, um ein bestimmtes Gebiet kurzfristig zu beleuchten.

Lichtbefeuerung an hohen Türmen

Normale Lichter, die sich zur Sicherung des Flugverkehrs beispielsweise an hohen Türmen befinden, sind schon als UFOs fehlinterpretiert worden. Bei diesiger oder nebliger Witterung sieht der ferne Betrachter ein rotes Licht am Himmel, das an der gleichen Position rhythmisch aufleuchtet. Meist werden diese Beobachtungen nur von ortsunkundigen Personen gemeldet.

Scheinwerfer am Baukran

Ich bin selbst schon einmal bei erster Betrachtung auf diesen UFO-Auslöser hereingefallen. Am oberen Ende des Auslegers eines Baukrans befand sich ein starker Halogenscheinwerfer.

Abb. 8
Halogenscheinwerfer am Baukran   *Foto: H.-W. Peiniger*

Der Baukran war wegen Nebels nicht zu erkennen. Man sah nur das sehr helle Licht am Himmel. Als sich der Baukran im Wind etwas drehte, beleuchtete der Scheinwerfer den oberen Teil des Auslegers. Dies sah so aus, als würde das helle Objekt einen Lichtstrahl fahrstuhlartig ausfahren (solid light).

Schweißarbeiten an Hochspannungsleitungen

Aus größerer Entfernung sieht der Beobachter in Horizontnähe ein gleißend helles Licht, das mehrmals aufleuchtet. Die Überlandhochspannungsleitungen oder deren Masten erkennt der Beobachter aufgrund großer Entfernung und/oder Dunkelheit nicht.

Scherz/Schwindel

UFO-Sichtungen, die auf einem Scherz beruhen, kommen äußerst selten vor. Dagegen haben sich beträchtlich viele UFO-Fotos als Schwindel herausgestellt.

Psychische Ursachen

Zu guter Letzt sei auch darauf hingewiesen, daß manche UFO-Ereignisse aufgrund psychischer Ursachen zustande kommen können. Bei speziellem Verdacht muß berücksichtigt werden, daß die Einnahme einiger Medikamente zu Wahrnehmungsstörungen führen kann. Es gibt Epileptiker, die infolge eines herkömmlichen Auslösers (heller Flugzeugscheinwerfer) einen Anfall erleiden und die Vision eines UFO-Ereignisses erleben. Manche Personen leiden unter Halluzinationen oder anderen psychischen Störungen oder haben offenbar den gesunden Menschenverstand verloren. Deren UFO-Erlebnisse entspringen vielfach einer subjektiven Realität, die sie als konkretes Ereignis interpretieren. Andere versuchen beispielsweise bestimmte Verhalten (etwa ein Zuspätkommen) vor anderen Personen mit einem UFO-Erlebnis zu entschuldigen.

Erklärungsmöglichkeiten für vermeintliche UFO-Landespuren

Hexenringe

Abb. 9
Foto eines typischen Hexenringes   *Foto: Walter L. Kelch*

Sogenannte Hexenringe sind eine Pilzerkrankung, die hauptsächlich auf Rasenflächen auftritt und sich kreisförmig ausbreitet. Die Pilze verursachen eine Anreicherung des Stickstoffs im Boden und führen neben einem obererdigen Pilzwachstum auch zu einer Veränderung im Bewuchs der Graspflanzen (Grashöhe und Farbe).

Überdüngter Boden
Veränderungen am Pflanzenbewuchs können durch eine Überdüngung des Bodens verursacht werden. In dieser Weise können die an einer überdüngten Stelle wachsenden Pflanzen

eine andere Farbe aufweisen als die in der weiteren Umgebung. Wenn sich beispielsweise in einer kreisförmigen Ackerboden- senke nach starken Regenfällen Wasser ansammelt, schwemmt es vermehrt Düngemittel an. Nach dem Versickern oder Aus- trocknen des Wassers verbleibt an dieser Stelle ein überdüngter Boden, der zu einem veränderten Pflanzenwachstum führt. Eine solche Stelle ist in der Vergangenheit schon von sachunkun- digen Personen als UFO-Landeplatz bezeichnet worden.

Schwindel

Abb. 10
Kein UFO-Landeplatz. Hier standen vorher zwei Kinderplanschbecken
Foto: H.-W. Peiniger

Es gibt einige Verfahren, um kreisförmige UFO-Landespuren selbst herzustellen. So können schwere Gegenstände, z.B. ein gefülltes Kinderplanschbecken, das einige Zeit auf der Rasen- fläche stand, eine kreis- oder andersförmige Spur hinterlassen. Verbrennt man kreisförmig den Rasen, erhält man ebenfalls einen schönen UFO-Landeplatz.

Sonstiges

Vorgeschichtliche Reste im Boden, wie z.B. Mauern, die in der Regel nur über die Luftbildarchäologie zu erkennen sind, können zu einem veränderten Pflanzenwachstum führen. Mysteriöse Spuren werden möglicherweise auch vom verspritzten Öl eines Rasenmähers verursacht. Gegenstände, die im heißen Sommer auf einer Rasenfläche stehen, hinterlassen nach Entfernung im verbrannten Rasen eine Schattenspur.

Kornkreise

Natürliche Ursachen

Fälschlicherweise wurden in der Vergangenheit Kreisspuren in Getreidefeldern als UFO-Landeplätze bezeichnet. Unregelmäßige Spuren können durch Regenfall, Winde oder andere natürliche Ursachen entstehen.

Schwindel

In der Regel hat es sich bei den kreisförmigen Spuren um Schwindel gehandelt. Schon mit einfachen Methoden ist es möglich, einen Kreis herzustellen. Selbst komplizierte Piktogramme sind von nur zwei Personen in kurzer Zeit und bei Dunkelheit hergestellt worden. Besonders häufig findet man diese Kreisspuren in südenglischen Getreidefeldern.

Erklärungsmöglichkeiten für vermeintliche UFO-Fotos und UFO-Video-Filme

Linsenspiegelungen

Sogenannte katadioptrische Scheinbilder sind uns bereits mehrfach als UFO-Fotos vorgelegt worden. Die auf den Aufnahmen abgebildeten Objekte sind in ihrer Form und Lichtstärke aufgrund der Bauart des Objektivs unterschiedlich. Sie werden meist von einer hellen Lichtquelle ausgelöst, die sich innerhalb oder auch außerhalb des Bildfeldes befinden kann.

Abb. 11

Linsenspiegelungen, wie sie leicht bei Gegenlichtaufnahmen entstehen können.   *Foto: Gerald Mosbleck*

Reflexionen an Scheiben

Der GEP sind schon Fotos vorgelegt worden, die ein helles Licht über Gebäuden zeigen, das jedoch als die Sonnenreflexe an einer Fensterscheibe identifiziert werden konnte.

Vögel

Normale Vögel, die während der Aufnahme durch das Bildfeld fliegen, werden aufgrund der etwas längeren Belichtungszeit bei einfachen Kameras mit Verwischungsspuren abgebildet. Der Körper des Vogels ist dann als solcher nicht mehr eindeutig zu erkennen und wird als UFO fehlinterpretiert.

Filmfehler

Recht häufig werden normale Filmfehler als UFOs fehlinterpretiert. Es kann sich hierbei um Fehler in den Filmschichten handeln, um Entwicklungsfehler, Knicke im Negativ und vieles andere mehr.

Abb. 12
Knicke und andere Beschädigungen im Negativ können UFO-ähnliche
Erscheinungen verursachen.   *Foto: H.-W. Peiniger*

Schwindel/Trick

Es gibt sehr viele Trickmöglichkeiten bei UFO-Fotos. Die einfachsten Verfahren sind z.B., Auto-Radkappen in die Luft zu werfen und zu fotografieren oder kleine Papierschnipsel auf Fensterscheiben zu kleben. Man kann kleine Modelle an durchsichtigen Fäden aufhängen, bewußt Lichtreflexionen in Fensterscheiben fotografieren oder Doppelbelichtungen herstellen.

UFOs auf Video

Neben den im ersten Teil genannten optischen Erklärungsmöglichkeiten, die natürlich auch auf Video gefilmt werden können, und den Trickmöglichkeiten bei Fotos gibt es noch einen speziellen Aspekt, der bei der Bewertung von Video-Aufnahmen berücksichtigt werden muß. Es handelt sich hierbei um bestimmte Merkmale des Objektivtubus, die später auf der Aufnahme erscheinen können. Camcorder der unteren Preisklassen weisen oft an einem Haltering innerhalb des Zoomobjektives Einkerbungen auf, die beim starken Zoomen auf kleine Lichter im Bild sichtbar werden. Bestimmte Schlitzverschlüsse, die zur Veränderung der Objektivöffnung dienen, können ähnliche Effekte verursachen.

Schlußbemerkung

Es scheint kaum möglich, daß es Personen gibt, die normale Sterne und Planeten nicht als solche erkennen und sie als UFOs melden. Die Erfahrung hat jedoch gezeigt, daß sehr viele Menschen nicht einmal wissen, daß am Himmel auch einige der Planeten unseres Sonnensystems mit bloßem Auge zu sehen sind. Mars, Venus, Jupiter und Saturn gehören neben dem Mond sogar zu den hellsten Objekten am nächtlichen Himmel. Wie viele Menschen Sterne und Planeten am Himmel fehlinterpretieren, zeigt die Statistik der GEP. Sie weist aus, daß über sechs Prozent der Fälle auf diese natürlichen Himmelskörper zurückzuführen sind. Immerhin steht diese Erklärungsmöglichkeit an fünfter Position der IFO-Skala.

Es hat sich gezeigt, daß es nicht ausreicht, wenn man sich als UFO-Forscher nur mit den »unbekannten Flugobjekten« beschäftigt. Ein Überblick über die wichtigsten natürlichen Himmelserscheinungen gehört ebenso dazu wie Kenntnisse in Astronomie, Luft- und Raumfahrt, Meteorologie, Psychologie und vielen anderen Gebieten. Mitarbeiter der GEP schulen sich autodidaktisch, führen eigene Feldexperimente durch oder bemühen sich, ihr Wissen auf dem Gebiet der herkömmlichen UFO-Ursachen zu erweitern. So wurden beispielsweise die GEP-Mitarbeiter Hans-Werner Peiniger und Gerald Mosbleck von der Bundeswehr eingeladen, sich Hubschrauber mit ihren Positionslampen, Suchscheinwerfern und anderen Leuchteinrichtungen bei Nacht anzuschauen, um bei späteren Falluntersuchungen die beschriebenen UFOs mit den eigenen Eindrücken vergleichen zu können. Eigene Feldexperimente mit gestarteten Modell-Heißluftballonen machten verständlich, daß unbedarfte Zeugen eine derartige Erscheinung am Himmel als UFO bezeichnen.

Es gibt eine Vielzahl an natürlichen Ursachen für UFO-Erscheinungen. Viele, die nur für einzelne Fälle verantwortlich sind, und exotische Erklärungen (leuchtende Schmetterlings-schwärme, Erdbebenlichter und andere) konnten in dieser Zu-sammenstellung nicht berücksichtigt werden. Aber ich glaube, daß recht gut deutlich geworden ist, daß sich für die meisten UFO-Beobachtungen herkömmliche Erklärungen anbieten.

Die interessantesten Fälle der GEP

Hans-Werner Peiniger

Die nun folgenden Fallbeispiele stellen einen kleinen nicht-repräsentativen Querschnitt aus mehreren hundert von der GEP bearbeiteten UFO-Sichtungen dar. Leider können sie hier nicht in aller Ausführlichkeit dargestellt werden. Detaillierte Berich-te, die in der Regel die Zeugenaussagen, zugehörige Presse-berichte, Diskussionen und Bewertungen enthalten, findet man in den angegebenen Quellen.

Lichter am Himmel

Wiblingwerde-Eilerde, 24. November 1979

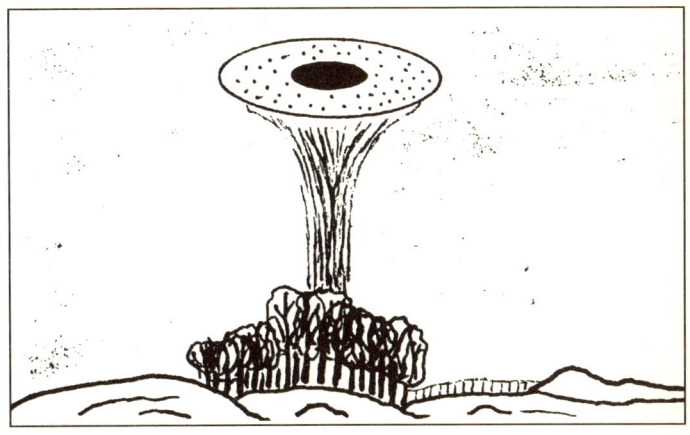

Abb. 1

Vier Personen beobachteten am sonst wolkenlosen Himmel eine ungewöhnliche Erscheinung, die nach Eindruck der Zeugen über ein »Strahlenfeld« Kontakt zum Boden hatte. Innerhalb des Objekts, zwischen dunklem Innenkern und Außenrand, befanden sich punktförmige Gebilde. Das Licht des Objekts befand sich in einem unrhythmisch pulsierenden Zustand. Nach einiger Zeit verlor die Erscheinung an Leuchtkraft und verblaßte allmählich, bis sie nicht mehr zu sehen war.[1]

Kirchlengern, 22. Oktober 1990

Mehrere beunruhigte Bürger aus dem Bereich Löhne/Bad Oeynhausen meldeten der GEP ungewöhnliche Himmelserscheinungen. Bis Ende Oktober tauchten diese Objekte fast täglich im gleichen Zeitraum auf. Meist wurden über Kirchlengern helle Lichter gesehen, die rot und grün blinkten. Manchmal kamen sie auch näher, so daß man eine dreieckige Gestalt zu erkennen glaubte. Die Flugkörper gaben gelegentlich »rauschende Geräusche« ab. Ermittlungen der GEP ergaben, daß in diesem Gebiet eine britische Heeresfliegereinheit mit ihren Hubschraubern Nacht-Übungsflüge durchführte, um sich auf einen bevorstehenden Einsatz im Golfkrieg vorzubereiten.[2]

Waldshut-Tiengen, 6. Juli 1991

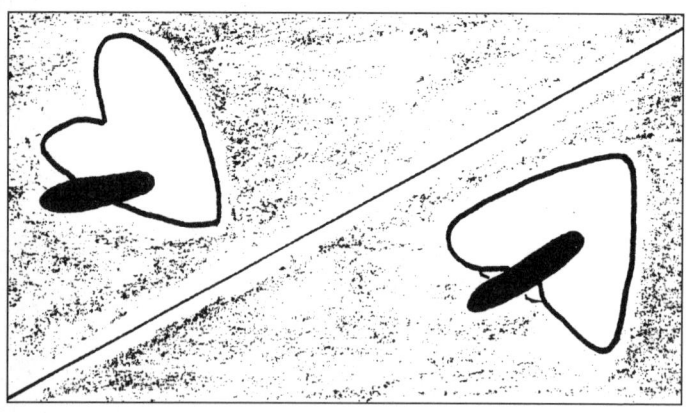

Abb. 2

Der Zeuge filmte mit seiner Videokamera im Klettgau auf dem Kalten Wangen ein helles Licht mit schwarzem Ansatz, das sich am Himmel bewegte. Mit seiner Aufnahme ging er zur Polizei, die wiederum die Flugsicherung Zürich einschaltete. Nachdem die GEP den Film erhalten hatte, konnte sie mit Hilfe des Luftfahrtbundesamtes in Braunschweig das Objekt als Hängegleiter oder Ultraleichtflugzeug identifizieren.[3]

Ebeltoft, Dänemark, 21. Juli 1996

Der Zeuge legte der GEP eine Videoaufnahme vor, die einige Familienmitglieder an der Strandpromenade zeigte. Plötzlich wird an der linken Bildkante ein graues, längliches Objekt erkennbar, das recht schnell in einer etwas schräg nach oben gerichteten Bahn zum rechten Bildrand fliegt und dabei immer heller wird. Das Objekt ist erst später beim Zusammenschneiden der Urlaubsaufnahmen bemerkt worden. In die Ermittlungen schaltete die GEP die Firma Panasonic ein, da die Aufnahme mit einem Panasonic-Camcorder gemacht worden war. Eine Untersuchung der Aufnahme ergab, daß es sich um eine Gegenlichtaufnahme handelte und die Bewegung der Erscheinung absolut synchron zur Bewegung der Kamera verlief. Es fanden sich genügend Hinweise, die zeigten, daß es sich höchstwahrscheinlich um eine Linsenreflexion gehandelt hat, deren Ursache in einer Beeinträchtigung (kleiner Kratzer, Beschädigung der Oberflächenvergütung, Fettfilm o.ä.) einer verwendeten Vorsatzlinse lag.[4]

Nahe Begegnungen

Jüchen, 24. Mai 1983

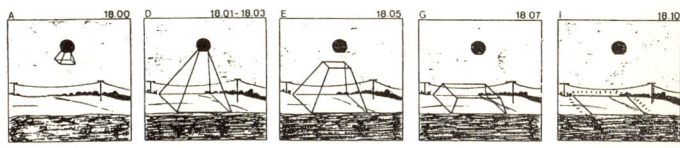

Abb. 3 Rekonstruktion nach Angaben des Zeugen

Gegen 18 Uhr beobachtete der 14jährige Gymnasiast Jürgen R., wie ein roter Flugkörper durch die geschlossene Wolkendecke stieß, über einer Hochspannungsleitung stoppte und ein pyramidenförmiges Strahlenfeld fahrstuhlartig von oben nach unten aufbaute. Kurze Zeit später baute es sich wieder ab, diesmal von oben nach unten. Während der Beobachtung traten Störungen im CB-Handsprechfunkgerät des Zeugen auf. Da relativ genaue Angaben zur Wolkenhöhe und Entfernung des Objekts zur Verfügung standen, konnte mit sogenannten trigonometrischen Funktionen der Durchmesser des Objekts auf etwa 11 bis 23 Meter errechnet werden.[5]

Ennepetal-Schweflinghausen, 12. Juni 1976

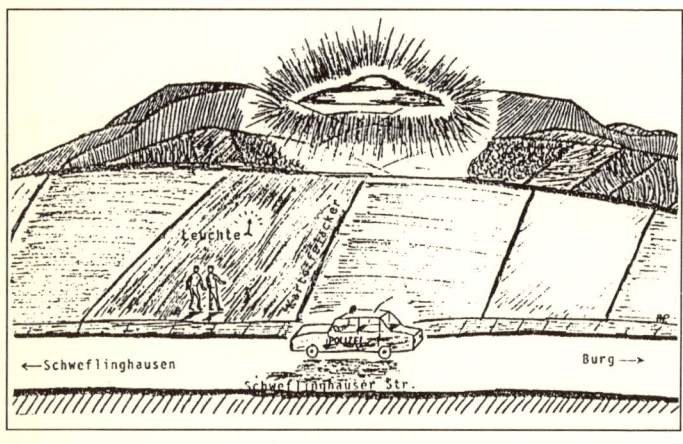

Abb. 4 Rekonstruktion nach den Angaben der Zeugen

Um 1:45 Uhr in der Nacht beobachteten zwei Polizeibeamte einen ungewöhnlichen Flugkörper über einem Acker. In einem Bericht an das Düsseldorfer Innenministerium schrieben sie, daß das Objekt so hell gewesen sei, daß sie eine auf dem Acker aufgestellte Baustellensicherungsleuchte gegen Wildschaden nicht bemerkten. Die Leuchte war mit einem Helligkeitssensor ausgestattet und hatte sich ausgeschaltet. Der Flugkörper war etwa 200 Meter entfernt und schwebte knapp über dem Boden.

Trotz umfangreicher Ermittlungen vor Ort konnte das Objekt bisher nicht identifiziert werden.[6]

Hochheim, 11. April 1974

Abb. 5 Rekonstruktion nach Angaben der Zeugen

Gegen 2 Uhr morgens befanden sich zwei Paare mit einem PKW auf der Fahrt in einem unbewohnten Gebiet bei Hochheim. Sie beobachteten in geringer Entfernung und Höhe einen scheibenförmigen Flugkörper, der einen Lichtstrahl fahrstuhlartig von der Unterseite des Objekts ausgehend nach unten aufbaute und wie einen Suchscheinwerfer herumschwenkte. Plötzlich wurde der Strahl in den Innenraum des Fahrzeugs gerichtet. Nach einiger Zeit wurde der Strahl wieder fahrstuhlartig eingefahren. Nach vollständigem Einfahren des Lichtstrahls (UFO-Forscher sprechen hier von einem sogenannten solid light) entfernte sich der Flugkörper mit relativ hoher Geschwindigkeit. Obwohl die Zeugen die Beobachtungsdauer auf etwa 15 Minuten schätzten, waren tatsächlich zwei Stunden vergangen.[7]

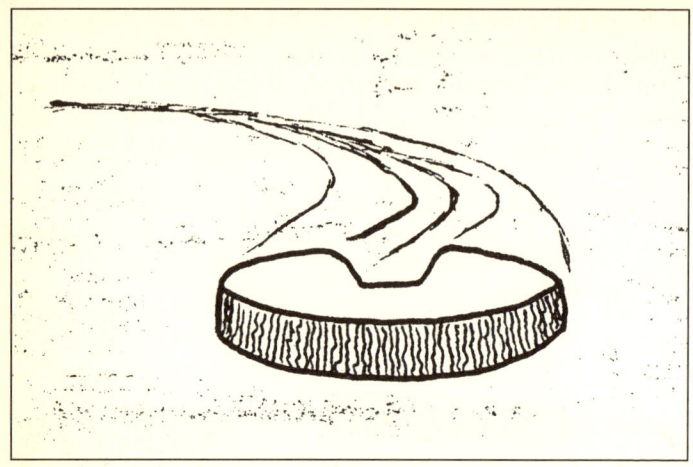

Abb. 6   Rekonstruktion nach Angaben des Zeugen

In einem kleinen Industriegebiet beobachtete der Zeuge gegen 18:15 Uhr einen Flugkörper mit einem Durchmesser von 120 cm, der durch seine ungewöhnliche Erscheinungsweise auffiel. Das Objekt bewegte sich nahe eines Firmengebäudes lautlos auf den Zeugen zu und verharrte in nur 10 bis 15 Meter Höhe, so daß der Zeuge aus Angst hinter einem Busch in die Hocke ging. Nach einigen Sekunden flog das Objekt jedoch wieder davon, bis es in den Wolken verschwand.[8]

Radevormwald, 30. November 1984
Der Flugkörper flog vor dem Haus 1 und verdeckte dabei dessen Dachgiebel. Hinter Haus 2 verschwand er dann und wurde durch die anderen Häuser verdeckt.

Vom Balkon seines Hauses aus beobachtete ein Zeuge um 22:47 Uhr einen länglichen, kastenförmigen Flugkörper, an dessen Vorderfront sich zwei von Lamellen bedeckte Scheinwerfer befanden. Um ihn herum führte ein ring- oder schlauchförmiges Lichtband, das zunächst gelb leuchtete und später von einem sehr starken weißen Licht überstrahlt wurde. Der Zeuge schätzte die Entfernung zum Flugkörper auf etwa 180 Meter, die Höhe des Kastens auf 11 bis 13 Meter, die Breite auf 9 bis 11 Meter und die Länge auf 36 bis 44 Meter. Das völlig geräuschlose Objekt flog in geringer Höhe, bis es aus dem Blickfeld des Zeugen verschwand. Dieser Vorfall hatte den Zeugen so beeindruckt, daß er ein großes Modell von dem Flugkörper baute, das sich heute im Archiv der GEP befindet.[9]

Abb. 7
Rekonstruktion nach Angaben des Zeugen. Der Flugkörper flog vor dem Haus 1 und verdeckte dabei dessen Dachgiebel. Hinter Haus 2 verschwand es dann und wurde durch die anderen Häuser verdeckt.

Landespuren, UFO-Trümmer

Bedburdyk, 19. November 1982

Nahe der Autobahn A46 beobachtete Frau D. gegen 17 Uhr einen Flugkörper, bei dem es sich wahrscheinlich um einen Hubschrauber handelte, der vielleicht zur Verkehrsbeobachtung eingesetzt war. Interessant ist jedoch, daß die Zeugin unterhalb der Position des Objekts später eine Spur auf einem Acker ent-

261

Abb. 8
UFO-Landestelle bei Bedburdyk. Im Hintergrund verläuft die A46, in der Bildmitte sieht man den vermeintlichen Landeplatz.

Foto H.-W. Peiniger

deckte, die verkümmerten Pflanzenbewuchs zeigte und von dem UFO stammen sollte. Die Spur hatte die Form eines langgezogenen Tropfens und wies eine Länge von etwa 204 Meter auf. Ein Neusser Heilpraktiker ermittelte mit seiner Wünschelrute, daß hier ein außerirdisches Flugobjekt gelandet sei. Untersuchungen der GEP ergaben jedoch, daß sich diese Spur in einer Bodensenke befand. Durch abfließendes Regenwasser wurde in dieser Bodensenke Dünger angesammelt. An dieser nunmehr überdüngten Stelle zeigte sich ein veränderter Pflanzenbewuchs. Mäanderförmige Ausspülungen am Beginn der Spur belegten den Zufluß von Wasser. Damit ergab sich für die UFO-Landespur eine natürliche Erklärung.[10]

Schweitenkirchen, 6. Juli 1977
Erich Sch. war geschäftlich unterwegs und machte nahe Schweitenkirchen neben der Straße Rast. Zum Austreten ging er ein Stück in den Wald und stieß auf ein Gebiet von etwa

262

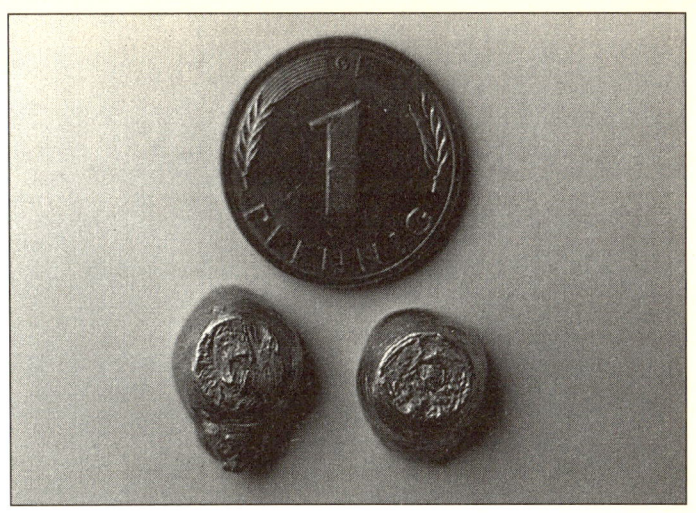

Abb. 9
Die kleinen Metallteile   *Repro: H.-W. Peiniger*

10 bis 15 Meter Durchmesser, in dem die Bäume dürr und fast kahl waren. Auf dem Boden fand er auf mehrere Meter verteilt kleine silberne 0,5 bis 1 cm große tropfenförmige und aluminiumähnliche Metallteile, die offensichtlich vom Himmel heruntergefallen und auf dem Boden mit Tannennadeln fest verschmolzen waren.

Auch wenn in diesem Fall der direkte UFO-Bezug aufgrund einer fehlenden Beobachtung fehlt, geben ähnliche Fälle bei unkritischen Ufologen Anlaß zu vielfältigen Spekulationen. Um die gleich im Keim zu ersticken, versuchte die GEP die Ursache zu klären. Mit Hilfe der Flugunfalluntersuchungsstelle des Luftfahrtbundesamtes in Braunschweig, dem Luftwaffenamt der Bundeswehr und einem Institut für Werkstoffbearbeitung in Ratingen, das für die Flugzeugindustrie tätig ist, fand die GEP heraus, daß es sich bei den Metallteilen um Aluminium 99,5 gehandelt hat, ein Material, das im Flugzeugbau Verwendung findet. Ferner war zu erfahren, daß es schon mal vorkommen könne, daß Flugzeuge geschmolzene Teile, die vom Triebwerk stammen, verlieren. Möglicherweise hat es sich um Nietköpfe

263

gehandelt. Es könne sich jedoch auch um Teile eines Wieder-
eintrittkörpers einer Rakete handeln, die bei Eintritt in die
Atmosphäre nicht vollständig verglüht ist.[11]

Anhang

Quellenhinweise

Jochen Ickinger: Zeugenaussagen aus juristischer Sicht

(1) *BGH* DRiZ 74, 27

(2) Baumbach/Lauterbach/Albers/Hartmann: *ZPO,* 51. Auflage, München 1993; Einf § 284 Rdn 19

(3) dito, Einf § 284 Rdn 22

(4) dito, Einf § 284 Rdn 18

(5) dito, Übers § 373 Rdn 3

(6) dito, Übers § 373 Rdn 4

(7) dito, Übers § 373 Rdn 5,6

(8) dito, Übers § 373 Rdn 5

(9) dito, Anh § 286 Rdn 15

(10) Kleinknecht, Meyer-Goßner: *StPO,* München, 1995; § 261 Rdn 25

(11) dito, § 136a Rdn 19

(12) dito, § 261 Rdn 26

(13) Palandt: *BGB,* 54. Auflage, München, 1995; § 261 Rdn 29

(14) Creifelds: *Rechtswörterbuch,* München, 1978, S. 207

(15) Avenarius: *Rechtswörterbuch,* Freiburg, 1988, S. 77

(16) *Journal für UFO-Forschung,* Heft 51, 3/1987, S. 85-89

(17) dito, Heft 94, 4/1994, S. 114-115

(18) *UFO-Kurier,* Nr. 29, März 1997, S. 45

Literatur

Altewilla, Enrico: *Forensische Psychologie,* Graz-Wien-Köln 1955

Arntzen: *Psychologie der Zeugenaussage,* Göttingen 1970

Arntzen: *Vernehmungspsychologie,* München 1978

Bender/Röder/Nack: *Tatsachenfeststellung vor Gericht,* Band I: Glaubwürdigkeits- und Beweislehre und Band II: Vernehmungslehre, München 1981

Fischer, Johan: *Die polizeiliche Vernehmung,* Schriftenreihe des BKA Wiesbaden, 1975/2-3

Trankell: *Der Realitätsgehalt von Zeugenaussagen,* Göttingen 1971

Hans-Werner Peiniger:
Wie ein Heißluftballon zum UFO wird

Die GEP dankt folgenden Personen für die Mitarbeit: Roland Horn, Jochen Ickinger, Walter L. Kelch, Hansjürgen Köhler, Hans-Werner Peiniger, Werner Walter, Edgar Wunder und für die Auswertung Dr. Alexander Keul.

Quelle: *Journal für UFO-Forschung* Nr. 72, 6'90:168ff

Uli Thieme: Der »UFO-Absturz« von Roswell

Der Beitrag ist eine Zusammenfassung der Dokumentation *50 Jahre Roswell – Ein UFO-Mythos stürzt ab.* Zu beziehen über den Autor: Uli Thieme, Rollhofweg 1, D-74523 Schwäbisch Hall

Gerald Mosbleck: Problemfall UFO-Foto
Quellen:

Artamonov, I. D.: *Optische Täuschungen,* Thun/Frankfurt 1983
Frisby, John P.: *Sehen,* München 1983
Fritsche, Kurt: *Fotofehlerbuch,* Leipzig 1979
Mosbleck, Gerald: Linsenreflexionen und ihre Bedeutung für die UFO-Forschung, *Journal für UFO-Forschung* 2/82
Mosbleck, Gerald: Privatarchiv
Schneider, Adolf und Malthaner, Hubert: *Das Geheimnis der unbekannten Flugobjekte,* Freiburg 1976
Spaulding, W. H.: Moderne Bildverarbeitung entschleiert die »Montana«- und, »Utah«-Filme, *Journal für UFO-Forschung* 1984 und *MUFON Symposium Proceedings* 1977
Startup, Bill und Illingworth, Neil: *The Kaikora UFOs,* London 1980
Webner, Klaus: *Die Nagora Fotoserie,* Selbstverlag, Wiesbaden 1982
UFO-Nyt: diverse Ausgaben
UFO sverige Aktuellt: Nr.1/1982

Hans-Werner Peiniger: Der Fall Fehrenbach

(1) »Klasse A: Unidentifizierbare Flugkörper mit festen Strukturen, die in physikalische Wechselwirkung mit der Umgebung treten.« Aus: Ludwiger, Illobrand von: *Der Stand der UFO-Forschung,* Frankfurt 1992

(2) *Freies Wort,* Suhl, 9. Dezember 1994

(3) *Focus,* 26. Juni 1995, S. 80f

Rudolf Henke: Die Radkappe von Wedel

Herrn Michael Hesemann, Düsseldorf, danke ich für die Zurverfügungstellung von Material

Anmerkungen

(1) Peiniger, H.-W.: *Journal für UFO-Forschung,* Lüdenscheid, Nr.4/1982, S. 91

(2) Hynek, J.A.: *UFO-Report,* München 1978, S. 157

(3) Brand, I. [= Ludwiger, I. v.] (Hrsg.): *Seltsame Flugobjekte und die Einheit der Physik.* Feldkirchen-Westerham, 1983, S. 463

(4) Ludwiger, I. v.: *Der Stand der UFO-Forschung,* Frankfurt/M. 1992, Abb. 7

(5) Ludwiger, I.v.: *Interdisciplinary UFO Research,* MUFON-CES-Band Nr. 11, Feldkirchen-Westerham, 1993, S. 71, Abb. 8a

(6) Ludwiger, I.v.: *Journal für UFO-Forschung,* Lüdenscheid, Nr. 3/ 1993, S. 91

(7) Sachs, M.: *The UFO Encyclopedia,* New York 1980, S. 360ff

(8) Ludwiger, I.: *Richtigstellung der Behauptungen in Rudolf Henkes Dokumentation zur ARD-Sendung über UFOs,* Feldkirchen-Westerham 1994, S. 5, 14

Michael Hesemann: Der Fotograf gesteht

(1) Ludwiger, Illobrand von: *Der Stand der UFO-Forschung,* Frankfurt 1992, Abb. 7

(2) ebd.

(3) »Scantoon von Antamoon« (Walter Schilling): Schreiben vom 11. 12. 1981

(4) Brand, Illo (Illobrand v. Ludwiger): *Seltsame Flugobjekte und die Einheit der Physik,* MUFON-CES-Bericht Nr. 9, Feldkirchen-Westerham 1983, S. 463.

(5) Spaulding, *W.: Walter Schilling/Wedel – Computer Photographic Analysis,* Phoenix/AZ, June 1982

(6) Ludwiger, Illobrand von: *Interdisciplinary UFO Research,* MUFON-CES Report No.11, Feldkirchen-Westerham 1993, S. 71

(7) Voss, Dipl.-Met. G. (Deutscher Wetterdienst/Seewetteramt): Schreiben an Dipl.-Ing. Adolf Schneider vom 26. 10. 1981

(8) Schilling, Walter: Schreiben an Michael Hesemann vom 11. 8. 1983

Rudolf Henke: Kleine Männchen auf Wolkenschiffen
Quellen

(1) Hynek, J.A.: *UFO,* Hynek, München 1978, S. 153

(2) *International UFO Reporter,* Nr. 12, 1977, S. 4

(3) s. (2), S. 6

(4) s. (2), S. 5

(5) *Flying Saucer Review,* Nr.4/ 1971, S. 17

(6) Hynek, J.A.: *UFO-Report,* Goldmann, München 1978, S. 142

(7) Henke, R.: 12.000:1 für Sir Isaak Newton. Der Fall Füssen-Reuthe, *Journal für UFO-Forschung,* Nr.3/ 1988, S.77, 82, 91

(8) Hendry, A.: *The UFO Handbook,* New York 1979, S. 275

Abbildungen

Abb. 1: s. (5)
Abb. 2: Rudolf Henke

Rudolf Henke: Außerirdische am Bodensee

Quellen:

(1) Ludwiger, I.v.: *MUFON-CES-Band Nr. 4,* Feldkirchen-Westerham 1977, S. 47ff

(2) s. (1), S. 75

(3) s. (1), S. 60

(4) Bleuler, E.: *Lehrbuch der Psychiatrie,* Heidelberg 1983, S. 295f

(5) s. (1), S. 77

(6) s. (1), S. 63

(7) s. (1), S. 70

(8) s. (1), S. 64 u. 67

(9) s. (1), S. 66

(10) Langbein, K. et al.: *Bittere Pillen,* Köln, 50. Aufl., S. 197f

(11) s. (4), S. 312

(12) Ludwiger, I.v.: *Interdisciplinary UFO Research,* MUFON-CES-Band Nr. 11, Feldkirchen-Westerham, 1993, S. 92

(13) Hanauer, J.: *Die stigmatisierte Seherin A.K. Emmerick,* Bad Honnef, 1979, S. 129

(14) s. (4), S. 369

(15) MUFON-CES-Band Nr. 8, Feldkirchen-Westerham 1981, S. 349

(16) s. (16), S. 350

(17) s. (16), S. 351

(18) s. (16), S. 352ff

(19) s. (15), S. 304

(20) s. (1), S. 67ff

(21) *Forum,* SWF-2, 24. 08. 1990, 17:00-18:00

(22) Ludwiger, I. v.: *Der Stand der UFO-Forschung,* Frankfurt/M. 1992, 2. Aufl., S. 63

(23) s. (16), S. 346

(24) Stringfield, L.H.: *The UFO Crash/Retrieval Syndrome Status Report II,* MUFON, Seguin/Texas, 1980, S. 7f

(25) s. (15), Abb. 9

(26) Mosbleck, G.: *Journal für UFO-Forschung,* Nr. 88, 4/1993, S. 124

(27) Keviczky, C. S. v.: *Project World Authority for Spatial Affairs,* ICUFON, 1979, S. 52
(28) s. (12), S. 91, 117, 141

Wolfgang Schröder:
Unheimliche Begegnung in New Hampshire

(1) nach Herrmann, Joachim: *dtv-Atlas zur Astronomie,* München 1983
(2) *Neue Beweise der Prä-Astronautik,* Rastatt 1979
(3) Nack: Götter, *Helden und Dämonen,* München 1980
weitere Quellen
Buttlar, J.v.: *Das UFO-Phänomen,* Bergisch Gladbach 1980
Buttlar, J.v.: *Sie kommen von fremden Sternen,* München 1986
CENAP-REPORT, Nr.117 (10./11/85)
Fiebag, J.: *Rätsel der Menschheit,* Luxemburg 1982
Hopkins, B.: *Von UFOs entführt,* München 1982
Stemman, R.: *Das Weltall und seine Besucher,* Frankfurt 1979
Official UFO (August 1976), freundlicherweise von W. Walter (Mannheim) im Oktober 1985 zur Verfügung gestellt.

Hans-Werner Peiniger:
Kritische Betrachtung der Hill-Entführung

Brookesmith, Peter (Hrsg.): *The Age of the UFO,* London 1984
Buttlar, Johannes von: *Das UFO-Phänomen,* München 1978
Buttlar, Johannes von: *Sie kommen von fremden Sternen,* München 1986
Clark, Jerome: Interview mit Betty Hill, *UFO-REPORT,* 1/1978
Dickinson, Terence: *The Zeta Reticuli Incident,* Milwaukee 1976
Evans, H. und Spencer, J.: Abductions and Contactees. In: *UFOs 1947-1987,* London 1987
Fiebag, Johannes (Hrsg.): *Das UFO-Syndrom,* München 1996

270

Fuller, John G.: *The Interrupted Journey,* New York 1966
  (Deutsch: *Die unterbrochene Reise,* Rottenburg 1996)
Gansberg, Judith und Alan: *Die UFO Beweise,* München 1979
Groote, Rudy de: Die Hill-Entführung: Tatsache oder Fantasie,
  CENAP-Report, Nr. 116, 10'1985
Hansen, Kim Moller: Betty og Barney Hill, 1961, *UFO-NYT*
  Nr. 6, Nov/Dez 1981
Hill, Betty: *A Common Sense Approach to UFOs,* Greenland 1996
Klass, Philip J.: *UFOs Explained,* New York 1976
Lexikon der Psychologie, Freiburg 1987
Magin, Ulrich: Rezension des Buches *A Common Sense
  Approach to UFOs,* Journal für UFO-Forschung, Nr 107,
  5'1996
Peiniger, Hans-Werner: Neue Interpretation der HILL-Stern-
  karte, *Journal für UFO-Forschung,* Nr. 109, 1'1997
Scheaffer, Robert: Is the Fish Interpretation unique? in Dickin-
  son 1976
Spencer, John: Hypnose die Lösung? in *CENAP-Report*
  Nr. 117, 11'1985
Walter, Werner: Der Kontaktfall »Hill« in der Krise! in
  CENAP-Report Nr. 84, 2'1983

Rudolf Henke:
Die glücklichen Entführten des John E. Mack

Anmerkungen

(1) Hesemann, M.: Im: *Magazin 2000,* Nr. 107, 10/ 1995, S. 48
(2) Klass, P.: *UFO-abductions – a dangerous game,* New York
1989 (eine deutschsprachige Zusammenfassung findet sich in:
Henke, R. u. Walter, W. [Hrsg.]: UFOs 2000 – die Eskalation,
CENAP Mannheim/ Sandhausen 1993)
(3) Lawson, A. H. u. McCall, W.C.: What can we learn from the
hypnosis of imaginary abductees? In: *MUFON UFO Symposium Proceedings,* Mutual UFO Network, Seguin/ Texas 1977,
S. 107ff (eine deutschsprachige Übersetzung findet sich im
CENAP-Report, Nr. 107, 1/1985, CENAP Mannheim, S. 11ff)

(4) *Der Spiegel,* Nr. 20/ 1993, S. 299

(5) Harder, B.: Hex und hopp, *Journalist* 12/ 1995, S. 42ff

Johannes Fiebag: Können wir das Geheimnis erklären?

Literatur:

(1) Strieber, W.: *Die Besucher,* Wien, 1988, Tb-Ausgabe München, 1989.

(2) Hopkins, B.: *Intruders – The Incredible Visitations at Copley Woods,* New York, 1988.

(3) Fuller, J. G.: *The Interrupted Journey,* London, 1966.

(4) Bullard, T.J.: *Catalog of UFO Abduction Cases,* Mount Rainier, 1987.

(5) Brand, I.: Hypnoseregression in der UFO-Forschung. In: I. Brand (Hrsg.), *Unerwünschte Entdeckungen im Luftraum,* MUFON-CES-Bericht Nr. 10, 301-340, Feldkirchen-Westerham, 1989.

(6) Klass, P.: *»UFO«-Abductions – A Dangerous Game,* New York, 1988.

(7) Stacy, D.: in *New Scientist,* 117/1603, 70, 1988.

(8) Chapman, D.: in *Strange Magazine,* 1/1, 10-13, 1987.

(9) Bloecher, T., Hopkins, B. und Clamar, A.: Abductees are »Normal People«. *International UFO Reporter,* 9/4, 10-12, 1984.

(10) Lawson, A.H.: What can We Learn from Hypnosis of Imaginary Abductees? *MUFON Symposium Proceedings,* Scottsdale, 3 July, 106-135, 1977 und Fortsetzungen in *MUFON UFO JOURNAL,* 120/11, 7-9 sowie 121/12, 7-9, 1977.

(11) Lawson, A.H.: A Touchdown for Fallacious Abductions: Birth Trauma Imagery in CE-III Narratives. In: M. Hynek (Hrsg.), *The Spectrum of UFO Research,* Chicago, 1988.

(12) Wanderer, R.: Birth Trauma and »Abduction«. *MUFON UFO Report,* 170, 3-4 and 172, 7-8, 1982.

(13) Druffel, A.: Synthetic Abduction: A New Tool for Ufology, *MUFON UFO JOURNAL,* 118, 10-12, 1977.

(14) Rogo, Scott D.: Imaginary Facts: The Case of Imaginary Abductions, *International UFO Reporter,* 2, 3-5, 1985.

(15) Harder, J.A.: Hypnosis of »Imaginary« Abductees, *APRO Bulletin,* 26/9, 3, 5-6, 1977.

(16) Smith, W.: A Second Look, *MAGONIA,* 6, 3-5, 1981.

(17) Jamaludin, A.: The Amnesia Factor in Hypnotically Recalled UFO Abduction, *BUFORA Bulletin,* 14/81, 11-15, 1984.

(18) Wanderer, R.: Birth Trauma and »Abductions«, *MUFON UFO Report,* 172/6, 7-8, 1982.

(19) Lawson, A.H.: Hypnosis of Imaginary UFO »Abductees«, *The Journal of UFO Studies,* 1/1, 8-26, 1980.

(20) Scott Rogo, D.: Current Research in UFO Abductions. Aktualisierter Anhang in: Druffel, A. und Rogo, D.: *The Tujunga Canyon Contacts,* New York, 1989.

(21) Randles, J. und Warrington, P.: UFOs: *A British Viewpoint.* London, 1979. Vgl. auch: Randles, J.: *Abduction,* New Brunswick, 1989.

(22) Randles, J. und Fuller, P.: *Kreise im Kornfeld.* München, 1991.

(23) Magin, U.: Entführungsfälle in psychologischer Deutung. *Journal für UFO-Forschung,* 3, 80-83, 1986.

(24) Rogo, Scott D.: Von Lichtern entführt. *Esotera,* 11, 1987.

(25) Strieber, W.: *Transformation.* New York, 1989.

Gerald Mosbleck: Hypnose – Allheilmittel oder Fallstrick?

Einige Artikel möchte ich besonders empfehlen:

Carol Travis: Der Streit um die Erinnerung, *Psychologie heute,* Juni 1994

Jeder Mann ein Kinderschänder?,Titelgeschichte in *DER SPIEGEL* 25/1994

Feld voller Fußangeln, Artikel in *DER SPIEGEL* 31/1994

Ulrich Magin: Der Traum vom verdrängten Trauma, *CENAP-Report* 5/94

Hans-Werner Peiniger: Die interessantesten Fälle der GEP

(1) *JUFOF* Nr. 3, 3'1980:1f

(2) *JUFOF* Nr. 73, 1'1991:6f

(3) *JUFOF* Nr. 82, 4'1992:99ff

(4) *JUFOF* Nr. 111, 3'97:70f

(5) *JUFOF* Nr. 30, 6'1983:161ff

(6) *JUFOF* Nr. 37, 1'1985:2ff

(7) *JUFOF* Nr. 41, 5'1985:129ff

(8) *JUFOF* Nr. 88, 4'1993:98ff

(9) *JUFOF* Nr. 50, 2'1987:33ff

(10) *JUFOF* Nr. 29, 5'1983:129ff

(11) *JUFOF* Nr. 99, 3'1995:67ff

Adressen

Zentrale Meldestelle für UFO-Beobachtungen

Gesellschaft zur Erforschung des UFO-Phänomens (GEP) e.V.
Postfach 2361
D-58473 Lüdenscheid
Tel.: (02351) 23377, Fax: (02351) 23335

Weitere Organisationen:

Centrales Erforschungsnetz außergewöhnlicher Himmelsphä-
nomene (CENAP)
Werner Walter
Eisenacher Weg 16, D-68309 Mannheim
Tel./Fax: (0621) 701370

Gesellschaft zur wissenschaftlichen Untersuchung von Para-
wissenschaften (GWUP) e.V.
Postfach 1222, D-64374 Roßdorf
Leiter des Fachbereichs »UFO«: Rudolf Henke
Große Ringstr. 11, D-69207 Sandhausen
Tel.:Fax: (06224) 54303, Fax: (06224) 81500

MUFON-CES
Illobrand von Ludwiger
Gerhart-Hauptmann-Str. 5, D-83620 Feldkirchen-Westerham

Deutschsprachige Gesellschaft für UFO-Forschung
(DEGUFO) e.V.
Postfach 2831, D-55516 Bad Kreuznach
Tel.: (0671) 75614, Fax: (0671) 69756

Fachzeitschriften

JUFOF – Journal für UFO-Forschung
Herausgeber: GEP e.V.
Postfach 2361, D-58473 Lüdenscheid

CENAP Report
Herausgeber: CENAP
Eisenacher Weg 16, D-68309 Mannheim

UFO-Kurier
Hirschauer Str. 10, D-72108 Rottenburg

Magazin 2000
Lupinenstr. 103, 41466 Neuss

Magazin für Grenzwissenschaften
Postfach 1106, D-56631 Plaidt

UFO-Report
Herausgeber: Independent Alien Network
Rumfordstr. 20, D-80409 München

Unknown Reality
Mario Ringmann
Hamburger Str. 11, D-15234 Frankfurt / Oder

Internet:

Die Internet-Suchprogramme führen zu zahllosen UFO-bezo-
genen Seiten. Die folgenden Adressen enthalten ebenfalls viele
Links.

http://home.t-online.de/home/gep.eV
http://www.ufos.de
http://www.alien.de
http://ourworld.compuserve.com/homepages/FMenhorn/ufo.htm
http://www.ufomind.com/ufo/

Die Autoren

Dr. Johannes Fiebag (Bad Neustadt), geb. 1956, studierte an
der Universität Würzburg Geologie, Paläontologie und Physik.
Er promovierte 1988 über einen neuentdeckten Meteoritenkra-
ter in Spanien. Er begann sich Anfang der siebziger Jahre für
die Problematik möglicher Besuche außerirdischer Intelligenzen auf der Erde zu interessieren und veröffentlichte seit 1982
zahlreiche Bücher zu diesem Themenkomplex (u.a. *Die Anderen, Kontakt* und *Sternentore*).

Rudolf Henke (Sandhausen), geb. 1954, Laborant, studierte
Biologie in Heidelberg, Amateurastronom und Fachbereichs-
leiter UFOs der Gesellschaft zur wissenschaftlichen Untersuchung von Parawissenschaften (GWUP) e.V. sowie Mitglied
der GEP e.V. Publikationen in verschiedenen kritischen Jour-
nalen zur Untersuchung von Parawissenschaften. Koautor des
Buches *Die esoterische Verführung,* Aschaffenburg – Berlin
1995.

Michael Hesemann (Düsseldorf), studierte Kulturanthropologie und Geschichte an der Universität Göttingen. Seit 1984 ist er Chefredakteur des *Magazins 2000*. Seine Bücher und Filme zum UFO-Thema erscheinen in 14 Ländern in einer Auflage von über 500 000 Exemplaren. Hesemann ist Deutschlands international bekanntester UFO-Forscher und sprach auf Konferenzen in 19 Ländern aller fünf Kontinente, an über 30 Universitäten und an den Vereinten Nationen. Im November 1996 erschien sein Buch *UFOs über Deutschland.*

Jochen Ickinger (Heilbronn), geb. 1961, Dipl.-Verwaltungswirt (FH) und seit 1994 beim Regionalen Rechtszentrum der Deutschen Post AG in Stuttgart im Bereich Postermittlungsdienst/Strafrecht und zeitweise im Geheimschutzbereich beschäftigt. In den achtziger Jahren aktiv als UFO-Untersucher im damaligen CENAP-Heilbronn tätig, Mitherausgeber der damals erschienenen Zeitschrift *UFO-Information* und Mitveranstalter zweier UFO-Tagungen 1984 und 1987. Seit 1981 Mitglied der GEP e.V. und Gründingsmitglied der GWUP e.V.

Gerald Mosbleck (Lüdenscheid), geb. 1956, Abitur und Studium der Naturwissenschaften an der Uni Dortmund. Gelernter Buchhändler und Werkzeugmechaniker. Qualitätsassistent der DGQ, z. Zt. ltd. technischer Angestellter in der Leuchtenindustrie. Geschäftsführender Vorstand und wissenschaftlicher Berater der GEP e.V. Autor zahlreicher Fachveröffentlichungen zur UFO-Thematik und begeisterter Amateurfotograf.

Hans-Werner Peiniger (Lüdenscheid), geb. 1957, ist im Geschäftskundenservice der Deutschen Telekom AG beschäftigt und befaßt sich seit Anfang der siebziger Jahre mit dem UFO-Phänomen. Seit 1972 Vorsitzender der GEP e.V., Autor zahlreicher Fachbeiträge zur UFO-Forschung, befaßt sich hauptsächlich mit der Untersuchung von UFO-Beobachtungen mit den Schwerpunkten Zeugenbefragungen und Felduntersuchungen, sammelt nebenbei Meteorite.

Achim Th. Schäfer (Aachen), geb. 1951, Studium der Medizin und der Biologie in Aachen. 1986 Promotion am Helmholtz-Institut für biomedizinische Technik in Aachen mit einer Arbeit über die Gefrierkonservierbarkeit menschlicher Endothelzellen. Nach Tätigkeiten in Essen, Hamburg und Bonn seit 1985 Assistent am Institut für Rechtsmedizin in Aachen. Facharzt für Rechtsmedizin seit 1991.

Wolfgang Schröder (Hannover), geb. 1944, Modellschreiner von Beruf, befaßt sich seit Anfang der achtziger Jahre mit Astronomie (Schwerpunkt Mars), der sogenannten Prä-Astronautik und mit dem UFO-Phänomen. Verfasser zahlreicher Fachbeiträge in *Magazin 2000, Journal für UFO-Forschung, Astro, Jupiter-Journal, Ancient Skies* und *Neue kosmische Spuren* (Hrsg. Erich von Däniken, München 1992).

Uli Thieme (Schwäbisch Hall), geb. 1951, von Beruf Schriftlithograph und Diplom-Grafiker. Mitglied der GEP e.V. und CENAP. Seit 1978 wegen Prä-Astronautik/Alte Kulturen mehrere mehrmonatige Reisen durch Süd- und Mittelamerika und Ägypten. 1980 bis 1995 Autor vieler Artikel über Militärtechnik im Rahmen der Friedensbewegung in lokaler Monatszeitung. Seit 1990 auf die UFO-Thematik Roswell/Socorro, N.M., spezialisiert. Deshalb mehrere mehrmonatige Reisen in die USA. Verfasser mehrerer Artikel dazu. Autor und Herausgeber der Dokumentation *50 Jahre Roswell – Ein UFO-Mythos stürzt ab* (1997).

Werner Walter (Mannheim), geb. 1957, Einzelhandelskaufmann, interessiert sich als Amateurastronom seit 1973 für das UFO-Phänomen. Er schloß sich mit seinem Freund und Kollegen Hansjürgen Köhler zusammen und gründete 1976 das Centrale Erforschungs-Netz außergewöhnlicher Himmelsphänomene *(CENAP)*. Seitdem Herausgabe von über 250 Ausgaben der kritischen Fachzeitschrift CENAP-Report. Im Zuge der 25jährigen Tätigkeit wurde er gegenüber den exotischen Erklärungen des UFO-Phänomens und der selbsternannten Ufologie immer kritischer. Er gilt den verschiedenen Print- und elektronischen Medien als der UFO-Skeptiker, auch wenn er sich selbst nur als UFO-Forscher versteht, der mit beiden Beinen fest auf dem Boden steht. Verfasser des Buches *UFOs – Die Wahrheit* (Königswinter 1996).

Register

Walter-Jörg Langbein

GÖTTER

AUS DEM

KOSMOS

MOEWIG

Vorwort
Erich von Däniken

Mit einem Vorwort des
Schweizer Bestsellerautors
Erich von Däniken

Walter-Jörg Langbein
Götter aus dem Kosmos

288 Seiten, Hardcover
Format: 13 x 21 cm
DM 19,80/öS 145,-/sfr 19,-
ISBN 3-8118-1392-7

Unsere Vergangenheit war anders – spannend wie ein Krimi schildert der bekannte Sachbuchautor und Forscher Walter-Jörg Langbein die aufregenden neuen Entdeckungen der Prä-Astronautik.

„Götter aus dem Kosmos" folgt den Spuren außerirdischer Besucher – von der Vergangenheit bis zum modernen UFO-Phänomen. In Indien, in den Pyramidenstädten Mexikos, im alten Ägypten, in der Bibel und sogar in Deutschland gibt es monumentale Bauten, die ohne Besucher aus dem Kosmos nicht erklärt werden können. Und Walter-Jörg Langbein macht deutlich, daß die Götter von einst heute in UFOs zurückkehren.

Walter-Jörg Langbein

GEHEIMNISVOLLES WISSEN

• Biblische Propheten • Die mysteriöse Bundeslade
• Das unerklärliche Wissen der Antike
• Das Geheimnis der geschmolzenen Steine
• Das Rätsel der Geheimbünde • Unheimliche Rituale

MOEWIG

Unsere Vergangenheit ist mysteriös und rätselhaft. Vergangene Kulturen verfügten über ein geheimnisvolles Wissen, das jeder vernünftigen Erklärung zu trotzen scheint. Woher kannten die biblischen Propheten so detailgenau die Zukunft? Wer baute Flugzeuge im alten Ägypten ...?

Walter-Jörg Langbein
Geheimnisvolles Wissen

368 Seiten, Hardcover
DM 10,-/öS 73,-/sfr 10,-
ISBN 3-8118-1425-7

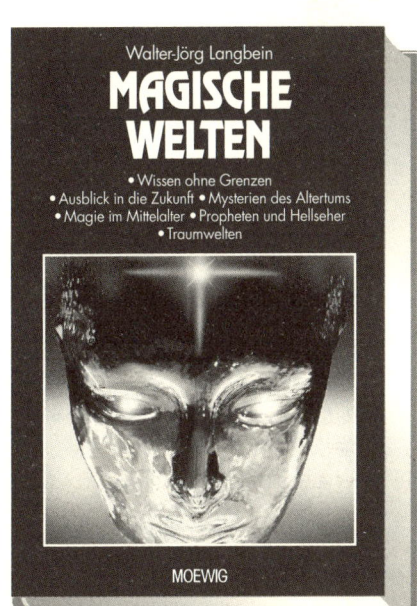

Walter-Jörg Langbein

MAGISCHE WELTEN

• Wissen ohne Grenzen
• Ausblick in die Zukunft • Mysterien des Altertums
• Magie im Mittelalter • Propheten und Hellseher
• Traumwelten

MOEWIG

Phänomene, die jeder Logik widersprechen, ereignen sich jeden Tag auf unserem geheimnisvollen Planeten. Menschen sehen in Visionen die Zukunft voraus, lassen mit Gedankenkraft Eisenkugeln schweben, beeinflussen die Welt durch magische Riten. Wunder, Wahn oder Wirklichkeit?

Walter-Jörg Langbein
Magische Welten

368 Seiten, Hardcover
DM 10,-/öS 73,-/sfr 10,-
ISBN 3-8118-1424-9

Perry Rhodan: Band 61
Terra im Brennpunkt

ca. 416 Seiten, Hardcover
DM 29,80/öS 218,-/sfr 27,50
ISBN 3-8118-2081-8

Perry Rhodans Plan ist es, Terra vom Schwarm „schlucken"
zu lassen. Damit sollen die Menschen ihre volle Intelligenz
wiedererhalten und im Vollbesitz ihrer Kräfte den Überlebenskampf gegen die Götzen führen. Den Götzen wird
eine Menschheit vorgegaukelt, die auf der technischen Stufe
des ausgehenden 20. Jahrhunderts steht. Noch dürfen
die Fremden nicht wissen, wie stark Terra wirklich ist.
Der erbitterte Kampf um die Erde entbrennt.